中国科学院规划教材

劳动经济学——理论与实证

袁青川　主编

高水平大学建设（"双一流建设"）专项经费资助

科学出版社

北　京

内 容 简 介

劳动经济学是劳动科学领域研究中的重要学科，同时也是理论性和实证性结合很强的一门学科。所以，本书在内容上主要包括劳动经济学的理论和相应的实证方法两个重要的模块。从内容上，本书主要内容是劳动力市场的供给、需求以及均衡的工资。为了更贴近现实，对劳动力市场的供给、需求、工资理论进行了相应的修正，包括在人力资本投资、工资与生产率、劳动力市场歧视、失业搜寻以及工会等问题上对劳动力市场进行的修正，同时也对劳动经济学领域重要问题所需要的经典实证研究方法进行了介绍。本书的特色是在介绍理论知识的同时加入了实证的问题导向，通过理论来引出实证问题，并介绍相应的实证方法，达到理论与实证的有机结合，力争学生能够在上课过程中发现问题、积极思考，并通过实证方法介绍来促使学生学会如何做实证性的研究。

本书是人力资源管理、劳动经济与劳动关系、社会保障、人口学等专业的基础课教材，适用于相应专业的本科和硕士研究生的教学，也十分适合从事劳动关系研究的学者阅读。

图书在版编目（CIP）数据

劳动经济学：理论与实证/袁青川主编. —北京：科学出版社，2018.6
中国科学院规划教材
ISBN 978-7-03-057971-3

Ⅰ. ①劳… Ⅱ. ①袁… Ⅲ. ①劳动经济学—高等学校—教材
Ⅳ. ①F240

中国版本图书馆 CIP 数据核字（2018）第 131139 号

责任编辑：方小丽/责任校对：杨聪敏
责任印制：霍 兵/封面设计：蓝正设计

科 学 出 版 社出版
北京东黄城根北街 16 号
邮政编码：100717
http://www.sciencep.com
天津市新科印刷有限公司印刷
科学出版社发行 各地新华书店经销
*
2018 年 6 月第 一 版 开本：787×1092 1/16
2018 年 6 月第一次印刷 印张：13 3/4
字数：315 000
定价：48.00 元
（如有印装质量问题，我社负责调换）

作者简介

　　袁青川，生于 1981 年，男，河南开封人，河北大学经济学院副教授，中国人民大学博士，中国人民大学与中国铁建高新装备集团股份有限公司联合培养博士后，中国人力资源开发劳动关系研究会理事，主要从事劳动力市场、收入分配、劳动关系等方面的研究，在《中国人民大学学报》《经济理论与经济管理》等期刊上发表文章多篇，其中部分被人大报刊复印资料全文转载。主持多项国家社会科学基金、河北省社会科学基金、保定市社会科学基金等项目，参与国家社会科学重大项目、教育部项目、北京市项目、科学技术部项目等多项，出版教材 2 部。

目　　录

第一章

劳动经济学研究框架

第一节　劳动经济学中的劳动及劳动问题

在新古典经济学中，劳动被认为和商品生产过程中的其他投入要素是没有差别的，因此，劳动力市场和其他市场也无差别。此外，从福利角度看，劳动仅仅被看作生产投入要素，只用来生产最终产品，给消费者提供服务。制度经济学派认为劳动具有人身属性，这种属性对古典劳动理论具有颠覆性的影响，它把劳动和其他商品区别开来。

一、劳动的人身属性使劳动者必须提供劳动

新古典经济学认为劳动是一种商品，在劳动力市场上，如果劳动者的工资过低，劳动者可以退出劳动力市场；如果劳动者的工资下降，劳动者也可以选择减少劳动力的供给，增加闲暇时间。但是，由于劳动的人身属性，在不存在非劳动收入的情况下，劳动者不参加工作就会面临着饿死的境地，也就是说，劳动者要么"工作"，要么"饿死"[1]。所以在工资水平比较低的时候，劳动者无论工资多低都会参加工作，而且为了维持自身的生存，必须提供劳动，反而会在工资降低的时候增加劳动力的供给，即劳动成为一种谋生手段。

二、劳动的人身属性使劳动者必须及时提供劳动

对于一般商品，如果价格较低，那么就可以选择退出市场，同时，买卖的时间点对于商品的价格影响不像劳动那么大，尤其对于能够长时间保存的商品更是如此。但是，

---

[1] Kaufman B E. Economic analysis of labor markets and labor law：an institutional/industrial relations perspective. Working Paper，2011

对于劳动来说，劳动是一种无法储存的东西，如果今天不提供劳动，那么今天的劳动就没有价值[①]。劳动者为了使劳动具有价值，获得工资回报，必须及时提供劳动。否则，劳动者就没有了工资回报，也就没有购买劳动力再生产的消费品的金钱。所以为了维持劳动力的再生产，劳动者必须及时提供劳动，获得及时的工资回报，从而维持生存。

劳动的人身属性使得劳动者必须进入劳动力市场提供劳动，然而在劳动力市场上，资本是以"集体资本"的形式出现的，这无疑具有一种"垄断"性。在这种情况下，资本可以控制劳动力的需求，来压低劳动者的工资，而劳动者为了维持生存，不得不加大自己的劳动力供给，资本的追利性，使这种市场扭曲会越来越严重，最终在劳动者无法维持自身劳动力再生产时，社会再生产就不再具有可持续性[②]。所以，政府需要出台相应的政策来进行规制，如设定地板性工资，等等；工人需要组织起来形成工会，使劳动也可以联合起来和集体资本形成平衡等。这样，劳动关系的相关工具，如三方协商、集体谈判、工人代表、社会保险、先进的雇员管理、政府宏观的稳定政策、社会对话等，就具有了重要的价值。

三、劳动问题

（一）市场上产生的劳动问题

如果没有考虑劳动的人身属性，按照新古典经济学的理论，市场失灵仅仅是短期的、偶然的，在长期市场总是处于效率状态，那么就不存在劳动问题了。同样，如果没有劳动问题，那么雇佣关系的存在也没有意义，这就意味着劳动关系的工具，如三方协商、集体谈判、工人代表、社会保险、先进的雇员管理、政府宏观的稳定政策、社会对话等都没有了意义[③]。然而，劳动的人身属性，迫使劳动成为劳动者的一种谋生的手段，为了生存必须提供自己的劳动力。在劳动力市场上，劳动者是以单个身份参与进来的，同时，资本往往是以一种"集体"的形式出现的[②]，所以从谈判力量上劳动者具有被动、弱势地位，这种弱势使得劳动者在市场上没有博弈、反抗的能力；雇主则可以利用市场手段压低工资、提供较低的生存条件等，即使这样劳动者为了谋生也必须接受这些条件。所以，市场雇主的"逐利性"使得"劳工问题"不是暂时性可以忽略的问题。

（二）生产中产生的劳动问题

正如 Commons 对于交易的划分，针对劳动力而言，不但涉及劳动力市场上劳动者

① Kaufman B E. The impossibility of a perfectly competitive labour market. Cambridge Journal of Economics, 2008, 31（5）: 775-787

② Kaufman B E. Economic analysis of labor markets and labor law: an institutional/industrial relations perspective. Working Paper, 2011

③ Kaufman B E. The theoretical foundation of industrial relations and its implications for labor economics and human resource management. Industrial and Labor Relations Review, 2010, 64（1）: 74-108

和管理方之间的"讨价还价"的交易类型，同时，在劳动力被购买后，由于劳动力寄存在劳动者的体内，所以还存在着管理方对于购买的劳动力的"管理"交易[①]。很多劳动关系一元论的学者逐渐地发展成为人力资源管理学派。但是，Kaufman 认为虽然人力资源管理采用合作的管理策略，企图消除劳动者和雇主之间的利益分歧，但在非零交易成本和劳动力市场存在缺陷的情况下，劳动合约的签订具有一定的不完全性，法律一般会赋予管理方单方面决定管理企业事务的权利。在法律和市场的双重优势下，管理方会重新设计工作岗位、进行部门重组，利用去技能化的生产方式来最大限度地实现其利益，同时，市场也会打破人力资源管理所做出的合作承诺，"当企业发生经济危机时，管理方会通过裁减人员、降低工资、减少工人参与等形式来打破合作承诺，反过来，劳动者面对这种背叛，也会采用罢工等形式来反击管理方，所以这种合作的形式是无法持久下去的"[②]。在这种情况下，企业的管理就会失去民主，形成一种不公正的管理，从而导致一些发言人机制无法实现。同时，由于劳动力市场的不完善，如信息不完全、市场失灵、职业隔离等，劳动者的退出机制也受到限制，所以市场失灵、政治的倾斜等导致效率、公平及基本人权方面出现了问题，进而导致劳动问题的出现。

总体来说，劳动问题是劳动中固有的现象，而不是像新古典经济学所说的那样只是一种暂时的现象，或者是人为制造的问题。即使通过人力资源管理也无法解决这种劳动问题，这是劳动力市场本身属性和企业管理的局限以及企业管理中的资本垄断权威等因素造成的。

第二节　劳动经济学的古典与制度经济学

一、新古典经济学和制度经济学在劳动经济学中的应用

新古典经济学主要强调效率，把公平作为一个外生性变量，其核心是在一定的预算约束下获得个人目标最大化，同时，围绕这个核心，建立了很多的假设和概念，即个人主义分析、理性行为、稳定偏好、边际分析、竞争市场、市场出清、均衡等[③]。新古典经济学的核心模型是完全竞争市场下的市场供给需求模型。该模型虽然受到不完全市场的挑战，但是，它得到了制度经济模型的弥补，形成了以新古典劳动经济为主导，以制度劳动经济为补充的现代劳动经济学。很多学者，如波伊尔（Boyer）、史密斯（Smith）等认为新古典经济学不但能够运用在市场上，同时在公司内部的运作、家庭经济领域等方面都可以得到运用。

---

① Commons J R. Institutional economics：its place in political economy. New York：Macmillan，1934：523

② Kaufman B E. Economic analysis of labor markets and labor law：an institutional/industrial relations perspective. Working Paper，2011

③ Boyer G R，Smith R S. The development of the neoclassical tradition in labor economics. Industrial and Labor Relations Review，2001，54（2）：199-223

二、新古典经济学分析劳动的缺陷

首先，新古典劳动经济学主要强调效率，忽视了其他非常重要的目标。"新古典经济学中生产和交换的效率最大化是最终目的，正如新古典经济学分析瓦尔拉斯均衡，但是对于经济中个人对财富拥有是否公平不予以考虑"[1]。所以个人拥有的资源在一定程度上决定着劳动者在劳动力市场上的自由进入和退出。如果劳动者没有最基本的生活必需品，没有最低的生活保障，那么在劳动力市场上就没有地板性工资可言，也没有工作时间的限制，当然，也没有了理性的选择，进而造成劳动供给均衡处于 S 形供给曲线的下端。所以，拥有不同财富的人，进入和退出劳动力市场的权利和机会是不一样的，也就没有公平而言，因为"那些控制着战略资源的人会强制性地和那些不拥有战略资源的人签订合约"[2]。

经济活动的目的不是追求物质利益的最大化，物质利益最大化的追求只是一种手段，其最终是为了人类的"自由"，如果在追逐利益的过程中，损害了人类的自由，那么这种经济最大化就没有了价值和意义。所以"经济政策应该寻求生产的可能性边界，这种生产的可能性边界不但要包含像 GDP（gross domestic product，国内生产总值）类型的'商品'（或者社会的财富），同时还应该包含像经济安全、社会正义、健康性的工作条件等"[2]。

其次，劳动力市场不能整合到新古典经济学的瓦尔拉斯均衡的核心架构中。一般商品的价格是市场交换形成的，是以市场为核心的价格。而劳动力的价格包括两部分，即市场交换价格和劳动力使用过程中的激励价格[1]。而劳动力使用过程中的价格一般是以一种预先支付的形式实现的，这种价格随着劳动者的劳动效率的浮动而变化，而劳动者的生产效率和很多因素相关，受到多种可控因素和不可控因素的影响，所以在劳动力市场上体现的工资价格只能是一个范围，不可能是一个均衡点。同时，"劳动力市场和雇佣关系是根据政治建立起来的，一旦当局者建立了财产权政体，核心经济概念（供求关系、生产函数、价格、效率）就被确定下来了，法律和财产权体制决定了'代表着谁的利益'，虽然市场强大且富有假设性，但必须经过政府来引导、调控、补充"[3]。这就意味着市场是不能完全自我调节的。所以从根本上来说，劳动市场不能被整合到瓦尔拉斯均衡的架构当中。

三、制度经济学对于分析劳动的贡献

制度经济学的分析架构在一定程度上弥补了新古典经济学对于劳动力市场以及雇佣关系解释力不足的缺陷。制度经济学的目标不但定位在对利润最大化的追求上，而且还

---

[1] Kaufman B E. John R. Commons and the wisconsin school on industrial relations strategy and policy. Industrial & Labor Relations Review，2003，57（1）：3-30

[2] Kaufman B E. Economic analysis of labor markets and labor law：an institutional/industrial relations perspective. Working Paper，2011

[3] Kaufman B E. The theoretical foundation of industrial relations and its implications for labor economics and human resource management. Industrial and Labor Relations Review，2010，64（1）：74-108

强调经济结果必须满足公正的最低标准以及必须为人类的自身发展和自我实现服务。而这种目标的实现是建立在"交易费用"理论和"所有权"理论基础之上的。

制度经济学的所有制和所有权的构建和明细，为交易、生产函数、供给和需求曲线等提供了基础。所以 Kaufman 认为所有的经济活动都是制度性的，它们构建了所有权以及明确界定了经济博弈和约束、机会设定、激励以及经济机构所面对的战略资源等[1]。在所有权合法转移过程中，必然伴随着交易成本（transaction costs，TC）的发生。在交易成本为零的假设下，Kaufman 认为单个的交易是最有效率的，在这种情况下，市场和多人的企业没有存在的必要[2]，更谈不上劳动关系的问题。而现实是交易成本大于零，交易的协调机制分化为"外部市场的独立主体之间的竞争"和"相互依赖的合作"，即内部劳动力市场和外部劳动力市场。当外部交易成本过高时，会逐渐地转向企业的内部劳动力市场进行交易，反之亦然。所以交易成本成为内部劳动力市场和外部劳动力市场发展的中心支点。

四、新古典经济学和制度经济学的折中

Kaufman 并没有完全否认新古典经济学对于劳动力市场解释力度的贡献，他认为新古典经济学的解释力度的下降在于它的宏观性和理想化，没有和现实形成很好的对接，但新古典经济学给人们指出一个大致的方向，或者能够做出一些理性的预测，进而指导人们的日常行为。对于劳动这个特殊的领域来说，制度经济学更能够使得劳动关系的问题得到有效的承认和解决。他认为"劳动关系理论是一种新古典劳动经济学和马克思主义经济学、激进经济学以及社会学之间的折中，并且劳动关系理论采纳了新古典劳动经济学的若干观点"[3]。总体上来讲，劳动关系理论离不开新古典经济学和制度经济学，其经济解释的理论基础可以归结为新古典经济学和制度经济学的折中。

第三节 劳动经济学的研究内容与方法

一、劳动经济学主要内容

伊兰伯格在《现代劳动经济学》中指出：劳动经济学研究劳动力市场的运行和结果。确切地说劳动经济学研究雇主和雇员对工资、价格、利润及雇佣关系的非货币因素（如

① Kaufman B E. John R. Commons and the wisconsin school on industrial relations strategy and policy. Industrial & Labor Relations Review, 2003, 57（1）: 3-30

② Kaufman B E. The non-existence of the labor demand/supply diagram, and other theorems of institutional economics. Journal of Labor Research, 2008, 29（3）: 285-299; Kaufman B E. The impossibility of a perfectly competitive labour market. Cambridge Journal of Economics, 2008, 31（5）: 775-787

③ Kaufman B E. The theoretical foundation of industrial relations and its implications for labor economics and human resource management. Industrial and Labor Relations Review, 2010, 64（1）: 74-108

工作条件）的行为反应。他认为劳动经济学主要由四部分构成：①劳动力市场概论，主要包括劳动力市场的定义、事实和趋势以及劳动力市场运行（主要分析劳动力的供求及工资的决定和劳动力市场理论的应用）。②劳动需求，专用于分析雇主的雇佣动机和行为，也考虑工人的行为。③分析工人劳动力供给的行为方向，即是否为报酬工作、不同工作和职业的选择以及人力资本投资。④讨论劳动经济学感兴趣的几个专业问题，包括劳动力市场中制度的影响，如何设计报酬结构以产生激励效应促进劳动生产率的提高，歧视性工资差别，工会对劳动市场的影响，工资报酬不平衡，失业问题，等等。

本书在理论方面主要包含劳动力供给理论、劳动力需求理论、人力资本投资理论、工资理论、劳动力市场歧视理论、失业搜寻理论、工会理论等；在实证方面的内容分别涉及各种生产函数在实证中的应用、克服选择性偏差的实证方法、歧视性实证方法、失业搜寻实证方法以及各种政策性的评价方法等。

本书具体包括三个层面：第一，劳动供给分析——雇员（劳动者）的经济行为；劳动者对工资、价格及雇佣关系的非货币因素（如工作条件）的行为反应。具体包括劳动力的供给（主要是工作时间决策）、人力资本投资、工会等。第二，劳动需求分析——雇主（企业）的经济行为；雇主对工资、价格及雇佣关系的非货币因素（如工作条件）的行为反应。具体包括劳动力的需求（劳动力需求量决策）、企业内部工资的确定及制度设计。第三，劳动市场失灵与政策调整，包括失业、劳动力市场歧视、收入分配两极分化及政策调整。

二、劳动经济学研究方法

（一）实证经济学研究

实证经济学研究实际经济体系是怎样运行的，它对经济行为做出假设，根据假设分析和陈述经济行为及其后果，并试图对结论进行检验。简言之，实证经济学要回答"是什么"的问题。

1. 实证经济学的假设

实证经济学往往首先假设劳动力资源具有稀缺性（scarcity）。劳动力资源的稀缺性是相对于社会和个人的无限需求欲望而言的，是相对的稀缺。劳动力资源的稀缺性又具有绝对的属性，在市场经济中，劳动力资源稀缺性的本质是对劳动力资源的支付能力、支付手段的稀缺性。稀缺的概念导致价格概念的出现，而价格概念正是经济学中的核心概念，没有价格，就不存在市场，市场通过价格来调节供给和需求，从而达到效率，实现资源的最优配置。有了稀缺的假设，加上资源用途多样，导致机会成本（opportunity costs）概念的导入，如谈恋爱就不能学习，用一定的劳动力建公路就不能建飞机场。其具体是指为了得到某种东西而要放弃另一些东西的最大价值。也可以理解为在面临多方案做出决策时，被舍弃的选项中的最高价值是本次决策的机会成本；还指厂商把相同的生产要素投入其他行业当中可以获得的最高收益。有了价格和机会成本的概念，那么生产成本等概念就相应产生，从而形成了经济学基础概念的构建基础。其次，假设人具有理性，即人是经济人。理性人追求效用的最大化，包括货币和非货币。非人格化企业理性追求的是利润最大化；人格化企业理性追求的是效用最大化；自然人理性追求的是效用最大化。有了理性则意味着经济刺激行为的一致性，以及当这些经济刺激发生后，行为亦随之发生变化的适应性。理性是预测个人和企业如何对各种刺激做出反应的基础。

2. 实证经济学的模型和预测

实证经济学首先明确研究对象，根据理论来推测研究对象的规律，其次在一定理论下，提出理论假设，最后根据相应的实证模型来对理论假设进行研究，这个过程就是实证过程。例如，自由落体运动，研究对象是下落的高度和时间的关系，假设条件为只存在重力，提出理论假设为 $h = \frac{1}{2}gt^2$，验证的结论是把物体放在 h 高度，测量下落的时间 t，把时间 t 和计算出来的时间比较，看结果是否相一致。同样，如研究员工流动问题，研究对象是员工流动和工资之间的关系，假设条件是工资不同，提出理论假设：高工资低流动率，验证现实生活中，高工资是否和低流动率相联系。这里预测直接来源于人的理性和资源稀缺性，预测员工流动和工资存在负相关，是以假定其他条件不变。虽然理论假定涉及的是雇主和员工个人的行为，但预测的是工资和员工流动的总体行为，这并不意味着如果雇主的工资增加，所有的雇员将继续从事原来的工作，只是表示二者存在相关性。例如，统计研究证实，工资增长 10%，其他所有工作特征不变的条件下，辞职率减少 3%。

3. 实证经济学的定义

实证经济学研究是一种行为理论。它假定人们对利益反应积极，对成本反应消极。它会告诉我们两个或者多个变量的实际状况究竟是如何相互作用的，即通常我们所说的"实际是什么"。但它并没有告诉我们究竟是对还是错，对实际发生的东西是对是错的判断要依赖于规范经济学的价值判断分析。

（二）规范经济学研究

规范经济学的价值尺度是以互惠交易原则为基础和出发点的。劳动力市场上，很多交易都是在互惠交易原则下发生的，但并不是说所有的互惠行为都会发生。如果所有的互惠交易都会发生，我们称为帕累托最优（Pareto optimality），如果存在着帕累托改进，那么说明存在着互惠交易。

1. 互惠交易原则

通常意义上，互惠交易包括：①交易涉及的各方均受益。例如，企业到人才市场高薪招聘一财务总监，现在该人才市场上刚好有一个高学历（博士）且有丰富的财务方面工作经验的人士参加应聘，如果录用该人就会给公司带来很大的管理效益，那么该企业是否愿意录用该人士？该人士如果到该企业，将会很快收回自己的人力资本投资，并且会取得比较高的教育投资回报，那么这个员工是否愿意到该企业工作？②交易涉及的一部分人受益，但没有人受损。例如，开卷考试，要求课下把卷子做完，不及格要交重修费用，且重修一学期，如果在不以此分数来评定奖学金等的情况下，你是否愿意要别人抄袭？③交易涉及的一些人受益，一些人受损，但受益者能完全补偿受损者（公共产品）。如果不补偿，则不可能是互惠的，且违反了一致同意的原则。例如，假定在有噪声的工厂工作的工人关心噪声对其听力的影响，而弄清楚这种影响，要实施一系列的研究计划，这需要一大笔费用。进一步假定，某一工会承担起这项研究项目，通过把研究成果出售给其他工会或者工人来为这项研究筹集资金。那么其他员工是否愿意购买这样的信息呢？若不愿意购买，怎么办呢？这就有可能使得政府出面，通过税收来解决这类问题。

2. 市场失败

（1）信息不完全（imperfect information）：由于不了解某种情况，行为人做出无益于自身的决策，出现该发生的没有发生，不该发生的发生了的情况。在许多市场中存在不完全的信息，如一些人不知道这些交易是可用的，或者对他们所获得的产品的特性有不正确的期望，这就使得个人之间的自愿交易出现帕累托改进。就劳动力市场而言，工人可能并不总是知道他们所接受工作的所有风险和特征，也没有关于所有潜在就业机会的完全信息。在市场的另一端，公司没有关于潜在员工的能力、动机和其他特征的完全信息。信息不完全，一些就业选择将导致帕累托改进决定的出现。政府经常通过发布条例或提供信息来纠正这种类型的市场失灵。

（2）交易障碍（transaction barriers）：某些因素有碍于交易的发生，这种交易常常是被禁止的。禁止交易的法律禁止市场实现潜在的改善。例如，最低工资、加班工资、工作条件、禁止儿童就业等法律，禁止了雇员与雇主互惠互利交易的发生。此类法律禁止却可以形成帕累托改进。例如，禁止雇用不满16周岁的童工；延长劳动时间每月不准超过36小时；等等。

（3）价格扭曲（price distortions）：当商品的价格不反映商品的社会成本时，价格就会出现扭曲。税收、关税、补贴等类似的干预可能会导致价格偏离生产商品的边际成本。如果一种商品的价格被人为抬高，那么商品的价格就会被消耗掉；补贴使得价格被人为压低，导致商品的过度消费。这些都是税收、补贴等其他不正确的价格因素引起的。价格也会影响到交易的积极性。价格反映个人偏好，如果价格偏离了偏好，就会造成交易的不发生。例如，厂家出售一盒香烟，厂家接受的最低价格是4元，顾客愿意购买的最高价格是6元，现在价格是5元，交易是否会发生？那么进一步假设，现在每盒香烟税收为3元，那么该交易是否还会发生？再假设现在小时工资是12元，你乐意工作，那么如果征收个人所得税为100%，你是否愿意工作？

（4）市场缺位（the nonexistence of markets when externalities are present）：具体是指买卖双方不可能或者不习惯进行交易。例如，你不喜欢抽烟，你办公室的同志喜欢抽烟，那么这种补偿交易通常情况下会发生吗？又如，火车上乘客吸烟，你不喜欢抽烟，那么乘客会为你的不喜欢造成效用的损失负赔偿责任吗？

（三）实证分析和规范分析的区别

实证经济学是一种试图描述经济如何运用的科学方法。一方面，从事实证经济分析的经济学家建立了由可测试假设组成的经济模型；另一方面，规范性经济学则依赖价值判断来评估经济的整体运作。实证经济学内容具有客观科学性，企图避开或排斥一切价值判断标准；而规范经济学以一定的价值标准为基础，提出某些标准作为处理经济问题的指南，并研究如何才能符合这些标准。实证分析主要分析"是什么"的问题，如人们是否都愿意到高薪企业工作；规范分析回答"应该是什么"的问题，如雇佣关系应该发生还是不应该发生。实证分析的经济学内容具有客观性，即实证命题有正确和谬误之分，检验标准是客观事实，可以用客观事实和经验进行检验。规范分析的经济学不具有客观性，同一理论不同的经济学家会因立场、观点不同而持有不同的结论，也不具有检验正确与谬误的绝对客观标准。例如，站在企业的立场上，雇佣是否受益；站在学生的立场上，是否可以使自己的教育投资尽早收回，并能取得较高的投资回报率；站在社会的立场上，是否给社会带来财富；等等。规范经济学往往为指定的经济政策服务，如效率优先、注重公平。

第二章

劳动需求分析

第一节 生产函数与函数估计应用

一、科布-道格拉斯生产函数及函数应用

（一）科布-道格拉斯生产函数

1. 模型形式与参数的含义

科布-道格拉斯生产函数的基本形式为 $Y = AL^{\alpha}K^{\beta}$。其中，Y 表示总产出；A 表示技术水平；L 表示劳动要素的投入量；K 表示资本要素投入量；α、β 为参数，表示两种要素的产出弹性。其中 A 包含的范围相对广泛，反映劳动力素质、管理经验和水平、技术的先进程度等。根据科布-道格拉斯生产函数可以得到下列经济参数：

（1）劳动力的边际生产力，即劳动力的边际产量：$MP_L = \partial Y / \partial L = \alpha Y / L$，表示在资本不变时增加单位劳动力所增加的产量。

（2）资本的边际生产力，即资本的边际产量：$MP_K = \partial Y / \partial K = \beta Y / K$，表示在劳动力不变时增加单位资本所增加的产量。

（3）劳动力产出弹性系数，表示劳动力投入的变化引起产量的变化的速率，可以表示为

$$E_L = (\partial Y / Y) / (\partial L / L) = (\partial Y / \partial L) / (Y / L) = MP_L / (Y / L) = \alpha$$

（4）资本产出弹性系数，表示资本投入的变化引起产量的变化的速率，可以表示为

$$E_K = (\partial Y / Y) / (\partial K / K) = (\partial Y / \partial K) / (Y / K) = MP_K / (Y / K) = \beta$$

产出是由劳动和资本共同作用的结果，所以劳动和资本的产出弹性满足 $0 \leqslant \alpha \leqslant 1$，$0 \leqslant \beta \leqslant 1$。另外，劳动和产出弹性之和也代表了规模报酬效应。假设生产规模扩大为原

来的 λ 倍，也就意味着资本和劳动都扩大为原来的 λ 倍，所以，根据科布-道格拉斯生产函数，$A(\lambda L)^\alpha(\lambda K)^\beta=\lambda^{\alpha+\beta}AL^\alpha K^\beta$，即当资本与劳动的数量同时增长 λ 倍时，产出量增长 $\lambda^{\alpha+\beta}$ 倍。所以，规模报酬不变、递增还是递减取决于 $\alpha+\beta$ 的值，如果资本和劳动产出弹性之和大于 1，产出函数呈现规模报酬递增；如果小于 1，产出函数规模报酬递减；如果等于 1，产出函数规模报酬不变。

（5）劳动力对资本的边际技术替代率：$MRS_{LK}=\partial K/\partial L=\dfrac{\alpha}{\beta}\left(\dfrac{Y}{A}\right)^{\frac{1}{\beta}}L^{-\left(1+\frac{\alpha}{\beta}\right)}$，表示产量不变时增加单位劳动力所能减少的资本。

2. 要素替代弹性

将要素替代弹性定义为两种要素比例的变化率与边际技术替代率的变化率之比，也就是说要素配比变化量对边际技术替代率变化的反应敏感程度，实际上该变量反映的是等产量曲线（isoquant curve）的曲率，一般用 σ 表示。则有

$$\sigma=\frac{d(K/L)}{(K/L)}\bigg/\frac{d(MP_L/MP_K)}{(MP_L/MP_K)}$$

加入生产函数是科布-道格拉斯生产函数，那么该函数的要素替代弹性是常数 1。因为：

$$\sigma=\frac{d(K/L)}{(K/L)}\bigg/\frac{d(MP_L/MP_K)}{(MP_L/MP_K)}=d\left[\ln\left(\frac{K}{L}\right)\right]\bigg/d\left[\ln\left(\frac{MP_L}{MP_K}\right)\right]$$

$$=d\left[\ln\left(\frac{K}{L}\right)\right]\bigg/d\left[\ln\left(\frac{\beta}{\alpha}\right)+\ln\left(\frac{K}{L}\right)\right]=1$$

（二）科布-道格拉斯生产函数的估计

假设科布-道格拉斯生产函数的表达式为

$$Y=AL^\alpha K^\beta$$

那么对该生产函数两边取对数，就可以得到关于技术、资本和劳动的线性函数，即

$$\ln Y=\ln A+\alpha\ln L+\beta\ln K$$

另外，对函数的参数估计中，劳动和资本的产出弹性系数是通过上面的线性函数求产出对数关于劳动对数、产出对数关于资本对数的导数来实现的：

$$d(\ln Y)/d(\ln L)=(\Delta Y/Y)/(\Delta L/L)=\alpha$$
$$d(\ln Y)/d(\ln K)=(\Delta Y/Y)/(\Delta K/K)=\beta$$

在生产函数中，假定其他要素一定，即技术和其他一切变量保持不变，那么常数项就包含了技术和其他要素的综合作用，为了更加准确地对参数做出估计，需要控制影响产出的各种变量 X，包括行业、地区、企业等变量。所以，科布-道格拉斯生产函数估计可以表示为

$$\ln Y=a_0+\alpha\ln L+\beta\ln K+\gamma X+\varepsilon$$

其中，a_0 为常数项；ε 为残差项。

二、不变替代弹性生产函数模型及应用

（一）不变替代弹性生产函数模型

1. 模型形式与参数的含义

1961 年，Arrow、Chenery、Mihas 和 Solow 多位学者提出了两要素不变替代弹性（constant elasticity of substitution，CES）生产函数模型，简称 CES 生产函数模型，其基本形式如下：

$$Y = A(\delta_1 K^{-\rho} + \delta_2 L^{-\rho})^{-\frac{m}{\rho}}$$

其中，Y 表示总产出；A 表示技术水平；L 表示劳动要素投入量；K 表示资本要素投入量；δ_1 和 δ_2 为分配系数，$0 < \delta_1 < 1$，$0 < \delta_2 < 1$，并且满足 $\delta_1 + \delta_2 = 1$；ρ 为替代参数。

对于 CES 生产函数，首先假定企业的生产规模扩大为原来的 λ 倍，那么 CES 生产函数可以表达为

$$A\left[\delta_1(\lambda K)^{-\rho} + \delta_2(\lambda L)^{-\rho}\right]^{-\frac{m}{\rho}} = \lambda^m \left[A\left(\delta_1 K^{-\rho} + \delta_2 L^{-\rho}\right)^{-\frac{m}{\rho}}\right]$$

所以，CES 生产函数的规模报酬取决于参数 m 的估计结果。于是参数 m 为规模报酬参数，当 $m = 1(<1, >1)$ 时，表明研究对象是规模报酬不变（递减、递增）的。

2. 要素替代弹性

要素替代弹性为

$$\sigma = \frac{\mathrm{d}(K/L)}{(K/L)} \bigg/ \frac{\mathrm{d}(\mathrm{MP_L}/\mathrm{MP_K})}{(\mathrm{MP_L}/\mathrm{MP_K})} = \mathrm{d}\left[\ln\left(\frac{K}{L}\right)\right] \bigg/ \mathrm{d}\left[\ln\left(\frac{\mathrm{MP_L}}{\mathrm{MP_K}}\right)\right]$$

因为：

$$\mathrm{MP_K} = \partial Y / \partial K = A\left(-\frac{1}{\rho}\right)\left(\delta_1 K^{-\rho} + \delta_2 L^{-\rho}\right)^{-\frac{1}{\rho}-1} \delta_1(-\rho)K^{-\rho-1}$$

$$= AK^{-1-\rho}\left(\delta_1 K^{-\rho} + \delta_2 L^{-\rho}\right)^{-\frac{1}{\rho}-1} \delta_1$$

$$\mathrm{MP_L} = AL^{-1-\rho}\left(\delta_1 K^{-\rho} + \delta_2 L^{-\rho}\right)^{-\frac{1}{\rho}-1} \delta_2$$

$$\frac{\mathrm{MP_L}}{\mathrm{MP_K}} = \frac{\delta_2}{\delta_1}\left(\frac{K}{L}\right)^{1+\rho}$$

所以：

$$\sigma = \mathrm{d}\left[\ln\left(\frac{K}{L}\right)\right] \bigg/ \mathrm{d}\left\{\ln\left[\frac{\delta_2}{\delta_1}\left(\frac{K}{L}\right)^{1+\rho}\right]\right\} = \mathrm{d}\left[\ln\left(\frac{K}{L}\right)\right] \bigg/ \mathrm{d}\left[\ln\left(\frac{\delta_2}{\delta_1}\right) + (1+\rho)\ln\left(\frac{K}{L}\right)\right]$$

$$= \frac{1}{1+\rho}$$

要素替代弹性 σ 为正数，所以参数 ρ 的数值范围为 $-1 < \rho < \infty$。

对于不同的研究对象，或者同一研究对象的不同的样本区间，由于样本观测值不同，要素替代弹性是不同的。这使得 CES 生产函数比科布-道格拉斯生产函数更接近现实。

（二）不变替代弹性生产函数模型在技术改进中的应用

技术进步一般被认为会带来就业损失和就业创造两种类型。针对就业损失，技术进步确实有消灭传统岗位的效应，如使用机器来替代人力劳动；用电脑来替代劳动者的脑力和体力劳动；或技术的引进和新技术的广泛应用，在生产过程中节省了大量的劳动力；等等。所以就业损失又可以分为替代损失和劳动节约损失。但是除此之外，技术进步能够给就业带来一种间接效应，这种间接效应也可称为补偿效应或就业创造效应。技术进步在直接消灭许多传统工作岗位的同时，也开创了许多前所未有的工作岗位。就像技术进步是物化在机器设备上的，由此开创了生产这些作为技术进步载体的新产业领域，如电脑的广泛应用使得生产电脑的产业日益成为一个兴旺发达的产业，其所吸纳的劳动力也不断增长，那么技术进步对于相关群体的就业和工资等有什么影响呢？Acemoglu 通过构建关于技术人员和非技术人员的 CES 生产函数，说明了技术进步的溢价问题[①]。

1. 短期技术进步溢价

首先假设两种类型的工人——技术工人和非技术工人（高教育工人和低教育工人），这两类工人之间不存在完全替代关系。假设 $L(t)$ 代表非技术工人（低教育程度），$H(t)$ 代表技术工人（高教育程度），同时假设在时间 t 内劳动力供给缺乏弹性。所有工人的风险偏好都是中性的，所有工人的目标都是收入最大化。同时假设劳动力市场是完全竞争性的。那么总体的经济生产函数可以表达为

$$Y(t) = \{[A_L(t)L(t)]^\rho + [A_H(t)H(t)]^\rho\}^{1/\rho} \tag{2-1}$$

其中，$\rho \leq 1$，并且 $A_L(t)$、$A_H(t)$ 表示技术改进项。该函数的技术替代率为

$$TRS = (H/L)^{\rho-1} \tag{2-2}$$

所以，技术工人和非技术工人之间的替代弹性可以表达为

$$\sigma = \frac{d\ln H/L}{d\ln TRS} = 1/(1-\rho) \tag{2-3}$$

当 $\sigma = 0$ 时，该函数便成了列昂惕夫的生产函数，技术工人和非技术工人之间完全不能替代；当 $\sigma = \infty$ 时，就成了线性函数，那么技术工人和非技术工人之间可以完全替代；当 $\sigma = 1$ 时，就成了科布-道格拉斯生产函数。替代弹性的大小对于理解技术溢价问题非常关键。

根据边际生产力的工资支付，非技术工人和技术工人的工资可以表达为

$$w_L = \frac{\partial Y}{\partial L} = A_L^\rho [A_L^\rho + A_H^\rho (H/L)^\rho]^{(1-\rho)/\rho} \tag{2-4}$$

$$w_H = \frac{\partial Y}{\partial H} = A_H^\rho [A_H^\rho + A_L^\rho (H/L)^{-\rho}]^{(1-\rho)/\rho} \tag{2-5}$$

那么技术溢价 ω 可以表达为技术工人的工资除以非技术工人的工资，即

① Acemoglu D. Technical change，inequality，and the labor market. Journal of Economic Literature，2002，40（1）：7-72

$$\omega = \frac{w_{\mathrm{H}}}{w_{\mathrm{L}}} = \left(\frac{A_{\mathrm{H}}}{A_{\mathrm{L}}}\right)^{\rho}\left(\frac{H}{L}\right)^{-(1-\rho)} \tag{2-6}$$

为了方便起见,把式(2-6)两边都取对数,得

$$\ln\omega = \rho\ln\left(\frac{A_{\mathrm{H}}}{A_{\mathrm{L}}}\right) - (1-\rho)\ln\frac{H}{L} \tag{2-7}$$

为了更好地表达技术溢价的变化,可以写为

$$\frac{\partial\ln\omega}{\partial\ln H/L} = \rho - 1 = -\frac{1}{\sigma} < 0 \tag{2-8}$$

所以,在技术水平一定的情况下,生产函数中,使用技术工人的人数越少,技术溢价就越高,所以,对技术的相对需求函数应该是一条斜向下的曲线。如果 H/L 值上升的话,那么可能会有两种类型的替代情况发生。第一,如果技术工人和非技术工人生产同样的产品,但是只是位于不同的生产函数中,技术工人数量的提高很显然会使技术工人替代以前非技术工人的工作。第二,如果技术工人和非技术工人是生产不同的产品,那么技术工人的数量越大,技术工人生产出来的技术产品可能会替代非技术工人生产的非技术产品,这两种情况下的替代对于非技术工人的相对工资收入都会造成损害。如图 2-1 所示,假设技术工人的供给从 H/L 上升到 H/L',技术溢价应该从 ω 下降到 ω'。

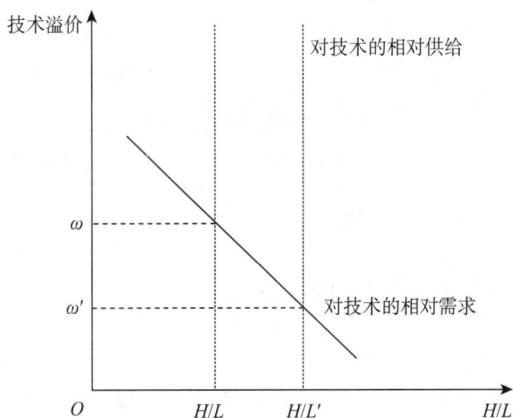

图 2-1 短期相对技术需求

资料来源:Acemoglu D. Technical change, inequality, and the labor market. Journal of Economic Literature, 2002, 40(1): 7-72

2. 长期技术进步的溢价

短期技术进步的溢价是在假定保持技术水平一定的情况下讨论的,但是随着对于技术供给的增加,长期内技术水平是要发生变化的,式(2-6)可以得出

$$\frac{\partial\ln A_{\mathrm{H}}/A_{\mathrm{L}}}{\partial\ln H/L} = \frac{1}{\sigma - 1} \tag{2-9}$$

$$\frac{\partial\ln\omega}{\partial\ln A_{\mathrm{H}}/A_{\mathrm{L}}} = \frac{\sigma - 1}{\sigma} \tag{2-10}$$

也就是说，如果 $\sigma > 1$，技术工人人数的增加会促使技术进步，而技术的进步会进一步促进技术溢价的提高。而技术溢价的提高反过来会促进技术的进步，进而使技术人员的相对供给增加。也就是说，在技术进步后，技术工人的数量增多，而在短期内，企业的生产还没有来得及对生产技术进行调整，使得技术溢价明显下降，但是，随着生产过程的逐步调整，先进的技术被企业普遍采用，技术需求增大，此时，使技术溢价下降的这部分技术工人的相对工资提高，资本溢价反而上升。根据企业对于这种技术的长期需求来看，技术工人的技术溢价可能出现一个长期上升的趋势（图 2-2）。但是，也可能随着企业对于技术的普遍采用，虽然提高了技术工人的技术溢价，但是，提升的部分可能弥补不了其先前技术溢价下降的部分，最终可能达不到相对于技术进步之前的技术溢价，在这种情况下，技术工人的技术溢价长期来看是降低的（图 2-3）。

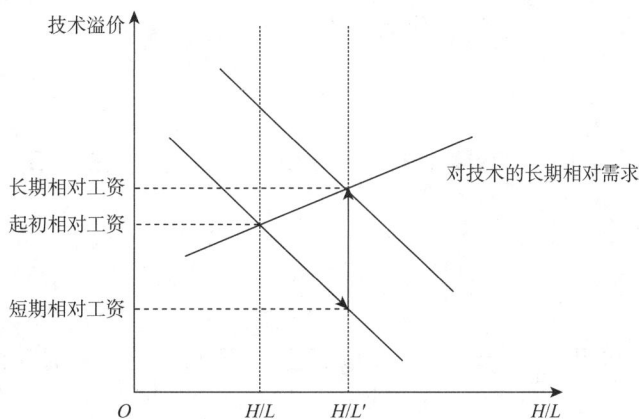

图 2-2 上升趋势的长期相对技术需求

资料来源：Acemoglu D. Technical change, inequality, and the labor market. Journal of Economic Literature，2002，40（1）：7-72

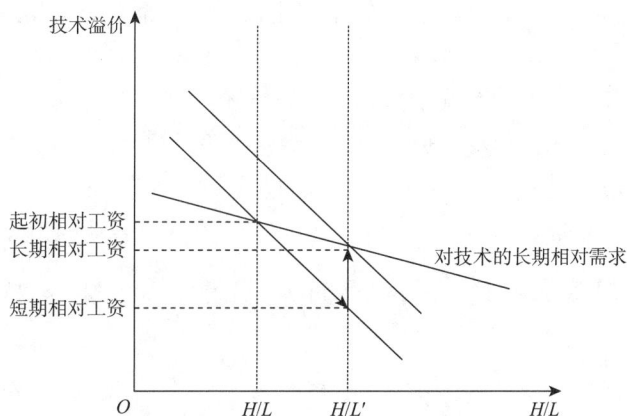

图 2-3 下降趋势的长期相对技术需求

资料来源：Acemoglu D. Technical change, inequality, and the labor market. Journal of Economic Literature，2002，40（1）：7-72

三、超越对数生产函数模型及其应用

（一）超越对数生产函数模型

一个更具有一般性的可变替代弹性生产函数模型是由 L. Christensen、D. Jorgenson 和 Lau 于 1973 年提出的超越对数生产函数模型。其形式为

$$\ln Y = \beta_0 + \beta_K \ln K + \beta_L \ln L + \beta_{KK}(\ln K)^2 + \beta_{LL}(\ln L)^2 + \beta_{KL} \ln K \cdot \ln L$$

该生产函数模型的显著特点是它的易估计性和包容性。它是一个简单线性模型，可以直接采用单方程线性模型的估计方法进行估计。所谓包容性，是指它可以被认为是任何形式的生产函数的近似。例如，如果 $\beta_{KK} = \beta_{LL} = \beta_{KL} = 0$，则表现为科布-道格拉斯生产函数；如果 $\beta_{KK} = \beta_{LL} = -\dfrac{1}{2}\beta_{KL}$，则表现为 CES 生产函数。所以可以根据该生产函数的估计结果判断要素的替代性质。

（二）超越对数生产函数模型的应用举例——劳动合同法对工资的扭曲作用[①]

目前使用较为普遍的生产函数包括科布-道格拉斯生产函数、超越对数生产函数（translog production function）以及 CES 生产函数三种类型，但相较于科布-道格拉斯生产函数和 CES 生产函数而言，超越对数生产函数的要素产出弹性反映了投入要素之间的替代效应和交互作用，可以加入时间变量来反映不同技术在不同时间技术进步的差异，同时也放宽了技术中性的强假设，能够揭示经济系统内的更多特征。为了说明超越对数生产函数在实证分析中的应用，下面主要采用《中华人民共和国劳动合同法》（以下简称《劳动合同法》）对工资的扭曲作用的实证例子对其进行介绍。

$$\ln Y_{it} = \alpha_0 + \alpha_1 t + \frac{1}{2}\alpha_2 t^2 + \alpha_3 \ln K_{it} + \alpha_4 \ln L_{it} + \frac{1}{2}\alpha_5 (\ln K_{it})^2 + \frac{1}{2}\alpha_6 (\ln L_{it})^2$$

$$+ \frac{1}{2}\alpha_7 \ln K_{it} \cdot \ln L_{it} + \alpha_8 t \ln L_{it} + \alpha_9 t \ln K_{it} + v_{it} - u_{it}$$

其中，Y 为行业产出；i 为行业；t 为时间；K 为资本投入量；L 为劳动投入量；v 为随机干扰项；u 为技术损失误差项，用来计算技术的非效率。根据 Battese 和 Coelli 对生产无效率项的设定，有 $u_{it} = u_i \exp[-\eta(t-T)]$ 且有 $u_i \sim \mathrm{N}(\mu, \sigma_u^2)$。劳动的边际生产率为

$$\mathrm{MP}_L = \partial Y / \partial L = (Y\partial \ln Y)/(L\partial \ln L) = (Y/L)\left(\alpha_4 + \alpha_6 \ln L_{it} + \frac{1}{2}\alpha_7 \ln K_{it} + \alpha_8 t\right)$$

工资的扭曲可以表示为

$$\mathrm{Distort} = (\mathrm{MP}_L / w) - 1$$

其中，Distort 为工资的扭曲程度；w 为实际工资。Distort > 0 意味着劳动边际生产率大于工资，存在"向下扭曲"现象；Distort < 0，意味着工资存在"向上扭曲"现象；Distort = 0，意味着不存在工资扭曲现象。之所以不用工资扭曲指数的绝对值来衡量扭曲程度，是

① 杨振兵，张诚.《劳动合同法》改善了工资扭曲吗？——来自中国工业部门的证据. 产业经济研究，2015，（5）：52-62

因为这样可以直观地看出工资扭曲方向。

一般采用统计年鉴数据时，Y可以采用工业增加值表示；K采用工业资本投入表示；L采用各工业行业年均从业人数表示。其中，劳动密集型行业受《劳动合同法》的影响较大，资本密集型行业受《劳动合同法》的影响较小，甚至不受影响，所以将劳动密集型行业作为实验组，资本密集型行业作为控制组。计算出《劳动合同法》实施前若干年和《劳动合同法》实施后若干年各工业行业的劳动和资本的比值。因为比值较大的行业意味着劳动雇佣水平相对于资本下降较大，同样也意味着该行业中的工业企业受政策影响较大，所以将其视作处理组，其余受政策影响较小的行业视为对照组，用g_i表示处理组和对照组。假设：

$$y_i = \alpha + \beta t_i + \gamma g_i + \tau t_i g_i + \varepsilon_i$$

其中，i表示行业；y_i表示工资的扭曲程度，假设$y_i = \text{Distort}$；t_i表示i行业《劳动合同法》实施前后的哑变量；g_i表示i行业是否为劳动密集型行业哑变量；τ表示倍差法的估计量，其反映政策对工资扭曲程度的影响；γ表示劳动密集型行业对于资本密集型行业受到的政策影响不随时间的变化；β表示《劳动合同法》实施前后，其他相关因素对各行业工资扭曲程度的影响；ε_i表示随机干扰项。由于影响工资扭曲程度的因素很多，为了得到更为稳健的分析结果，我们需要对相关重要因素加以控制。所以，回归模型为

$$y_i = \alpha + \beta t_i + \gamma g_i + \tau t_i g_i + \beta_1 rd_i + \beta_2 ci_i + \beta_3 \exp_i + \beta_4 \text{size}_i + \varepsilon_i$$

■ 第二节 完全竞争条件下的劳动力需求

一、完全竞争条件下的短期劳动力需求

（一）产品市场——劳动力市场完全竞争

劳动力需求主要取决于雇主方面，然而雇主在决定自己的雇佣量时主要是根据劳动力的边际成本和边际收益的比较。计算边际收益时需要考虑雇主在产品市场上所处的地位。雇主在产品市场上可能处于完全竞争地位，也可能处于垄断地位。在此主要假设雇主在产品市场上处于完全竞争地位，即雇主无法左右产品市场上的产品价格，只能够被动地接受，不论卖多少产品都不会影响到企业产品的价格，所以，在完全竞争市场的假设下，企业所出售的产品价格主要取决于雇主企业所在产品市场的均衡价格，如图2-4所示。

计算边际成本时需要考虑雇主在劳动力市场上所处的地位。雇主在劳动力市场上可能处于完全竞争地位，也可能处于垄断地位。在此主要假设雇主在劳动力市场上处于完全竞争地位，即雇主无法左右劳动力市场上的均衡工资，只能够被动地接受，不论雇佣多少劳动力都不会影响到劳动力市场的均衡工资，所以，在完全竞争的劳动力市场的假设下，企业所雇佣劳动力的工资主要取决于雇主企业所在劳动力市场的均衡工资，如图2-5所示。

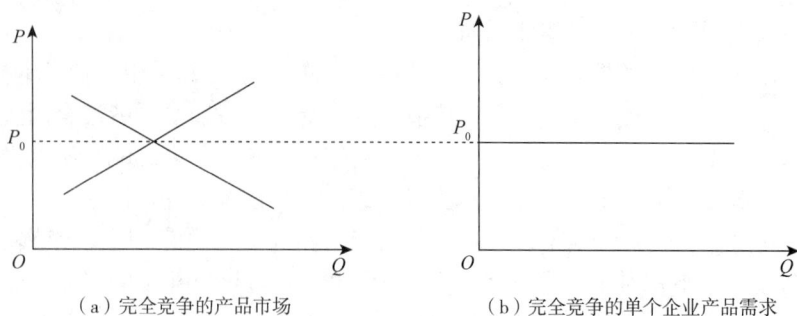

（a）完全竞争的产品市场　　　　　　　　（b）完全竞争的单个企业产品需求

图 2-4　产品市场完全竞争

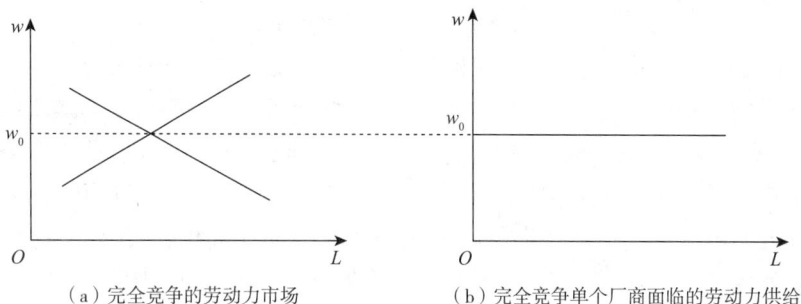

（a）完全竞争的劳动力市场　　　　　　　（b）完全竞争单个厂商面临的劳动力供给

图 2-5　劳动力市场完全竞争

（二）完全竞争的基本假设

在完全竞争条件下，雇主不论是在产品市场上，还是在劳动力市场上，仅仅是众多生产厂商或者劳动市场上的一个雇佣厂商，他们都只能是价格的被动接受者，处于完全竞争的地位，且在产品市场上雇主所出售的产品具有同质性，没有任何差别；在劳动力市场上雇主所雇佣的劳动力也是具有同质性的，没有任何人力资本、偏好等差别；雇主所提供工作岗位的工作特征等也都是一样的。同样，不论是在劳动力市场上还是在产品市场上，产品和劳动力都是可以自由流动的，没有流动障碍，尤其是对于劳动力市场中的劳动者没有流动距离、时间、违约金等因素的束缚。在产品市场上和劳动力市场上信息都是完全的，消费者或劳动者等对市场的均衡价格、商品或劳动力质量具有完全的信息。

（三）单个企业短期劳动力需求理论

短期劳动需求隐含两个重要的假设：劳动要素可以改变，资本和技术无法改变。例如，企业的生产函数为科布-道格拉斯生产函数 $Q=AK^{\alpha}L^{\beta}$，那么在短期内只有劳动可变，其资本是常数，即 $Q=A\bar{K}^{\alpha}L^{\beta}$。由于技术条件无法改变，那么衡量技术水平的是该函数中的参数，往往是指其中的 A、α 和 β，所以，在技术不变、资本不变的情况下，$Q=A\bar{K}^{\alpha}L^{\beta}$ 的函数表达式是不变的。企业在雇佣劳动量的总体原则如下。

企业的目标函数：

$$\max \pi = \mathrm{TR} - \mathrm{TC} = P \cdot Q - (w \cdot L + r \cdot K_0)$$

其中，TR 表示总收益；TC 表示总成本；P 表示价格；Q 表示产量（销量）；w 表示工资率；L 表示劳动力数量；r 表示贴现率；K_0 表示资本量。

一阶条件：

$$\mathrm{d}\pi/\partial L = \mathrm{dTR}/\mathrm{d}L - \mathrm{dTC}/\mathrm{d}L = 0$$

因此有

$$\mathrm{dTR}/\mathrm{d}L = \mathrm{dTC}/\mathrm{d}L$$

即

使用劳动的边际收益=使用劳动的边际成本

1. 在完全竞争产品市场中企业使用劳动的边际收益 dTR/dL（VMP$_L$）

由于 $P=P_0$（P_0 表示企业所在的完全竞争市场中的均衡价格），$Q=Q(L)$，则

$$\mathrm{dTR}/\mathrm{d}L = \mathrm{d}(P \cdot Q)/\mathrm{d}L = P_0 \cdot \mathrm{d}Q(L)/\mathrm{d}L = P_0 \cdot \mathrm{MP}_L = \mathrm{VMP}_L$$

上式表达的意思是最后一个单位劳动力被雇佣来创造的产品数量乘以相应的价格，我们把 VMP$_L$（value of marginal product of labour）称为劳动力的边际产品价值，即最后一个单位的劳动力给企业带来的收益增加额。

下面我们考察边际产品价值的形状。劳动力的边际产品价值等于均衡价格和劳动力的边际产量的乘积，而在完全竞争的条件下，产品的市场价格是由产品市场供给和需求决定的，单个厂商无法决定市场价格，所以相对单个厂商来说价格是一个常数，那么劳动力的边际产品价值曲线形状和劳动力的边际产量曲线形状相同。劳动力的边际产量具有递减规律，即在保证资本和其他条件不变的情况下，随着劳动力使用数量的增加，由于资本和劳动力的协同性，劳动力生产效率逐渐提高，总产量上升速度越来越快，当增加到一定程度，资本被过度使用后，劳动力的边际产量开始下降，由于边际产量仍为正值，所以总产量仍在不断地增加，只是增加速度减缓；如果继续增多，使得劳动力的边际产量下降为负值，将导致总产量下降，如图 2-6 所示。

在 OA 阶段，由于劳动力的边际产量在不断地上升，所以企业不会在该阶段停止生产，在劳动力的边际产量为负值时，企业为避免损失一定会停止生产；企业在边际成本等于边际收益的利润最大化点只可能发生在 AC 阶段。所以，可以将劳动者的边际产量曲线简化为 $A'C'$ 段。相应地，劳动力的边际产品价值曲线就是劳动力的边际产量曲线乘以一个常数。

边际产品和劳动边际收益曲线之间的关系表现得也很明显，如果 $P>1$，则劳动的边际收益曲线在上方；$P<1$，则劳动的边际收益曲线在下方；$P=1$，则劳动的边际收益曲线与边际产品曲线重合。

2. 完全竞争劳动市场中企业使用劳动的边际成本

当 $w=w_0$ 时，则

$$\mathrm{MFC}_L = \mathrm{dTC}/\mathrm{d}L = \mathrm{d}(w \cdot L + r \cdot K_0)/\mathrm{d}L = \mathrm{d}(w \cdot L)/\mathrm{d}L = w$$

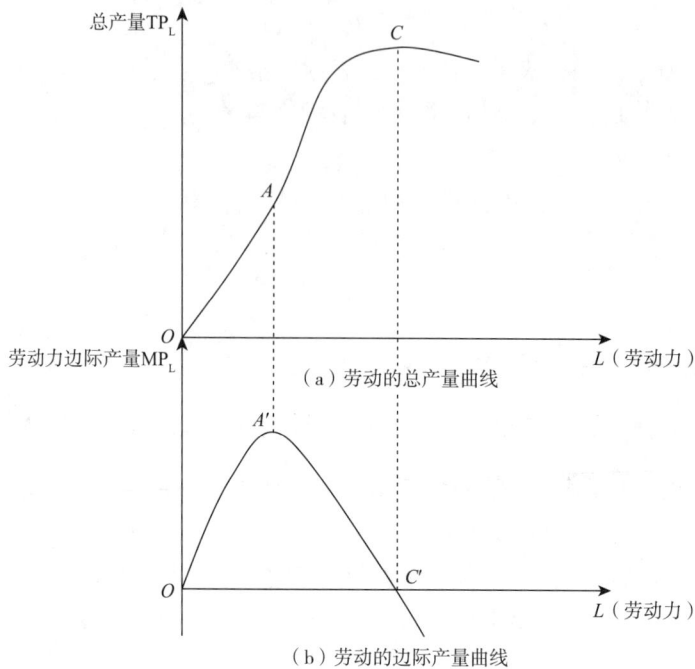

图 2-6   企业总产量曲线与劳动边际产量曲线

由于雇主所在的劳动力市场是完全竞争的，雇主企业是无法左右劳动力市场的均衡价格的，市场的均衡工资率是一个常数。只有劳动力市场的供给和需求发生改变，该均衡价格才会改变。此时，雇主的边际成本与雇主雇佣的劳动力数量没有关系，即雇主的边际成本曲线和雇主的劳动供给曲线重合，如图 2-7 所示。

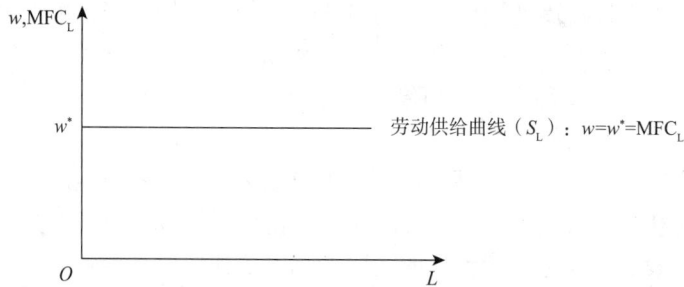

图 2-7   边际成本曲线和劳动供给曲线

3. 完全竞争企业使用劳动要素的原则（产品市场完全竞争和劳动市场完全竞争）

根据前面分析，雇主使用劳动的边际收益：$dTR/dL = P_0 \times MP_L = VMP_L$；使用劳动的边际成本：$dTC/dL = MFC_L = w_0$；那么，均衡条件：$w_0 = VMP_L$，即企业根据利润最大化原则，在劳动力市场均衡工资为 w^* 时雇佣 L^* 个单位的劳动力，如图 2-8 所示。

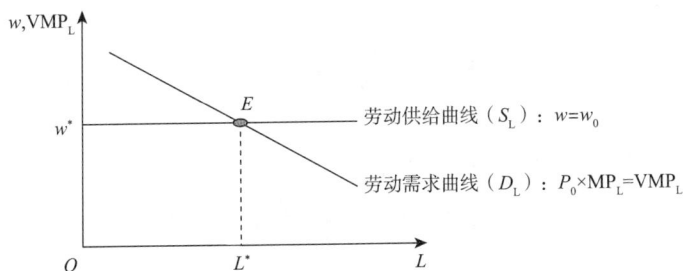

图 2-8　单个企业的短期均衡

（四）单个企业的短期劳动需求曲线

假设劳动力的价格下降后，企业会加大劳动要素的投入，那么是否会改变劳动要素的边际收益曲线？答案是否定的，因为：①我们考虑的是一家企业改变劳动要素的使用量，其他企业不改变劳动要素的使用量。如果劳动力的价格发生变化，会引起该企业的劳动需求量的变化，从而只会引起企业的产品数量的变化。其他企业不调整劳动要素的使用量，意味着该产品市场产品供给量不变，那么产品的价格不会发生变化。②生产函数不发生变化（因为生产技术不变，其他要素使用数量不变），故此在劳动力价格发生变动后，企业的劳动边际收益函数（曲线）不发生变化。那么由劳动的边际收益等于劳动的边际成本得知，企业的边际收益曲线就是我们考虑的这种情况的企业劳动需求曲线，如图 2-9 所示。

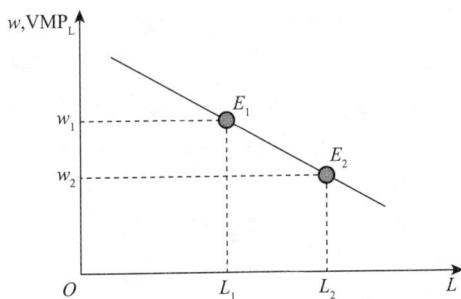

图 2-9　单个企业的短期劳动需求曲线

（五）完全竞争市场的劳动需求曲线

考虑劳动要素的价格发生变动后，所有的企业都调整劳动要素的使用量，那么该企业的劳动需求曲线是什么形状呢？劳动力的价格减少后所有企业都购买劳动力，导致所有企业的产量增加，促使产品市场供给增加，产品市场的均衡价格降低，均衡价格的降低，导致产品的边际收益减少。所以，完全竞争市场的劳动需求曲线相对陡峭，即变化后的曲线不能画得过于倾斜。完全竞争市场的劳动需求曲线，就是在考虑了所有厂商都会改变自己生产决策之后的单个厂商的劳动需求曲线加总（图 2-10）。

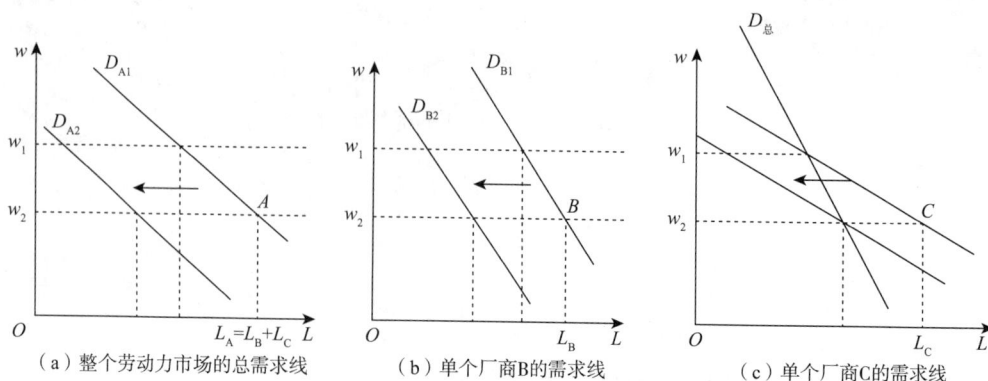

（a）整个劳动力市场的总需求线　　（b）单个厂商B的需求线　　（c）单个厂商C的需求线

图 2-10　整个市场的劳动需求曲线

二、完全竞争条件下的长期劳动力需求

（一）长期劳动力需求的基础知识

1. 等产量曲线

假设雇主生产的产品需要劳动和资本两种生产要素，那么雇主的生产函数可以表达为 $Q=f(L,K)$，在长期生产过程中劳动和资本都是可以变化的。假设，在保持一种生产要素不变的情况下，增加另一种生产要素可以使得总产量增加，也就是劳动和资本的边际产量大于零，那么为了保持总产量保持不变，增加一种生产要素，必须减少另一种生产要素。这就意味着雇主的等产量曲线是斜向下的。另外，在保持资本不变的情况下，所使用的劳动力越多，产量也就越大，所以，远离原点的等产量曲线所代表的产量高于靠近原点的等产量曲线所代表的产量，如图 2-11 所示。

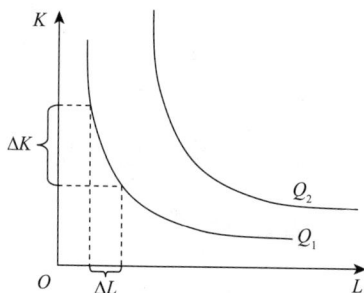

图 2-11　等产量曲线

另外，随着劳动力使用数量的增多，根据边际生产力的递减规律，劳动力的边际产量逐渐下降，最终导致劳动力对资本的替代率逐渐下降。衡量劳动力对资本替代能力的指标为劳动力边际替代率。其中劳动力的边际替代率可以表达为

$$\mathrm{MRTS} = \left| \frac{\Delta K}{\Delta L} \right|$$

其中，MRTS 表示劳动对资本的边际替代率；ΔK 表示资本的变化量；ΔL 表示劳动力的变化量。

由于

$$\text{MP}_L \cdot \Delta L = \left| \text{MP}_K \cdot \Delta K \right|$$

其中，MP_L 表示劳动力的边际产量；MP_K 表示资本的边际产量。则

$$\left| \frac{\Delta K}{\Delta L} \right| = \frac{\text{MP}_L}{\text{MP}_K}$$

即

$$\text{MRTS} = \frac{\text{MP}_L}{\text{MP}_K}$$

另外，虽然资本和劳动力在长期是可以变化的，但是技术是不可以变化的，所以，企业的生产函数并没有发生变化。企业的等产量曲线形状也不会发生变化，企业不同的等产量曲线仅仅是由于产量的不同而发生的位移，没有产生形状的变化，所以雇主的等产量曲线是不会相交的。例如，企业的生产函数为科布-道格拉斯生产函数 $Q=AK^{\alpha}L^{\beta}$，不同的两个等产量曲线可以表达为 $Q_0=AK^{\alpha}L^{\beta}$ 和 $Q_1=AK^{\alpha}L^{\beta}$，反映到图形中只不过是函数成倍地增加或减少。

2. 生产技术系数

生产函数常被用来分析技术对劳动需求的影响，即 $Q=f(L, K)$，它表明了生产中投入量和产出量之间相互依存的关系。企业既可以用多采用劳动，少使用资本的方式生产出同样的产品，也可以用多使用资本，少使用劳动的方式生产出同样的产品，这就意味着雇主使用的生产技术系数是不一样的。技术系数的概念反映生产一单位产品所需要的各种投入之间的配合比例关系，它可以划分为固定技术系数和可变技术系数。固定技术系数是指生产某一单位产品所需要的各种生产要素彼此之间不能替代；可变技术系数是指生产某一单位产品所需要的各种生产要素的配合比例是可以变动的。

3. 等成本线

在长期生产过程中，企业的生产要素假设为劳动和资本，其中劳动的工资率为 w；资本的价格为 R；企业的生产成本为 C，企业的等成本线可以表达为 $w \cdot L + R \cdot K = C$。用图形来表示如图 2-12 所示。很明显，企业的等成本线有如下几个特征。

（1）斜率为两种要素价格之比：$\dfrac{\text{OK}}{\text{OL}} = \dfrac{\frac{C}{R}}{\frac{C}{w}} = \dfrac{w}{R}$。

（2）要素价格已定，成本扩大，成本线外移。

（3）一种价格变化，成本线斜率就会发生变化。

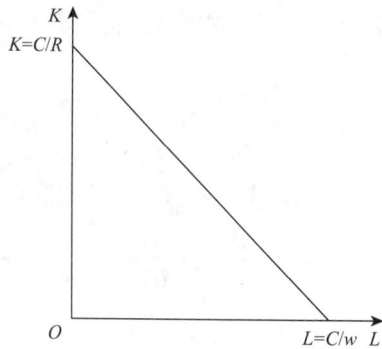

图 2-12   企业的等成本线

（二）最佳生产方法选择

雇主关于劳动力投入量的决策是产量函数、成本函数相互作用的结果。为了达到利润的最大化，雇主会根据资本和劳动的边际成本与相应价格进行比较，从而确定雇主对劳动和资本使用量的组合。如果单位成本投入资本上给企业带来的产出高于投入劳动上给企业带来的产出，那么雇主就会增加资本的投入，减少劳动的投入，从而实现利润的最大化。当然，如果单位成本投入劳动上给企业带来的产出高于投入资本上给企业带来的产出，那么雇主就会增加劳动的投入，减少资本的投入，直到二者相等。在达到利润最大化时，雇主的决策的方程式是

$$\max f(K, L)$$
$$\text{s.t. } wL + RK = C$$

达到均衡点的表达式为

$$\frac{\mathrm{MP_L}}{\mathrm{MP_K}} = \frac{w}{R} \text{ 或者 } \frac{\mathrm{MP_L}}{w} = \frac{\mathrm{MP_K}}{R}$$

其中，$\mathrm{MP_L}$ 表示劳动力的边际产量；$\mathrm{MP_K}$ 表示资本的边际产量；w、R 分别代表劳动的工资率和资本的价格。用图形来表示，即产出一定的情况下成本最小化，或者成本一定的情况下产出最大化，如图 2-13 和图 2-14 所示。

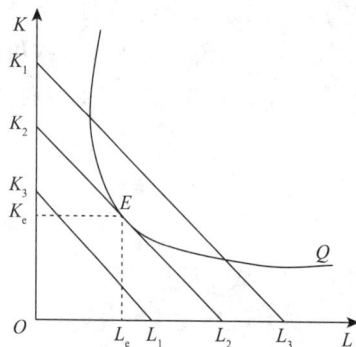

图 2-13   产出一定的情况下成本最小化

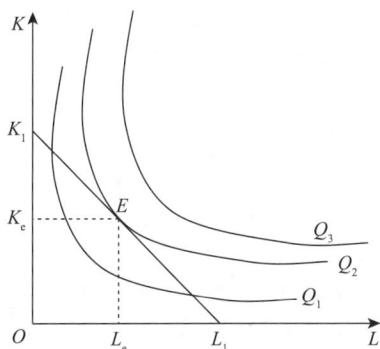

图 2-14 成本一定的情况下产出最大化

（三）工资变动对理想雇佣水平的影响

工资率的提高一方面使得雇主购买资本的价格相对便宜，雇主会购买更多的资本，通过替代效应减少对劳动的雇佣量；另一方面，由于工资率的提高，雇主总体的生产成本上升，企业通过产出效应减少了企业的生产规模，进一步降低了劳动雇佣量。所以，工资率的提高会产生两种效应，即替代效应和收入效应。其中替代效应主要衡量的是工资率的变化导致劳动力相对价格改变而形成的劳动力雇佣量的改变；产出效应衡量的是工资率的变动导致的实际生产成本的改变，进而影响到雇主的产出水平。所以，为了衡量替代效应和收入效应，需要对替代效应和收入效应进行界定。为了衡量替代效应，必须排除产出效应，就必须假定实际产出不变，即雇主的产出水平在工资率发生改变之后不变；为了衡量收入效应，排除替代效应，假定劳动和资本的相对价格不变，只有工资变动后引起的实际产出的改变，进而导致雇主生产规模下降。所以，产出效应是指在保持资本和劳动的相对价格及其他不变的条件下，产出或规模变动（ΔQ）所引起的雇佣量变动（ΔL）的比例。工资率上升，导致企业会通过产出效应缩小企业的生产规模，减少劳动力的使用量。

$$产出效应 = \Delta L / \Delta Q < 0$$

替代效应：在保持实际产出及其他不变的情况下改变劳动和资本的相对价格，当工资率的价格上升时，劳动力的相对价格会上升，导致雇主减少对劳动力的雇佣量。

$$替代效应 = \Delta L / \Delta (w/R) > 0$$

假定企业生产要素只有劳动和资本，企业等成本线如图 2-15 所示。假设工资率上涨之后，会产生两种效应，即替代效应和收入效应。图 2-15 中由于工资率的提高，产生的总效应是劳动力从 L_1 减少到 L_3，其中由于工资率的上涨，劳动相对昂贵，雇主会使用资本来替代劳动，从而导致资本增加，劳动雇佣量由 L_1 减少到 L_2。另外，工资率的上升，企业总体的生产成本下降，它们会减少产出量，产量由 Q_1 下降到 Q_2，通过产出效应，进一步降低资本和劳动的使用量，通过产出效应，使得劳动力由 L_2 减少到 L_3。所以，工资率的提升，最终导致劳动力雇佣量减少了 $L_1 - L_3$ 的量。

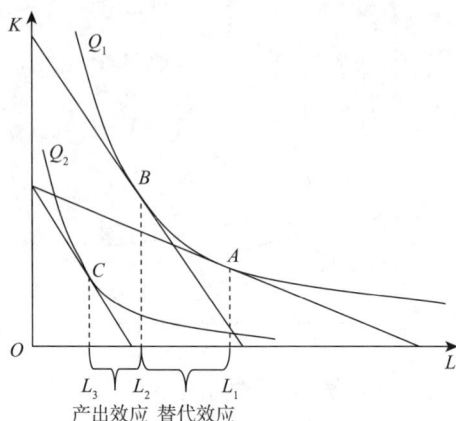

图 2-15　企业等成本线

（四）短期劳动需求曲线和长期劳动需求曲线比较

企业长期劳动需求曲线就是在劳动和资本都可变条件下对劳动力的需求曲线。而短期劳动需求曲线是在保持资本不变的情况下，雇主随着工资率的变动对劳动力需求的变动。在短期，工资率的上升，企业只能通过产出效应，减少劳动力的需求量，然而在长期，企业可以通过替代效应，通过资本来替代劳动，从而进一步降低劳动力的需求量。所以，长期的劳动需求曲线对工资的弹性相对比较大，反映在劳动需求曲线上，意味着长期劳动需求曲线比较平缓，而短期的劳动需求曲线相对陡峭。工资效应与劳动需求曲线如图 2-16 所示。

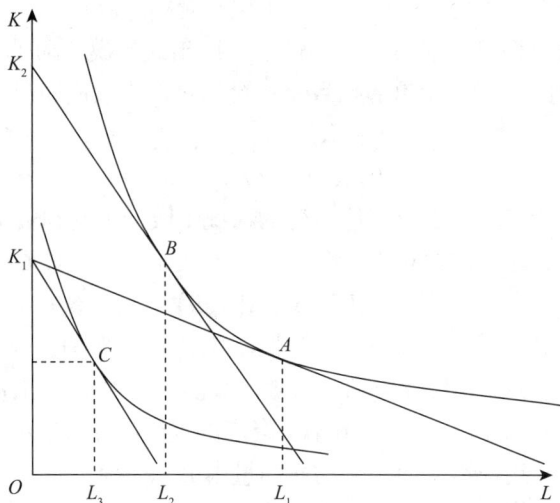

（a）工资的替代效应与收入效应

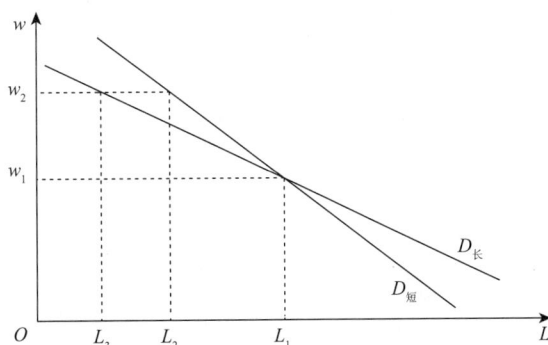

（b）劳动需求曲线

图 2-16　工资效应与劳动需求曲线

第三节　垄断条件下的劳动力需求

一、产品市场卖方垄断—劳动市场完全竞争

劳动力需求主要取决于雇主，然而雇主往往根据劳动力的边际成本和边际收益的比较结果决定自己的雇佣量。计算边际收益时需要考虑雇主在产品市场上所处的地位。雇主在产品市场上可能处于完全竞争地位，也可能处于垄断地位。在此主要假设雇主在产品市场上处于垄断地位，即雇主左右着产品市场上的产品价格。如果雇主在产品市场上生产的产品数量过多，将会导致产品市场供给量增加，进而降低产品市场的均衡价格，这就导致了雇主在产品市场上的产品边际收益下降。所以，在垄断市场的假设下，企业所出售的产品价格主要取决于雇主企业提供的产品数量，如图 2-17 所示。

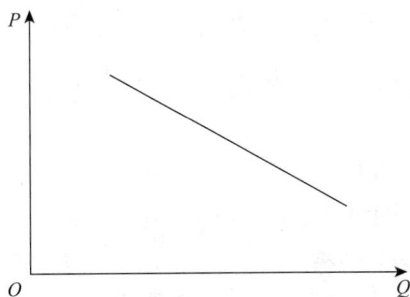

图 2-17　垄断市场下产品价格曲线

计算边际成本时需要考虑雇主在劳动力市场上所处的地位。雇主在劳动力市场上可能处于完全竞争地位，也可能处于垄断地位。在此主要假设雇主在劳动力市场上处于完全竞争地位，即雇主无法左右劳动力市场上的均衡工资，只能被动接受，不论雇佣多少劳动力都不会影响到劳动力市场的均衡工资。所以，在完全竞争的劳动力市场的假设下，

企业所雇佣劳动力的工资主要取决于雇主企业所在劳动力市场的均衡工资，如图2-18所示。

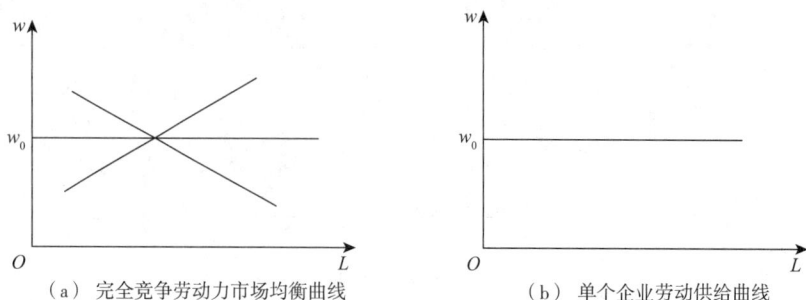

（a）完全竞争劳动力市场均衡曲线　　　　（b）单个企业劳动供给曲线

图2-18　完全竞争劳动力市场下单个企业的劳动供给曲线

（一）短期产品市场卖方垄断企业的劳动力边际收益与边际成本

相对于劳动力市场来说，有很多垄断企业。下面考虑单个垄断企业，该垄断企业的特征是垄断某一产品的整个产品市场。那么该企业需求函数为

$$P = P(Q)$$

生产函数为

$$Q = Q(L)$$

收益函数为

$$\text{TR} = PQ$$

其中，该垄断企业随着提供产量的增多，产品的价格是下降的，价格是关于需求量的函数，供应越多，价格越低。所以，$P = P(Q)$ 对应的是企业所在市场的需求曲线。短期内产量 Q 是关于劳动力的函数，随着劳动力使用数量的增多而增加，其中 $Q'(L) > 0$，$Q''(L) < 0$，则劳动力边际收益为

$$\text{dTR}/\text{d}L = \text{d}\big[P(Q)Q(L)\big]/\text{d}L = P(\text{d}Q/\text{d}L) + Q(\text{d}P/\text{d}Q)(\text{d}Q/\text{d}L)$$

$$= (\text{d}Q/\text{d}L)\big[P + Q(\text{d}P/\text{d}Q)\big] = \text{MP}_\text{L} \cdot \text{MR}$$

$$= \text{MRP}_\text{L}$$

很明显，$P + Q(\text{d}P/\text{d}Q)$ 是产品的边际收益，即

$$\text{dTR}/\text{d}Q = P + Q(\text{d}P/\text{d}Q) = \text{MR}$$

与之相对应，产品市场上的垄断厂商的劳动边际收益曲线 MRP_L 由两部分组成：第一部分是劳动边际产量曲线；第二部分是产品的边际收益曲线，即单位劳动力创造的产出在市场上出售获得的总收益。其中劳动边际产量曲线在可能性生产区间上是递减的，企业产品的边际收益曲线是递减的，垄断厂商劳动力的边际收益曲线是递减的。所以，劳动边际收益曲线与产品价值曲线关系如图2-19所示。

由于该垄断企业在劳动力市场中是一个完全竞争者，其雇佣劳动力数量无法影响到劳动力市场的工资，故其劳动力边际成本为

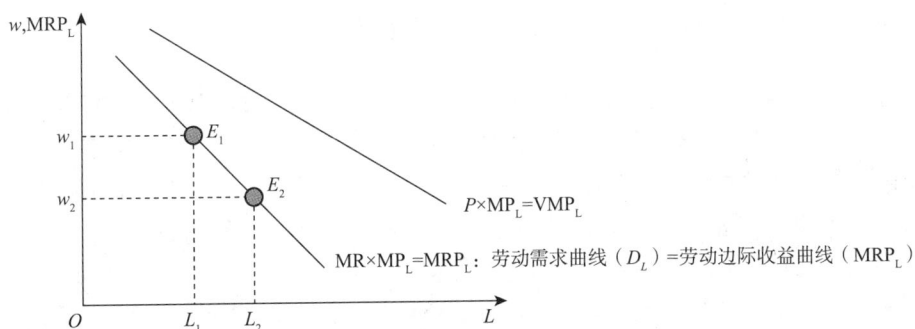

图 2-19 劳动边际收益曲线与产品价值曲线关系

（1） $w = w_0$；

（2） $\mathrm{MFC_L} = \mathrm{dTC}/\mathrm{d}L = \mathrm{d}\left(w \cdot L + r \cdot K_0\right)/\mathrm{d}L = \mathrm{d}\left(w \cdot L\right)/\mathrm{d}L = w$。

卖方垄断企业劳动力的边际收益等于边际成本时，利润达到最大化。如图 2-20 所示，在 E 点达到利润的最大化。另外，如果该厂商在产品市场上是完全竞争的，那么他的劳动力边际收益曲线就是 $P \times \mathrm{MP_L} = \mathrm{VMP_L}$，在劳动雇佣量是 L^* 时，根据边际收益等于边际成本，企业支付给劳动者的工资应该是 w_L'，所以，产品市场卖方垄断对劳动者的剥削是 $EFw'w^*$ 长方形的面积。

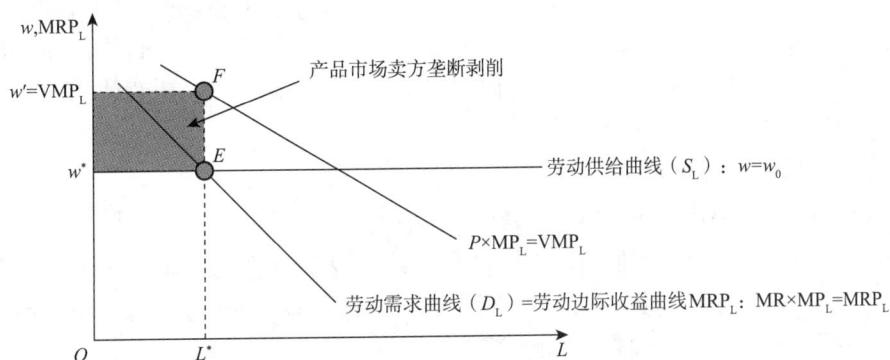

图 2-20 产品卖方垄断厂商对劳动者的剥削

（二）单个卖方垄断企业的劳动需求曲线

既定的生产函数和产品需求函数下，卖方垄断企业的劳动需求曲线是由 $\mathrm{MP_L} \times \mathrm{MR} = \mathrm{MRP_L} = w$ 确定的函数。由于考察的是短期生产函数，短期内生产函数的资本和生产技术都没有发生变化，所以，对于生产函数求关于劳动力的导数，即劳动力的边际产量函数保持不变。另外，在产品市场上，供给和劳动力的价格有关，然而需求与劳动力价格水平变动关系不大，所以，在劳动力市场上的工资发生变化后，几乎不会影响到产品市场的供给，所以产品的边际收益函数也不变。这样一来，随着市场均衡工资的变动，企业的劳动边际收益曲线并不会发生变化，那么此时该卖方垄断厂商的需求曲线与其劳动边际收益曲线重合，即劳动边际收益曲线为该厂商的劳动需求曲线。

（三）卖方垄断企业的市场劳动需求曲线（多个垄断企业）

由多个卖方垄断企业组成的完全劳动力市场的买方，他们单个的劳动需求曲线是否能够简单地相加，这取决于各企业之间的市场是否是相关的。如果几个企业是各自产品市场上的垄断就能够简单加总；如果有些企业是各自产品市场上的垄断，有些是同一种或某几种产品市场上的寡头垄断，劳动力市场的需求曲线就不等于各个厂商的劳动力边际收益产品曲线的简单加总。分别求出对应于每一个劳动价格的劳动需求量，然后分别相加，这主要是因为寡头与垄断竞争企业的劳动需求曲线不再是边际收益曲线，各个企业的需求曲线发生了移动，故不能简单加总。

二、产品市场完全竞争—劳动市场买方垄断

如果雇主在产品市场上是完全竞争的，说明该雇主不管出售多少产品，都是不会影响产品市场价格的，所以该雇主的劳动力边际收益是

$$dTR/dL = P_0 \times MP_L = VMP_L$$

如果雇主在劳动力市场上是买方垄断，意味着该雇主在劳动力市场上控制着整个产品的需求，即其面临的劳动供给曲线是整个市场的供给曲线，其对劳动力需求量的多少可以影响劳动力的价格，即劳动力市场的均衡价格。如果其对劳动力需求增多，那么就会导致劳动力价格上涨；如果其对劳动力需求下降，就会导致劳动力价格下降。即该雇主所需要支付给劳动者的工资和劳动力使用数量之间的关系是劳动供给曲线中工资和劳动力供给量之间的关系。所以有

使用劳动的边际成本：$dTC/dL = w + (dw/dL)L$。

均衡条件 L^*：$VMP_L = w + (dw/dL)L$；w^*：$w^* = w(L^*)$。

所以，在 E 点雇主达到利润最大化，使用的劳动力数量为 L^*，此时雇主应该支付给劳动者的工资水平为 w^*。此时，相对于双边都完全竞争的企业来说，该劳动市场买方对劳动者的剥削是 EFw^*w' 的面积，如图 2-21 所示。

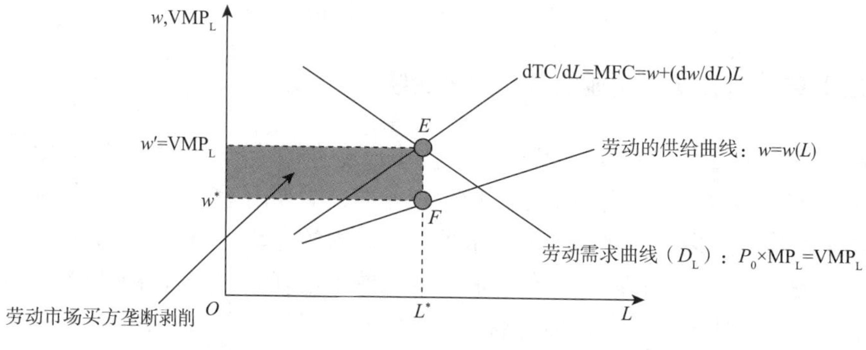

图 2-21　劳动市场买方垄断下对劳动者的剥削

如果劳动力市场的供给发生变动，均衡的工资率也会发生变动，如图 2-22 所示，劳动供给曲线发生变动之后，企业的劳动力边际成本曲线也会发生相应的变动。如果劳动

供给曲线任意平行移动一段距离，如向左上方平移，那么企业的劳动力边际成本曲线也
会向左上方平移，如图 2-22 所示。

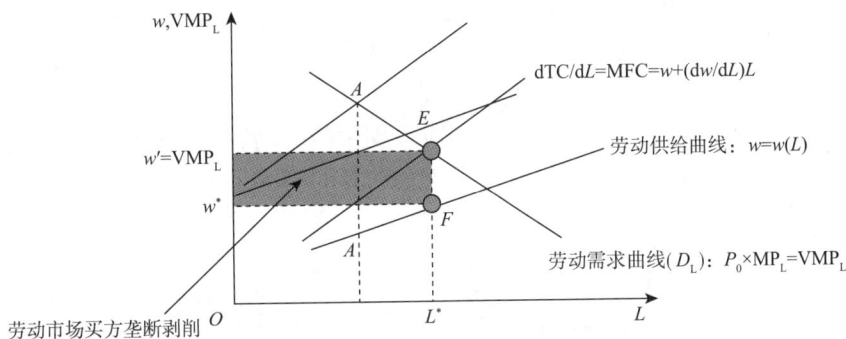

图 2-22   劳动力市场供给曲线左移均衡

同样，也可以旋转 10°，劳动力供给发生变化，但是企业的均衡点并没有发生移
动。由于不知道边际成本曲线如何变化，故买方企业劳动需求曲线不存在，如图 2-23
所示。

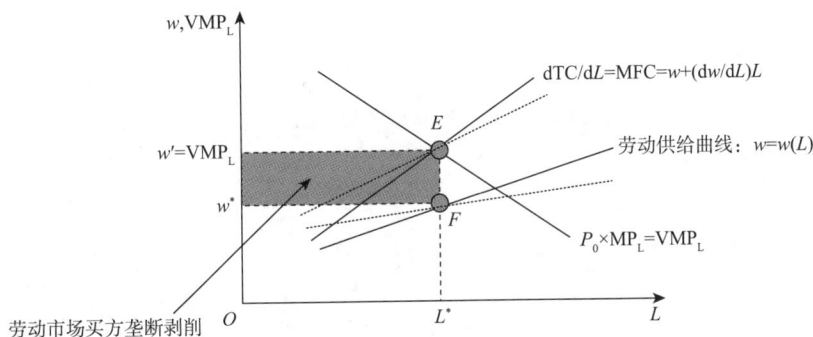

图 2-23   劳动力市场供给曲线旋转 10°均衡

为什么产品市场卖方垄断—劳动市场完全竞争情况下，单个垄断企业的劳动需求曲
线是 $MP_L \times MR = MRP_L = w$，存在一一对应关系，而此种情况下就不存在一一对应关系呢？
关键是，利润最大化时（w, L）不是同时在 MRP_L 取得的。

三、产品市场卖方垄断—劳动市场买方垄断

如果雇主在产品市场上是一个卖方垄断，在劳动力市场上是一个买方垄断，这也
就意味着在产品市场上他控制着整个市场产品的供给，其所面临的需求曲线是整个市
场的需求曲线，在劳动力市场上，其控制着整个劳动力市场的需求，其面临着整个劳
动力市场的供给。所以，该厂商在产品市场上可以影响价格，在劳动力市场上可以左
右工资。

该厂商的劳动力边际收益和边际成本可以表示为

使用劳动的边际收益：$dTR/dL = MR \times MP_L = MRP_L$。

使用劳动的边际成本：$dTC/dL = w + (dw/dL)L$。

均衡条件 L^*：$MRP_L = w + (dw/dL)L$；w^*：$w^* = w(L^*)$。

该雇主在劳动力的边际收益等于边际成本时，利润达到最大化。此时，该厂商由于双边垄断，其对于劳动者的剥削程度加剧，雇佣量为 L^* 时，在完全竞争条件下，企业应该根据其边际生产率来支付工资，即应该支付给劳动者的工资水平是 w'，实际支付给劳动者的工资水平是 w^*，所以雇主对于劳动者的剥削是 FGw^*w' 的面积，如图 2-24 所示。

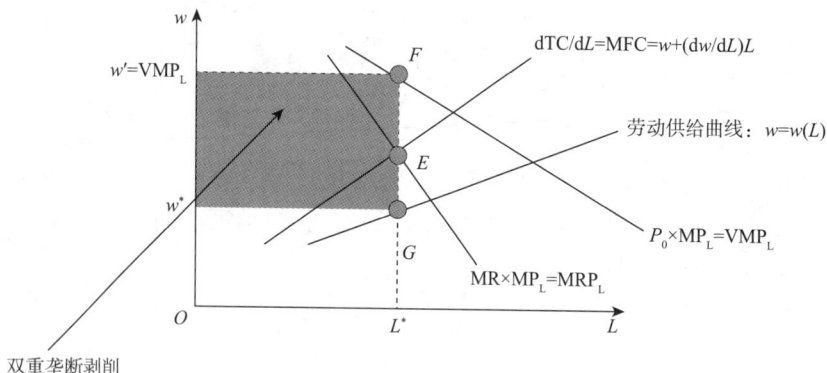

图 2-24　双重垄断剥削

$$w^* < MRP_L < VMP_L$$

第四节　劳动力需求的工资弹性

劳动力需求的工资弹性是指劳动力需求数量的相对变动与工资（价格）相对变动之比，它反映的是劳动力需求量对工资（价格）变动的敏感程度。其中劳动力需求的工资弹性既可以衡量劳动力的需求量对自身工资的敏感性，也可以反映劳动力需求对其他要素价格变动的敏感性。前者我们称为劳动力需求的自身工资弹性，或者简称为劳动力需求的工资弹性。后者主要反映的是劳动力需求的交叉弹性，它既可以反映劳动力需求对资本价格反映的敏感性，也可以反映某一种类型的劳动力需求对其他类型劳动力工资变动的敏感性。

一、劳动力需求的自身工资弹性

（一）劳动力需求的自身工资弹性概念

劳动力需求的自身工资弹性是劳动力需求数量的相对变动与自身工资相对变动之比，反映的是劳动力需求量对自身工资变动的敏感程度。劳动力需求的自身工资点弹性

和弧弹性可以分别表示为

$$点弹性：E = \frac{\Delta L\%}{\Delta w\%} = \frac{\Delta L / L}{\Delta w / w}$$

$$弧弹性：E = \frac{\dfrac{(L_2 - L_1)}{(L_1 + L_2)/2}}{\dfrac{(w_2 - w_1)}{(w_1 + w_2)/2}}$$

（二）影响自身工资弹性的因素

在马歇尔列出的下列四种情况下，劳动力需求的弹性较小：①劳动力对于最终产品的生产较必要；②最终产品的需求较缺乏弹性；③劳动力成本占总成本的比例较小；④其他生产要素的供给弹性较小。

第一种情况意味着在产品的生产过程中没有很好的劳动力的替代品。在短期内，这意味着雇主不能用其他生产要素来替代。在长期开发劳动节约技术的过程中，劳动力是非常重要的要素。

第二种情况意味着消费者在价格上小幅度的上升不会导致他们对于最终产品的购买大幅度改变。这种情况可以通过两个层级来考虑。由于劳动力生产的特定产品没有很好的替代品，产品价格的提高不可能引起购买数量的大幅度下降。

第三种情况，劳动力成本在总成本中占的比例较小。如果提到的工人工资成本占总成本中的比例较小，那么工资大幅度上升对于产品价格的影响也是很小的，因此对于销售量和就业的影响也是微小的。例如，假设对新房子的需求是具有弹性的，1%的价格上升，将会引起2%销量的下降。假设，电工工资占房屋总成本的1%，如果绝对没有对于他们服务的替代品，在这种情况下，电工工资水平50%的增加也仅仅是相对于房屋总价格的1%的一半，尽管我们已经假设了房屋需求的高弹性，导致房屋销售量仅仅下降1%。

第四种情况，其他要素的供给缺乏弹性，意味着如果雇主试图利用其他生产要素来代替雇员，那么其他商品的价格会有一个快速的上升。所以这样有利于劳动者争取工资。尤其是在第一种情况没有被满足的情况下，那么其他要素供给缺乏弹性更重要。

二、劳动力需求的交叉工资弹性

劳动力需求的交叉工资弹性衡量的是一种劳动力的需求量对其他要素或其他类别劳动力价格或工资的敏感程度。用公式来表达为

$$E = \frac{\Delta L_A / L_A}{\Delta w_B / w_B} \times 100\%$$

也就是说，一种生产要素的价格上升1%，那么劳动力需求量会上涨（下降）多少。如果交叉弹性为正，说明这两种要素是总替代关系，即当B生产要素的价格上涨，B生产

要素显得相对昂贵时，雇主会用相对廉价的 A 劳动力来替代要素 B，另外，由于价格上涨，企业会降低产出，缩小规模，从而使得 A 这种要素减少。最终前者的替代效应大于后者的产出效应，使得 A 劳动力需求量增加。交叉弹性为负，说明两种要素总是互补的。即当 B 生产要素的价格上涨，B 生产要素显得相对昂贵时，雇主会用相对廉价的 A 劳动力来替代要素 B，另外，价格上涨，企业会降低产出，缩小规模，从而使得 A 这种要素减少。最终前者的替代效应小于后者的产出效应，最终使得对 A 劳动力需求量减少。

■ 第五节　包含调整成本的劳动力需求

以《劳动合同法》为例来说明调整成本对劳动力需求的影响。在解雇方面，《劳动合同法》出台，增加企业的调整成本的一个重要的举措就是经济补偿金。在符合《劳动合同法》第四十一条裁员规定的情况下，企业才可以解雇员工，在这种情况下企业还必须按劳动者工作年限支付其相应的经济补偿金。即使劳动者不存在主观过错，但在劳动合同无法继续履行的情况下，对于符合《劳动合同法》第四十二条规定的，也不能提前通知劳动者解除劳动合同。当然，如果雇主单方面违法与劳动者解除劳动合同，则解雇成本会更高。假设在完全竞争的条件下，企业的净利润函数为

$$\pi_{it} = F(K,L) - wL - r(\mathrm{d}K/\mathrm{d}t) - \delta K - C(\mathrm{d}L/\mathrm{d}t)$$

其中，$F(K,L)$ 表示产出量，假设产品的价格标准化为 1；w 为工资率；r 为利率；K,L 为劳动和资本的投入量；δ 为资本折旧；$C(\mathrm{d}\dot{L}/\mathrm{d}t)$ 表示劳动力的调整成本，其中 $\mathrm{d}L/\mathrm{d}t$ 表示单位时间内调整劳动力的数量，简写为 $\dot{L}$，$\mathrm{d}L/\mathrm{d}t$ 表示单位时间内调整资本的数量，简写为 $\dot{K}$。从长期来看劳动投入成本增加会引起企业的生产技术结构变化，而技术结构的改变会存在调整成本，参照 Pfann 和 Verspagen、Fève[1]的处理方法，假设劳动力调整成本函数为二次方程：

$$C(\mathrm{d}\dot{L}/\mathrm{d}t) = \frac{b}{2}\dot{L}^2 + h\dot{L}, \quad b > 0, h > 0$$

加入 T 期劳动力需求决策问题，其中 ρ 为贴现值，则企业的利润贴现值目标函数为

$$V(0) = \int_0^T \left[F(K,L) - wL - r\dot{K} - \delta K - \frac{b}{2}\dot{L}^2 + h\dot{L} \right] \mathrm{e}^{\rho t}\mathrm{d}t$$

在规模报酬不变的技术假设下利用科布-道格拉斯生产函数，求企业的净利润贴现值的一阶条件，可以得到关于 K 和 L 的两个欧拉方程：

① Pfann G A，Verspagen B. The structure of adjustment costs for labour in the Dutch manufacturing sector. Economics Letters，1989，29（4）：365-371；Fève P. Solving labor demand models under asymmetric adjustment costs. Journal of Economic Dynamics and Control，2002，26（5）：797-809

$$\rho r - \alpha K^{\alpha-1}L^{\alpha-1} + \gamma\delta = 0$$

$$b\ddot{L} - \rho b\dot{L} + \rho(1-\alpha)K^\alpha L^{-\alpha} - (\rho h + w) = 0$$

其中，$\ddot{L}$ 为关于时间的二阶导数。通过上面两个式子结合，可以得到企业利润最大化的

条件为 $\ddot{L} - \rho\dot{L} + \dfrac{1-\alpha}{b}\left[\dfrac{r(\rho+\delta)}{\alpha}\right]^{\frac{\alpha}{\alpha-1}} - \dfrac{\rho h + w}{b} = 0$。

通过上式可知，企业的最优劳动力需求路径是一个移动均衡，且通过设定劳动力需求初始条件和终结条件，能够发现工资率上升对企业劳动力需求量的影响并不明确。

在现实中，企业的要素投入不会始终处在最优状态，因此企业的实际劳动力需求根据其利润最大化进行调整。根据 Gould 的方法，假设基本劳动力需求计量方程为

$$L_t = \gamma L_t^* + (1-\gamma)L_{t-1} + \mu_t$$

其中，L_t^*、L_t 分别表示长期均衡劳动力需求量和各期实际劳动力需求量；γ 表示劳动力需求调整参数；μ 为随机扰动项。再考虑影响企业最优劳动力需求 L^* 的各类因素，并将工资变量独立出来，那么劳动力需求的计量方程为

$$L_{it} = \alpha_0 + \alpha_1 L_{it-1} + \alpha_2 w_{it} + X\beta + \varepsilon_{it}$$

其中，i 为省份；w 为各地区的平均工资；X 为影响企业长期均衡劳动力需求的变量集，主要考虑经济增长、产品和要素价格、人口和劳动力供给等因素；ε 表示回归误差项；式中的折旧率、利息率和时间偏好等参数，如果采用省级面板数据，可以通过地区、时间固定效应反映。回归中的所有指标均采用自然对数形式[①]。

■ 第六节　最低工资的经济学分析及实证方法

一、最低工资的经济学分析

（一）最低工资与就业

对于最低工资制度对就业等的影响，古典经济学中斯蒂格勒提出了最低工资失业效应模型。假定其他因素不变，预测最低工资提高导致就业变化的情况。如图 2-25 所示，S 和 D 为劳动力市场供求曲线，相交于点 A，在没有最低工资制度的情况下，均衡工资为 w_0，就业量为 L_0；实施了最低工资制度后，当最低工资 $w_1 > w_0$ 时，供给曲线就变为 w_1CS，此时的劳动力的有效需求为 L_1，很明显，在完全竞争条件下，最低工资制度的实施造成了就业量的下降，就业量减少量为 L_0-L_1。

① 付文林. 最低工资、调整成本与收入分配效应的结构差异. 中国人口科学，2014，（1）：85-95

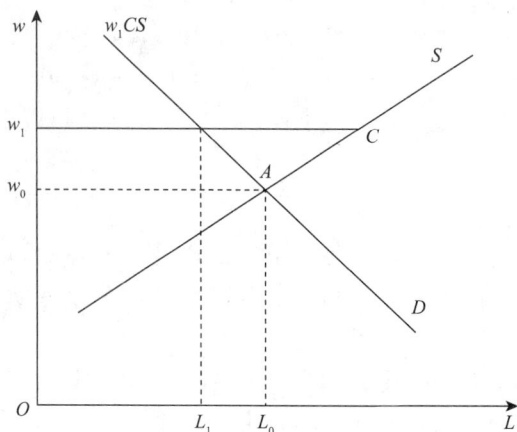

图 2-25　完全竞争市场下的最低工资影响分析

（二）最低工资与弹性

就业量的下降与劳动力需求的工资弹性有很大的关系，如果劳动力需求的工资弹性比较大，那么最低工资制度的出台对于劳动力的就业影响很大，对于劳动力需求的工资弹性比较小的劳动力市场来说，最低工资制度对就业量的影响较小。如图 2-26 所示，如果劳动力需求的工资弹性变小，假定变为 D' 曲线，那么在相同最低工资水平要求的情况下，劳动力就业量减少为 L_0-L_2，劳动力减少的就业量要远远小于劳动力需求工资弹性比较大的劳动力需求减少量。

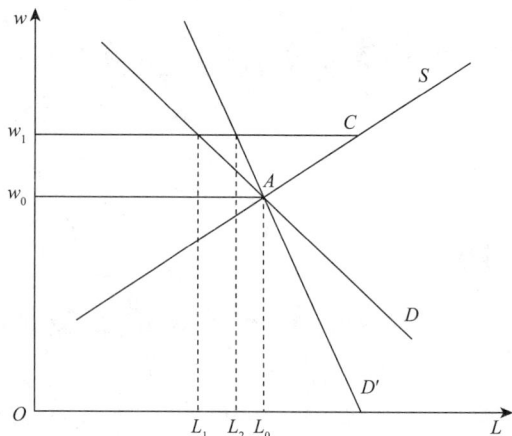

图 2-26　不同劳动需求弹性下的最低工资影响分析

（三）最低工资与覆盖部门

在我们经济实体中，不仅仅存在被最低工资制度覆盖的部门，同时还有可能由于种种原因有一些部门没有被最低工资制度覆盖，那么如果同时存在这两种部门的情况下，最低工资制度对于工资和就业又有什么影响呢？假设如果两个部门都不存在最低工资制度，由于两个劳动力市场特征等都一样，那么二者的均衡工资水平都为 w_{U0}，同时两部门的就业量分别为 N_{U0}、N_{N0}；同时假定一个部门由于法律的存在被强制实施最低工资制度，假设最低工资水平为 w_{U1}，此时被最低工资覆盖的部门的就业量就会减少到 N_{U1}，也就意味着 $N_{U0} - N_{U1}$ 这部分人失业。如果这部分人没有因灰心而退出劳动力市场，那么他们就会积极地在劳动力市场上寻求工作，从而可能到低于最低工资的部门进行工作，从而发生"溢出效应"，给非最低工资覆盖部门的劳动力的供给增加压力，造成非最低工资覆盖部门的劳动力供给增加，从而造成供给曲线向右方移动（图 2-27）。假设产生"溢出效应"后的非最低工资覆盖部门的劳动供给曲线为 S_{N1}，那么根据完全竞争的市场出清水平，此时的就业量为 N_{N1}，也就是说，此时的就业量增加了 $N_{N1} - N_{N0}$ 均衡的工资水平为 w_{N1}，相对于没有产生"溢出效应"之前的工资率有了下降，下降水平为 $w_{U0} - w_{N1}$。从分析中可以看出，对于最低工资覆盖部门工资率上升，就业量下降；对于非最低工资覆盖部门工资率下降，就业量上升。那么在整个经济实体中，最低工资制度的实施对于就业量和工资率的影响就变得比较模糊。非最低工资部门的就业量的上升与最低工资覆盖部门的就业量的下降哪个力度更大，不仅和失业雇员搜寻工作的动力有关，而且和这两个市场的人数、就业状况等有很大关系。

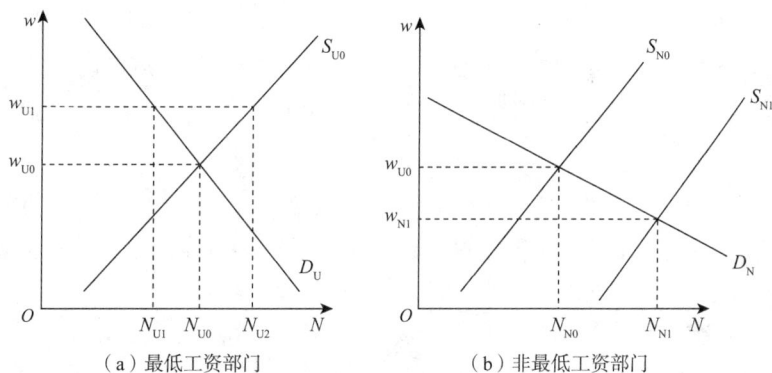

图 2-27　不同部门间最低工资影响比较分析

二、关于间断点回归的最低工资标准的实证方法

根据间断点回归设计方法，假设 d_i 代表个体 i 是否受到最低工资标准提升的影响，受到影响的为 1，没有受到影响的为 0；分配变量 x_i 为个体的相对工资，即个体工资与最低工资的比值，如果 $x_i < 1$，说明该个体受到最低工资的影响，$x_i \geq 1$，说明该个体不受最低工资标准提升的影响。相对工资水平为 1 是已知的间断点。所以：

$$d_i = 1，如果\ x_i < 1$$
$$d_i = 0，如果\ x_i \geq 1$$

用 Rubin[1]提出的潜在结果框架，设个体 i 在没有受到和受到最低工资提升影响下的潜在就业状态分别为 e_{0i} 和 e_{1i}，假设潜在就业状态可以由一个现象的场效应模型表示，即

$$E\left[e_{0i}|x_i\right]=\alpha+\beta x_i$$

$$e_{1i}=e_{0i}+\delta$$

因此，实际观测到的个体 i 的就业状态（1 为就业，0 为非就业）可以表示为

$$e_i=\alpha+\beta x_i+\delta d_i+\eta_i$$

其中，δ 为最低工资标准提升对就业的影响；η_i 为随机干扰项。就业状态和相对工资之间的关系可能是非线性的，间断点两侧就业状态和相对工资的关系也可能不相同，因此需要对该表达式进行扩展：

$$E\left[e_{0i}|x_i\right]=f_0(x_i)=\alpha+\beta_{01}\hat{x}_i^1+\beta_{02}\hat{x}_i^2+\cdots+\beta_{0p}\hat{x}_i^p$$

$$E\left[e_{1i}|x_i\right]=f_1(x_i)=\alpha+\delta+\beta_{11}\hat{x}_i^1+\beta_{12}\hat{x}_i^2+\cdots+\beta_{1p}\hat{x}_i^p$$

其中，$\hat{x}_i=x_i-1$。由于 d_i 是 x_i 的确定性函数，则

$$E\left[e_i|x_i\right]=E\left[e_{0i}|x_i\right]+\left(E\left[e_{1i}|x_i\right]-E\left[e_{0i}|x_i\right]\right)d_i$$

所以，将该期望表达式转化为估计模型为

$$e_i=\alpha+\beta_{01}\hat{x}_i^1+\beta_{02}\hat{x}_i^2+\cdots+\beta_{0p}\hat{x}_i^p+\delta d_i+\beta_1^*d_i\hat{x}_i^1+\beta_2^*d_i\hat{x}_i^2+\cdots+\beta_p^*d_i\hat{x}_i^p+\eta_i$$

其中，$\beta_1^*=\beta_{11}-\beta_{01}$，$\beta_p^*=\beta_{1p}-\beta_{0p}$，在 $1-x_i=c>0$ 处的最低工资就业效应为 $e_i=\delta+\beta_1^*c+\beta_2^*c+\cdots+\beta_p^*c^p+\eta_i$，在 1 处的就业效应为 δ。在间断点 1 左右两侧的劳动者群体特征差异较小，因为数据较小，所以采用线性或局部多项式回归[2]。所以，关于就业方程可以表示为

$$e_i=\Phi(\alpha+\alpha_1z_i^e+\beta_{01}\hat{x}_i^1+\beta_{02}\hat{x}_i^2+\cdots+\beta_{0p}\hat{x}_i^p+\delta d_i+\beta_1^*d_i\hat{x}_i^1+\beta_2^*d_i\hat{x}_i^2+\cdots+\beta_p^*d_i\hat{x}_i^p)+\varepsilon_i^e$$

其中，$\Phi(\cdot)$ 为标准正态分布的累积分布函数；z_i^e 表示影响就业的个体特征向量；ε_i^e 为随机扰动项。周工作时间的方程设定为

$$h_i=\gamma_0+\gamma_1z_i^h+\theta_{01}\hat{x}_i^1+\theta_{02}\hat{x}_i^2+\cdots+\theta_{0p}\hat{x}_i^p+\varphi d_i+\theta_1^*d_i\hat{x}_i^1+\theta_2^*d_i\hat{x}_i^2+\cdots+\theta_p^*d_i\hat{x}_i^p+\rho\sigma\lambda_i+\varepsilon_i^h$$

其中，z_i^h 表示影响个体工作时间的个体特征向量；λ_i 表示样本选择性偏差的逆米尔斯比率；ε_i^h 为随机扰动项，且 $(\varepsilon_i^h,\varepsilon_i^e)\sim N(0,0,1,\sigma,\rho)$。最低工资标准提升对工作时间的影响将反映在 d_i 的系数 φ 上。

为了控制个体特征对就业和就业条件下的工作时间的影响，z_i^e、z_i^h 尽可能包含代表个体的特征变量。根据生命周期理论，个体在生命不同阶段的劳动力市场生产率和家庭生产率不同，因此其就业倾向和工作时间会随着年龄的变化而变化。根据人力资本理论，受教育年限反映了个体的人力资本累积状况，具有较高教育程度的个体通常也具有较高的生产率，这会对其就业偏好和工作时间的选择产生影响。根据家庭联合劳动供给理论，已婚个体的就业和工作时间选择行为通常不同于未婚个体，户主身份和家庭中有学龄前

① Rubin D B. Bayesian inference for causal effects: the role of randomization. Annals of Statistics, 1978, 6（1）: 34-58

② Hahn J, Todd P, Klaauw W V D. Identification and estimation of treatment effects with a regression-discontinuity design. Econometrica, 2001, 69（1）: 201-209

儿童通常也会影响个体的就业和工作时间选择。综上所述，年龄、年龄平方、受教育年限、婚姻状况（虚拟变量，1 为已婚，0 为未婚）、户主（虚拟变量，1 为户主，0 为非户主）、家庭中是否有学龄前儿童（虚拟变量，1 为有，0 为无）等均需作为就业方程和工作时间方程的解释变量。

第三章

劳动力供给

第一节 劳动力供给的相关概念

一、劳动力

劳动力是指人的劳动能力，即人在劳动过程中所运用的体力和智力的总和。劳动力是存在于人体之中的能力，不能离开人体单独存在，并且是综合自然、社会、经济、文化等各方面因素之后形成的，是既具有自然属性又具有社会属性的生产能力。劳动力可以泛指具有劳动能力的"人"。在现代劳动经济学体系中，劳动力又特指在一定的年龄范围内，具有劳动能力和劳动要求、愿意参加付酬的市场性劳动的全部人口。没有就业意愿或就业要求的人口不属于劳动力范畴。各国根据本国法律，对劳动年龄和劳动力分类的统计指标有些差异，我们分别以美国和中国为例说明一下在劳动力市场统计和分类中的一些基本定义。

如图 3-1 所示，在美国劳动力是指 16 周岁及以上在工作或者积极寻找工作或者因为暂时失业等待被召回的所有人。劳动力中那些没有获得报酬职业的人被称为失业者。没有工作，并且不寻找工作，也不是因为暂时失业而等待雇主召回的人不算作劳动力。因此，总的劳动力包括在业者和失业者。至于就业和失业的定义界定在以后章节中将谈到。

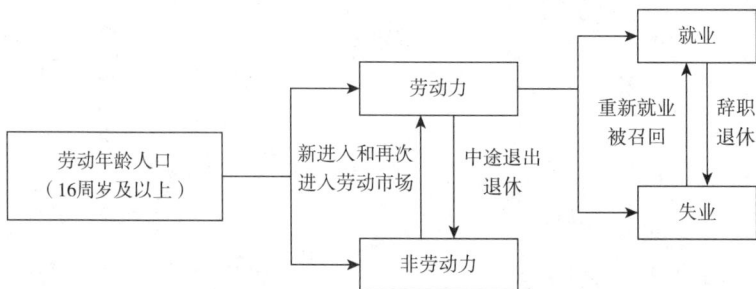

图 3-1　美国成年人口的劳动力分类

如图 3-2 所示，我国劳动力范畴的统计分类目前在不断变化，总的趋势是逐步参考市场经济国家的统计分类，建立适应我国劳动力市场发展状况的劳动力统计体系。劳动资源总数是指 16 周岁及以上、有劳动能力、实际参加社会劳动和未参加社会劳动的人员。劳动力资源又被划分为经济活动人口和非经济活动人口。劳动力资源不包括在押犯人、在劳动年龄内丧失劳动能力的人员以及 16 周岁以下实际参加社会劳动的人员。从业人员是指从事一定的社会劳动并取得劳动报酬或经营收入的人员。从业人员按照就业分组包括：①职工；②再就业的离退休人员；③私营业主；④个体户主；⑤私营企业和个体从业人员；⑥乡镇企业从业人员；⑦农村从业人员；⑧其他从业人员（包括现役军人）。

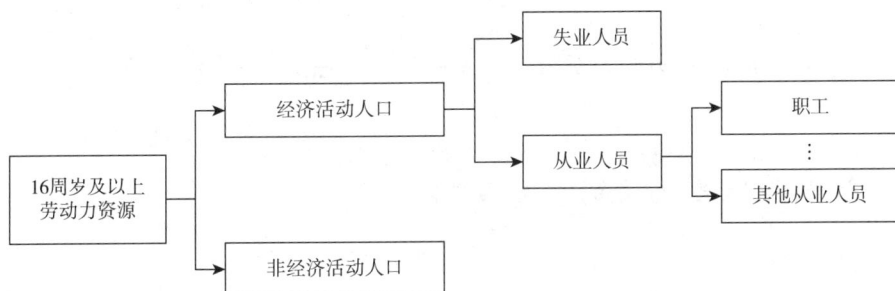

图 3-2　中国成年人口劳动力分类

我国的统计失业的一个重要指标是城镇登记失业率。根据国家统计局的定义，城镇登记失业率是指城镇登记失业人口数量同城镇单位就业人数、城镇私营企业以及个体就业人数和城镇登记失业人数之和的比。其中，"城镇登记失业人口"是指非农业户口，在一定的劳动年龄内、有劳动能力、无业或要求就业，并在当地就业服务机构进行求职登记的人员。

从以上中国和美国有关劳动力范畴统计分类可以看出，劳动力是个相对概念，不同国家规定了不同的最低就业年龄。国际劳工组织通过的 138 号公约《准予就业最低年龄公约》规定最低就业年龄为 14 周岁，而中国和美国等大多数国家以 16 周岁作为劳动年龄的分界线，日本则是 15 周岁。大多数国家规定了劳动年龄的下限而无上限，我国过去实行计划经济，对最高就业年龄规定了上限，即男性 60 周岁，女性 55 周岁。当然，规定了劳动年龄的上限，并不是说超过这个年龄不许劳动，而是说劳动者达到这个年龄后，就具有了申请退休、领取养老金的资格。

二、劳动参与率

劳动参与率是指经济活动人口（包括就业者和失业者）占劳动年龄人口的比率，是用来衡量人们参与经济活动状况的指标。根据经济学理论和各国的经验，劳动参与率反映了潜在劳动者个人对于工作收入与闲暇的选择偏好，它一方面受到个人保留工资、家庭收入规模以及性别、年龄等个人人口学特征的影响，另一方面受到社会保障的覆盖率和水平、劳动力市场状况等社会宏观经济环境的影响。用公式可以表达为

$$劳动参与率=（劳动力人口/潜在劳动力人口）\times 100\%$$

其中，劳动力人口包括就业人口和积极寻找工作的人口，也就是失业人口；潜在劳动力人口为除去因智力和身体原因丧失劳动能力的人与服刑犯人的劳动年龄人口，即 16 周岁到退休年龄之间有劳动能力的所有人口。所以，劳动参与率衡量了一国从事经济活动的工作年龄人口的规模。根据研究的内容不同，还可以将劳动参与率区分为不同类别的劳动参与率，如：

$$总人口劳动力参与率=\frac{劳动力人口}{总人口}\times 100\%$$

$$法定劳动年龄人口劳动力参与率=\frac{劳动力人口}{法定劳动年龄人口}\times 100\%$$

$$年龄别(性别)劳动力参与率=\frac{某年龄别(性别)劳动力人口}{与分子同范围人口}\times 100\%$$

第二节　劳动力供给的生命周期

人们在生命周期的不同时期内，从事市场工作的生产率与从事家庭工作的生产率不同，因此人们在生命的不同时期对劳动市场供给的工作时数也不同。整个生命周期中男性劳动者和女性劳动者的劳动力供给随着年龄的增长变动趋势是不同的，其中男性劳动者的劳动市场供给呈倒 U 形，女性劳动者的劳动力市场供给呈 M 形。

对于男性劳动者，年轻时期工资水平比较低，将时间资源用来投资教育的机会成本是较低的，同时教育投资越早，获得的收益时间越长，此时是接受教育的最好时机。随着人力资本投资的增加以及经验的积累，劳动者的实际工资水平不断上升，劳动者接受教育和闲暇的机会成本显著增加；另外，劳动者也会从整个生命周期来考虑自己的劳动供给问题，在青壮年，劳动者更加偏好于工作，以保证晚年的收入保障；然而随着年龄的增长，劳动者体能在不断下降，所掌握的技能也会逐步被淘汰，学习能力慢慢减弱，导致相对于年轻人来说，老年人的实际工资水平相对下降，最终使得劳动力供给下降；另外，实际工资因为经济增长长期内是上升的，假定工资增加的收入效应超过替代效应，那么增加一单位闲暇的最优时间是一个人市场工作年限结束的时候，因为那时的机会成本是最低的，所以，随着年龄的增长，男性劳动供给曲线是呈现倒 U 形的，如图 3-3 所示。

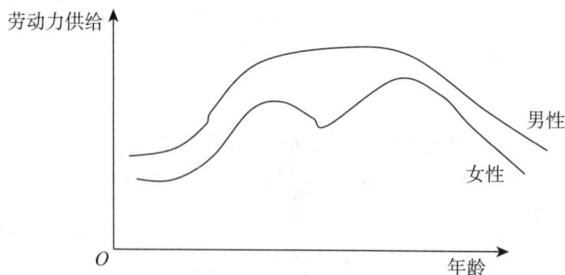

图 3-3　劳动供给曲线

对于女性劳动者，随着年龄的增长，劳动供给曲线呈现的总体趋势是 M 形，如图 3-3 所示，其中中间的下降阶段主要发生在婚育年龄。由于女性劳动者结婚后，承担了更多的家务劳动，尤其是女性劳动者生育后很多会退出劳动力市场，减少劳动力供给。随着年龄的增加，孩子逐渐长大，逐渐地可以独立生活，劳动者逐渐由家庭进入劳动力市场，增加了劳动力供给，随着年龄的增长，女性劳动者的供给也会在上升一段后下降，其原因和男性劳动者的劳动力供给下降相似。

■ 第三节　工作时间决策理论

一、劳动和闲暇

劳动供给涉及劳动者对其拥有的既定时间资源的分配。可以把劳动者看成是消费者，他们在闲暇和劳动二者之间进行的选择，就是在闲暇和劳动收入之间进行选择，以满足劳动者自己效用最大化的愿望。所以劳动和闲暇构成了劳动力供给的基本模型。此模型假定劳动者的效用函数满足如下条件：

第一，劳动力的效用来源于工作和闲暇。通过工作获得的收入，被用来购买他们所需的物品和劳务，闲暇本身也同样能给他们以某种程度的满足，因此，工作和闲暇都可以给劳动者带来效用。这个假设暗含以下几个方面：将劳动者可自由支配的时间采用时间的二分法分为劳动和闲暇，其中家庭劳动时间也包含在了闲暇之中；劳动者对闲暇和商品的消费都是纯粹的消费，即消费闲暇的时候不需要商品，消费商品的时候不需要闲暇。然而在现实生活中，劳动者的闲暇是需要消费商品的，如在海边散步，需要磨损鞋子；在咖啡厅休闲，需要消费咖啡商品。同样，在消费工作赚取来的劳动收入来购买商品时，也需要时间。人类的任何一项活动都是时间和商品的结合体。劳动-闲暇模型为了简化研究过程，假设劳动者的效用来自闲暇和收入，且收入和闲暇都是纯时间或纯商品的消费。

第二，劳动者提供了标准劳动努力程度。所谓标准劳动努力程度，是指在给定条件下，劳动的边际收益产品等于工资率的总劳动的平均努力程度[①]。在标准劳动努力程度的假设下，劳动供给量 L 与劳动时间 T 可以等同起来理解。

第三，劳动者是市场工资率的接受者。假设劳动者在劳动力市场中是同质的，劳动者没有办法来影响工资率，只能被动地接受工资率，劳动者处于完全竞争的劳动力市场之中。

第四，劳动者对劳动时间和闲暇时间的决定有充分自主权。这个假设包含了多层意思，即劳动者可以凭借自己效用最大化原则完全退出劳动力市场，不需要出卖自己的劳动力仍然可以保持自身劳动力的再生产，可以凭借自己的非劳动收入，如借债、自己的信用、庞氏信用游戏等获得金钱维持自己劳动力的再生产；劳动力市场没有固定的工作时间制度，劳动者完全可以凭借自身的效用最大化来安排自己的劳动时间和

---

① 樊纲，张曙光. 经济效率与经济潜在总供给. 中国社会科学院研究生院学报，1990，（5）：11-22

闲暇时间。

二、偏好和无差异曲线

偏好代表了消费者对某种商品相对其他商品的心理愿望强度。偏好从性质上说属于主观的东西，受到许多因素的影响，如个人种族、社会经济地位、职业、个人性格等。闲暇和收入对劳动者来说都是正常的商品，即劳动者从闲暇中获得了心理的满足感，当然也可以从劳动收入中获得满足感。所以，劳动者的效用函数可以表达为

$$U(Y, L)$$

其中，U 表示劳动者从收入和闲暇中获得的总效用；Y 表示劳动者的收入；L 表示劳动者的闲暇时间。假定劳动者在一天中除去睡觉、吃饭等不可挪用的时间，剩余的可以自由支配的时间为 L_0，那么劳动者的工作时间 $H = L_0 - L$。另外，Y 表示用来购买商品的收入，可能包含劳动收入，也可能包含非劳动收入。

无差异曲线是指能够给消费者带来相同满足程度或效用的所有闲暇和消费商品的收入组合点的轨迹，所以收入和闲暇组成的劳动者的无差异曲线是倾斜向下的。符合经济学中常见的无差异曲线，如图 3-4 所示。

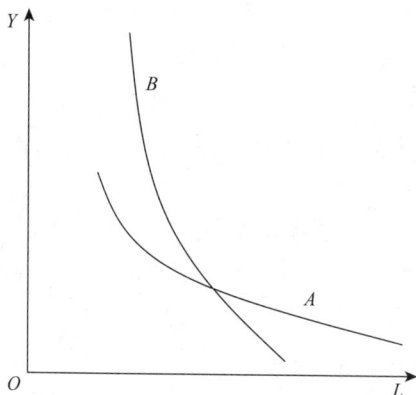

图 3-4　无差异曲线

其中无差异曲线的形状反映了劳动者对于消费和闲暇的偏好。对于 B 来说，劳动者更喜欢闲暇，为了增加闲暇可以放弃大量的商品的消费，也就是说，劳动者会把更多的时间用在闲暇上，用更少的时间来进行工作；对于 A 来说，劳动者更喜欢消费，也就是说，劳动者更喜欢工作，通过工作换来更多的收入，继而购买更多的商品。

三、工资、收入和预算约束线

工资率、工作时数和总收入之间的关系就是所谓的预算约束。它表明在既定的市场工资率条件下，单个消费者所能够提供的消费和闲暇时数的各种组合。用函数表达可以表示为

$$Y = w(L_0 - L) + R$$

其中，Y 表示劳动者所拥有的收入购买的商品金额。购买商品金额 Y 所需要的收入主要来自于两部分：一部分是非劳动收入 R；另一部分是劳动收入，即 $w(L_0 - L)$，其中，w 表示劳动力市场上的小时工资率；$L_0 - L$ 表示劳动者的市场工作时间。劳动者的工资、消费预算约束线可以用图 3-5 表示，预算约束线的斜率为负，且斜率的绝对值是市场的小时工资率 w，当工资率变化后，预算约束线也将随之发生变化；R 表示非劳动收入，即当存在着非劳动收入时，预算约束线将沿着 Y 轴平行向上移动。

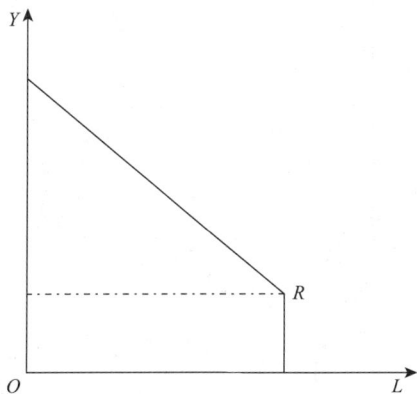

图 3-5 预算约束线

四、均衡的工作时数的决定

劳动者关于工作时数的决策是偏好、工资率和收入相互作用的结果。为了达到效用最大化，劳动者会根据闲暇的成本和工作带来的效用水平进行比较，如果劳动者认为闲暇带来的效用水平相对于工作换来的劳动收入带来的效用水平高，那么劳动者就会增加闲暇，减少劳动时间，反之亦然。所以，劳动者会不断地调整自己劳动和闲暇时间，直到劳动者认为自己的边际时间用在闲暇上和用在工作上给自己的带来的效用水平相同时，则劳动者的工作时间决策使得自身达到效用最大化。在效用最大化时，劳动者决策的方程式是

$$\max U(Y, L)$$
$$\text{s.t.} \quad Y = w(L_0 - L) + R$$

或者：

$$\max U(Y, L)$$
$$\text{s.t.} \quad Y + wL = R + wL_0$$

达到均衡点的表达式为

$$\frac{U_L}{U_Y} = w$$

其中，U_Y 表示劳动者收入的边际效用；U_L 表示劳动者闲暇的边际效用。采用图形表达，那么意味着劳动者无差异曲线与劳动者的预算约束线相切，此时劳动者的效用函数达到

最大，表明单位闲暇给人带来的效用（用货币衡量）和单位工作给人带来的效用相同。例如，闲暇 1 小时，给劳动者带来的效用增加是 7，那么工作 1 小时，给劳动者带来的效用增加大于 7 时，劳动者会增加工作时间，减少闲暇时间，那么闲暇时间的边际效用会增加，直到比值相同。相反，会减少劳动力的供给，闲暇边际效用会减少，从而促使量比值相同，如图 3-6 所示。

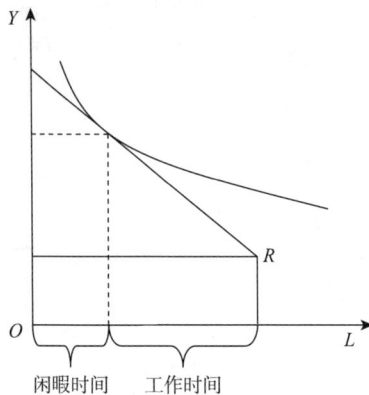

图 3-6　均衡的工作时间决定

五、收入效应

收入效应表示工资率不变的条件下，因获得一笔其他收入而产生的对劳动力供给的影响。当然，工资率的上升，也会导致个体的实际收入上升，这就导致了个人对正常性商品消费量的提高。对于个人来说，闲暇是正常性的商品，更高的工资促使个体消费掉更多的闲暇时间，相应地导致了工作时间的减少，这就是工资的收入效应。

如图 3-7 所示，劳动者工资提高后，实际收入上升，产生的收入效应就会导致劳动者在闲暇和工作时间相对工资率不变的情况下，实际效用由 U_1 增加到 U_2，闲暇时间由 L_2 增加到 L_1。

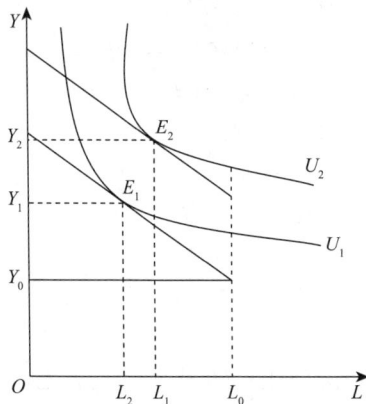

图 3-7　收入效应对工作和闲暇时间的影响

六、工资变化与工作时间决策

工资率的提高一方面使劳动者闲暇的机会成本相对提高,劳动者会提供更多的劳动,减少闲暇时间的消费;另一方面,由于工资率的提高,劳动者在相同的时间内可以获得更多的收入,使得劳动者可以购买更多的商品,进而提高劳动者的效用水平。所以,工资率的提高会产生两种效应,即替代效应和收入效应。其中替代效应主要是衡量工资率的变化导致的闲暇机会成本的改变而形成的劳动力供给量的改变;收入效应衡量的是工资率的变动导致的实际收入的改变,进而使劳动者的效用水平提高。所以,为了衡量替代效应和收入效应,需要对替代效应和收入效应进行界定。为了衡量替代效应,必须排除收入效应,就必须假定实际收入不变,即劳动者的实际效用水平在工资率发生改变之后的效应水平不变;为了衡量收入效应,排除替代效应,假定闲暇的机会成本不变,只有工资变动后引起的实际收入改变,进而导致实际效用水平的提高。所以,收入效应是指在保持闲暇的相对价格及其他条件不变的情况下,收入变动(ΔY)和所引起的工作时数变动(ΔH)的比例。如果闲暇是正常品,收入效应的符号为负。

$$收入效应 = \Delta H / \Delta Y < 0$$

替代效应是指在保持实际收入及其他条件不变的情况下改变闲暇的相对价格(工资),当闲暇的价格上升时,人们对闲暇的需求应该下降,导致劳动者工作时数上升。

$$替代效应 = \Delta H / \Delta w > 0$$

假定在只存在劳动收入,不存在非劳动收入时,劳动者的预算约束线如图3-8所示。假设工资率上涨之后,会产生两种效应,即替代效应和收入效应。图3-8(a)中由于工资率的提高,产生的总效应是闲暇时间从L_1减少到L_2。虚线AB表示的是补偿性预算约束线,该预算约束线符合两个特征,即保证了工资上涨之前和之后的劳动者效用水平没有提高,其能够支持的最高效应水平是U_1,且其斜率与工资上涨后的斜率相同,说明了工资水平上涨之后闲暇的相对价格变动,说明了从E点到F点是替代效应,即在没有改变劳动者实际收入的情况下,仅仅是劳动者闲暇的相对价格变动而导致的闲暇时间减少,工作时间增多的替代效应;从F点到G点,补偿性预算约束线与工资率上涨之后的预算约束线平行,说明二者之间闲暇的相对工资率是一样的,仅仅是工资率上涨而导致的实际收入上升,从而产生的收入效应,导致劳动者将闲暇时间从L_3增加到L_2,最终工资率上涨的总体效应使得闲暇时间由L_1减少到L_2。这说明工资率上涨产生的替代效应大于收入效应,使得工资率提升之后劳动力供给量增加。然而图3-8(b)出现了相反的情况,即随着工资率的提高,收入效应大于替代效应,使得工资率上涨之后劳动力供给反而减少。

在工资率较低的条件下,劳动者的生活水平较低,闲暇的成本相应也就较低,从而工资提高的替代效应大于收入效应,劳动供给曲线向右上方倾斜。但是,随着工资率的进一步提高和劳动时间的增加,工作的机会成本(闲暇的效用)增加,替代效应开始小于收入效应,结果劳动供给数量减少。因此,劳动供给曲线呈现出向后弯曲的形状,如图3-9所示。

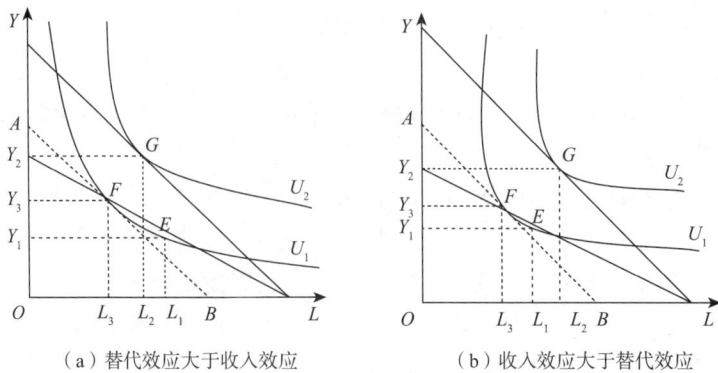

（a）替代效应大于收入效应　　　　（b）收入效应大于替代效应

图 3-8　工资的替代与收入效应

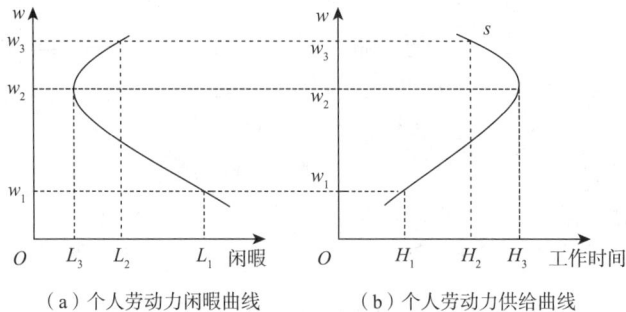

（a）个人劳动力闲暇曲线　　　　（b）个人劳动力供给曲线

图 3-9　个人劳动力闲暇曲线与供给曲线

七、全类型的个人劳动供给曲线

在劳动闲暇模型中，劳动者是拥有自由选择权的。当市场的工资率高于劳动者的保留工资时，劳动者就会进入劳动力市场中。随着工资率的上升会产生两种效应，即替代效应和收入效应，其中替代效应会使得劳动者觉得闲暇的机会成本相对比较昂贵，从而减少闲暇时间，增加工作时间；收入效应会导致劳动者有了更多的收入购买商品而进行消费，从而减少工作时间，增加闲暇时间。然而当劳动者的工资相对较低时，劳动者会随着工资率的上升而增加劳动供给，即处于图 3-10 中的②阶段。随着市场工资率的继续上升，替代效应会逐渐小于收入效应，从而导致劳动者的劳动力供给减少，形成通常意义上向后弯曲的曲线，即处于图 3-10 中的①阶段。

然而在现实生活中，很多劳动者并没有保留工资，因为部分劳动者没有非劳动收入，不可能借债，也不可能采用庞氏信用游戏。加上劳动力蕴含在劳动者体内，是不可储存的商品，如果无法及时出售，那么当天的劳动就会消失，如果劳动者当天没有出售劳动力，就没有相应的劳动收入，也无法购买劳动力再生产的生活资料，最后就无法生存，所以劳动者并没有进出劳动力市场的自由。在这种情况下，如果市场的工资率越低，那么他们赚取当天劳动力再生产的生活资料所需要的工作时间也就越长，进而形成了图 3-10 中的③阶段，即市场的工资率越低，劳动者就需要越多的劳动，从而实现劳动力

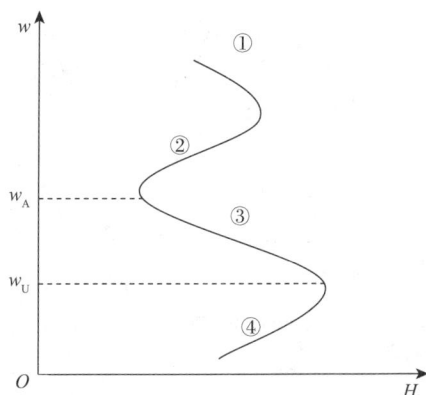

图 3-10 全类型的个人劳动供给曲线

的再生产。

然而劳动者的工作时间是有限的，一天最长的工作时间不会超过 24 小时，如果市场的工资率足够低，那么他们即使把所有的时间都用来进行工作，也无法获得当天劳动力再生产所需要的生活资料的报酬，那么他们只能购买维持生命特征的生活资料报酬，最终导致劳动者无法生产出当天的劳动力。这种情况持续下去，劳动者体力会越来越弱，他们由于劳动力无法再生产，无法再像以前一样长时间进行工作，随着工资率的下降，最终他们工作的时间会越来越短，形成图 3-10 中的④阶段。

八、劳动供给基本模型的局限

在劳动供给基本模型的推导过程中，采用了单个消费者行为的标准模型，尽管大家都认为有意义，但在实际应用过程中，还必须考虑以下制约因素，在理论方面，也存在一些争议。

第一，个人选择的约束。劳动者对收入（就业）和闲暇的选择，其实并不是自由的，而是面临着许多体制上与经济运行上的障碍。特别是在社会保障不充分的情况下，当工资不足以维持最低生活保障的时候，工人并没有选择工作与闲暇的自由，不得不拼命干活，这势必影响劳动供给曲线的形状。

第二，一些人从工作中获得乐趣。上述模型中隐含着这样的假定，即工作会带来负效用，只有闲暇会带来正效用。这就否认了劳动本身会给劳动者带来乐趣的情况。其实，在较多情况下，工作本身也会给劳动者带来非货币收益。

第三，存在着家庭范围内的生产活动（如家务）和生产部门内的消费者活动。劳动供给的基本模型，只把劳动供给看成是生产部门提供的，把家庭只看成是消费部门，这还有待改进。

第四，家庭内劳动供给的决策方式。在家庭内部，关于劳动供给决策是如何做出的，模型中并没有做出分析，这也有待于深化。

第五，劳动-闲暇模型中关于个体可以随意地在不同的闲暇-工资组合中选择的假设是站不住脚的。事实上，人们往往是不得不在失业和有一份固定工作之间进行选择。而无论人们最终做出何种选择，他们的工资率和他们对闲暇的评价之间的关系都不可能在最终的选择中体现出来。

第六，即使上面的假设可以接受，但是，"经济学家往往忽视人们做出时间分配决定的时机选择，而这个时机的选择可能会影响在某项特定的活动中对于时间的估价"。以Shaw[1]为代表的经济学家从这个角度质疑该模型的实用性。

第七，劳动-闲暇模型未能够就失业者或者非劳动力人口的时间价值估算提出任何解决办法。以工资率为基石的闲暇-工资替代模型似乎有此暗示，即失业工人和非劳动力人口的时间是没有任何市场价值的。

第八，在劳动-闲暇模型中，处于无差异曲线与预算约束线切点时的一小时闲暇的机会成本被认为是在此时间放弃的工作的工资。然而有观点认为这一小时工资应该分成两部分：一部分是雇员所付出的一小时时间的报酬；另一部分则是用来补偿他在这一小时内所承受的体力和脑力的耗费，我们称之为劳动成本。因此，由劳动引起的负效用必须从这一小时的报酬中扣除，剩下的这部分才是工作时间的净报酬。所以，一小时闲暇的机会成本并非等于工作一小时所获得的工资，而是应该小于这个数目。

■ 第四节　制度工作时间与劳动力市场参与率、劳动供给

根据劳动闲暇模型可知，劳动者会根据自己的偏好曲线以及预算约束线来选择自己的最佳的工作和闲暇时间，从而获得最高的效用水平。然而现实并非如此，劳动者要么失业在家，要么就必须按照制度工作时间进行劳动，如目前标准工作时间是 8 小时，也就是说，劳动者要么工作 0 小时，要么工作 8 小时，不可能在 8 个小时之内自由地进行选择，也不能在 8 小时之外任意地进行选择，因为根据《中华人民共和国劳动法》，加班时间也是有限制的。所以，在劳动者可以自由选择工作时间的情况下，劳动者可能会进入劳动力市场形成劳动力供给，但是当限制为 8 小时的工作时间之后，劳动者就有可能不参加工作，而主动失业。所以，考虑到制度工作时间后，就必须要考虑制度工作时间对劳动参与率的影响以及劳动供给的影响。

如图 3-11 所示，当工资率为 w_2 时，在 E 点工作和在 b 点工作劳动者的效用水平是一样的，即劳动者可以进入劳动力市场进行劳动，也可以不参加劳动，这就意味着在制度工作时间为 t 时，劳动者的保留工资为 w_2，此时劳动者的效用水平为 U_2。只有当市场的工资率高于 w_2 时，劳动者才有可能参与到劳动力市场中。如果工资率为 w_1，劳动者会在 a 点进行工作，那么劳动者获得的效用仅仅是 U_1，还不如不参与劳动力市场，不参与劳动力市场的效用水平为 U_2，所以低于 w_2 劳动者是不会参与劳动力市场进行工作的。同样，当工资水平高于 w_2 时，劳动者可以获得的效用水平是 U_3，高于不参与劳动力市

① Shaw S M. Dereifying family leisure: an examination of women's and men's everyday experiences and perceptions of family time. Leisure Sciences, 1992, 14（4）: 271-286

场的效用水平 U_2。

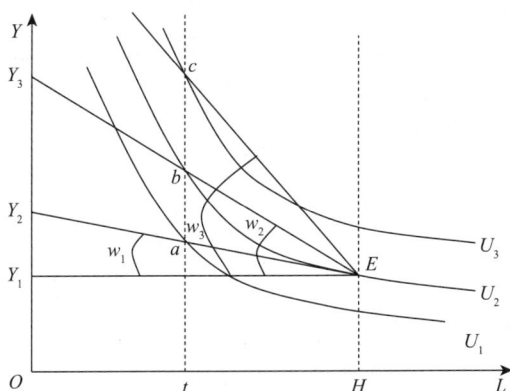

图 3-11　制度劳动时间的保留工资

如图 3-12 所示，如果工资率保持不变，当劳动者的制度工作时间缩短变为 t_1 时，劳动者参加工作的效用水平要明显高于不参加工作时的效用水平，所以，劳动者在工资率为 w_1 时已经参加了工作，说明劳动者的保留工资降低了。所以，在有制度工作时间的安排时，劳动时间制度越长，劳动者的保留工资也就越高，即如果工资率不变，制度时间越长，闲暇边际效用越高；制度时间越短，闲暇边际效用越低。因此，制度时间越长，劳动力参与率会越低；制度时间越短，劳动力参与率会越高。

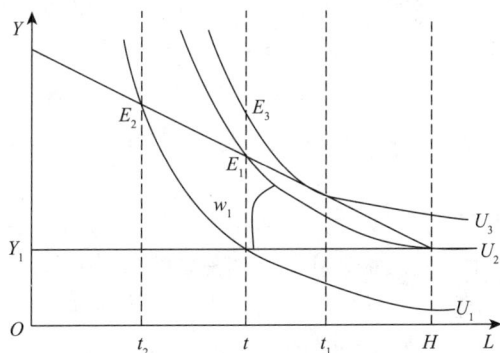

图 3-12　劳动时间长短的影响

第五节　工资分布下的最低工资与工资接受

一、保留工资

一个在劳动力市场寻找工作的劳动者，他并不期待工资水平随着搜寻时间的延长而不断上升，更多的情况是他从搜寻工作开始就对工资水平有一个起码的心理价位，同样地，对于搜寻工作所花费的时间，他也有一个心理准备。因此，当他在市场上寻找工作时，如果雇主开出的工资条件超过他预定的价位，他就接受这个工作，否则就拒绝接受。在经济学中保留工资往往是劳动者参加劳动和不参加劳动所能够支持的最大效用水平都是相同的。所以，如果劳动者可以自由地选择自己的工作时间，那么意味着不参加劳动时所能够支撑的效用水平所代表的无差异曲线正好与劳动者的预算约束线相切，如图 3-13 所示。

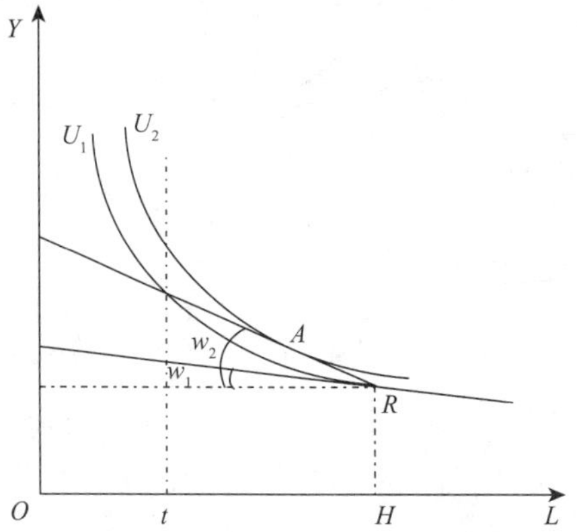

图 3-13　进入劳动市场的最低工资示意图

当劳动者不参与劳动力市场时，劳动者将时间全部用于闲暇，劳动者处于 R 点，那么通过 R 点的无差异曲线代表的效用水平为 U_1，当工资率为 w_1 时，预算约束线与无差异曲线 R 点相切于 R 点，也就意味着工资率 w_1 是劳动者的保留工资。如果高于 w_1，如 w_2，那么劳动者在 A 点参与劳动力市场，劳动者的效用水平要高于不参与劳动力市场的 R 点。所以，w_2 高于劳动者的保留工资 w_1。如果工资率低于 w_1，那么预算约束线就会与 U_1 无差异曲线相交，且另一个点在 R 点的左侧，这就导致劳动者只能选择不参加工作，如图 3-13 所示。

当然，如果有制度工作时间的限制，劳动者的保留工资就不再满足上述条件，而是应该满足在制度工作时间点上的效用水平和不参加劳动的 R 点上的效用水平相同。如图 3-13 所示，劳动者的保留工资就变为 w_2，低于 w_2，劳动者参加工作时的效用水平会低于 U_1。如果工资率高于 w_2，劳动者参加工作时的效用水平会高于 U_1。所以，很明显，制度工作时间提高了劳动者的保留工资，也相应降低了劳动力市场参与率。

二、保留工资、工资分布与工资接受

很多研究理论使得我们将个人失业持续时间理解为条件束缚的外生性及其选择策略的内生性双重作用的结果。更为重要的是，失业工人面临的雇主提供的工资分布往往位于其保留工资之下。大多数的实证论文都在寻找一种简化的方法，即根据可观察变量来解释失业持续时间的问题。如果要从经济角度来让人充分信服，有必要在选择和机会之间进行结构性的区分。

以前的实证研究根据特定类型的数据变量采取了两种基本方法。一种是文献的分析方法，主要是从失业前的那份工作中所得到的实际工资来推断出其保留工资，并推断出其失业时间，进而构建具体的经济模型。另外一种分析方法是利用关于保留工资的问题信息来直接获得。自从 Kasper[1] 以来，经济学家开始质疑个体所回答的保留工资和他们实际的保留工资一致性的问题。直到现在，这两种类型的数据都是分开获得的，还没有同时采用这两种数据信息来直接比较个人保留工资集合的可能性。

在本章研究中，我们就进行了这项比较。我们利用来自德意志联邦共和国的数据——该数据有重新参加工作人员的个人信息，包含了他们在新工作中接受的工资水平，并且询问了他们的保留工资。实际上，我们根据 Keifer 和 Neumann[2] 的研究，通过静态模型分析了他们重新工作后的工资变化。我们先在重新工作的工人和失业工人中预测了工人的保留工资，然后将预测的失业工人的保留工资与其问卷中回答的保留工资进行比较。

我们方法的基本思想是正确的经济模型在选择不同的子样本进行分析时，必将产生一致的估计结果。尽管对于本部分的分析还比较简单，尚不能够建立完美的经济模型，但是我们分析的证据是可靠的。

（一）理论思考

在本书中，我们使用了理论性的搜寻模型，该模型描述了在不变的环境下失业工人搜寻工作的策略选择。尤其是在整个失业期间，工资报价分布是不变的，并且假定每个雇主每个月报价一次。在这个静态模型中，最后的保留工资在整个失业期间是不变的。研究者通过持续性搜寻，根据接受工资报价 w^0 发生的边际成本和边际收益，选择了他们的保留工资 w^r：

$$(w^r - b)r = \left[E\left(w^0 \middle| w^0 > w^r\right) - w^r \right][1 - F(w^r)] \tag{3-1}$$

其中，b 为失业期间的净收入；r 为贴现率。搜寻理论的实证检验通常是利用在调查中可以获得的数据信息结合一些由于数据的局限而做出的一些理论假设。所有这类研究都控制了可观察变量的异质性问题。一方面是利用数据来分析失业的持续时间，另一方面采用先进的计量方法来解决各种抽样问题。尤其是，通过这种计量方法可以使学者们利用截尾数据代替非截尾数据[3]。

根据这些数据中估计出来的条件推出行为的概率，学者们可以直接推断出关于保留工资的失业持续时间，但这需要对理论水平做出条件假设（如工资报价者的到达率），才能理解特定搜寻理论模型的结果。尽管在比较包含依赖保留工资水平的时间变量模型时，

① Kasper H. The asking price of labor and the duration of unemployment. Review of Economics and Statistics，1967，49（2）：165

② Keifer N M，Neumann G R. Estimation of wage offer distributions and reservation wages//Lippman S A，McCall J J. Studies in the Economics of Search. Amsterdam：North Holland，1979：168

③ Lancaster T. Econometric methods for the duration of unemployment. Econometrica，1979，47（4）：939-956；Nickell S J. Estimating the probability of leaving unemployment. Econometrica，1979，47（5）：1249-1266；Lancaster T. The Econometric Analysis of Transition Data. Cambridge：Cambridge University Press，1992

这种方法可以支持或者保持静态的研究模型，但是它不能从整体上确保搜寻理论的有效性。学者们采用了更多的具有前景性的理论检验，如基于搜寻持续时间的数据以及找到新工作后的可接受的工资建立的联系方程模型。通常潜在的保留工资是无法观察到的，但是对一个给定个体的可接受工资是可以观察到的，如果该工资超过了其保留工资的话，可接受的工资和保留工资间就具有一定的相关性。Keifer 和 Neumann 通过一系列的研究[1]，利用关于失业持续时间以及其可接受的工资数据（如果被调查者可接受的工资可以获得，该工资数据是非截尾的；如果可接受的工资是无法获得的，那么该工资数据是截尾的），将失业持续时间的数据分解为重新就业者和失业者两部分数据，并且给予了搜寻理论模型中计算出来的保留工资最佳条件，他们利用计量方法来处理自我选择问题——该问题与 Roy 职业选择模型有关[2]。

其他的研究利用包含失业持续时间和与保留工资等价的信息数据，该数据是利用调查问卷的形式获得的[3]。这些数据是否能够真正意义上代表保留工资还在公开的讨论中。Lancaster 发现多数重要的实证模型都是通过利用传统的联系方程的搜寻模型来实现的，在该模型中使用的样本都是基于被调查失业者的失业持续时间和保留工资的回答以及重新就业者对于完成搜寻的时间长度和新工作中获得的工资的回答。

Schmidt[4]利用 Jones 采用的模型，获得了静态模型中两种类型样本的等价代表，他的估计结果为搜寻模型的一般有效性提供了证据，因为估计系数并没有和两样本估计结果相违背。这些约束的检验并没有采用正式的检验，描述失业持续时间的等式并没有得到精确的估计。在这里，为了估计工资等式，我们把失业时间长度的信息设定为两类来衡量工作搜寻的成功与否。与早期的研究文献对比，我们使用了理论模型来预测保留工资，然后与调查问卷中所获得的保留工资的等价数据进行对比。

（二）实证模型

在本部分我们描述了一个实证模型，该模型主要是关注工资与找到工作和仍然在寻找工作的人的两部分失业持续时间信息。当关于失业的一些外在的信息没有被收集到时，这两类群体可能自然地被合并到同一个数据中。

尽管这种方法遗漏了一些变量信息，但是它可以在稳健的框架下初步估计搜寻理论。一个能够达到相同效果的方法就是设定一个持续时间分布。只有在静态模型中，这种分

① Keifer N M，Neumann G R. Estimation of wage offer distributions and reservation wages//Lippman S A，McCall J J. Studies in the Economics of Search. Amsterdam：North Holland，1979：79；Keifer N M，Neumann G R. An empirical job-search model，with a test of the constant reservation-wage hypothesis. Journal of Political Economy，1979，87（1）：89-107

② Roy A D. Some thoughts on the distribution of earnings. Oxford Economic Papers，1951，3（2）：135-146

③ Lancaster T，Chesher A. Simultaneous equations with endogenous hazards//Studies in Labor Market Dynamics. Springer Berlin Heidelberg，1984：16-44；Lancaster T. Simultaneous equations models in applied search theory. Journal of Econometrics，1985，28（1）：113-126；Jones S R G. The relationship between unemployment spells and reservation wages as a test of search theory. Quarterly Journal of Economics，1988，103（4）：741-765

④ Schmidt C M. Testing the stationary search model forthcoming//Schneweib H，Zimmermann K F. Studies in Applied Econometrics，1993：80

布才是事前确定的。因此，如果我们设定一个特定的时间长度分布，并且不能进行共同检验，那么我们就不能够推导出失败的来源是函数形式还是模型的一般性错误。

我们假定每个调查对象要么是在一份新的工作上获得一个可接受的工资；要么是在调查时间内仍然没有找到工作，可以观察到一个保留工资。在后面，我们将会展示对函数进行假设产生可以识别的模型参数。此外，假设我们所选择的样本的搜查时间是稳定的。在下面一定条件的假设下，我们的样本具有像理想样本那样的静态属性。

根据很多关于保留工资和可接受工资的实证文献，我们假设工资报价对数分布和所选择的保留工资对数分布通过对可观察的特征进行线性加总，以及在误差项均值为零的条件下，具有可逼近性。两个便利性的选择是对数正态分布和帕累托工资报价分布。虽然帕累托工资报价分布在分析连续性时间模型的时候具有很大的便利性，但是对数工资报价正态分布在具体的时间上更有效。根据 Keifer 和 Neumann[1]的研究，我们选择了对数正态分布。工资报价的对数以及保留工资的对数分布分别为 w_i^0、w_i^r，工资报价公式可以表达为

$$w_i^0 = x_i \beta + e_i^0 , \quad e_i^0 \sim N(0, \sigma_0^2) \tag{3-2}$$

保留工资的公式可以表达为

$$w_i^r = z_i \gamma + e_i^r, \quad e_i^r \sim N(0, \sigma_r^2) \tag{3-3}$$

保留工资取决于最优搜寻规则，误差项 e_i^r 代表不可观察的变量。搜寻规则（就业等式）表达了可以接受的工资报价：

$$w_i^0 > w_i^r \Leftrightarrow e_i^0 - e_i^r > z_i \gamma - x_i \beta, \quad \varepsilon_i \sim N(0, \sigma^2), \quad \sigma^2 = \sigma_0^2 - 2\sigma_{0,r} + \sigma_r^2 \tag{3-4}$$

因此，可以观察的工资报价分布 w_i^* 为截尾的；e_i^0 和 ε_i 为联合正态分布。关于二元正态中偶然截尾的标准结果[2]产生了截尾平均函数：

$$\begin{aligned} E(w_i^* | \varepsilon_i > z_i \gamma - x_i \beta) &= x_i \beta + E(e_i^0 | \varepsilon_i > z_i \gamma - x_i \beta) \\ &= x_i \beta + \rho_{e^0 \varepsilon_i} \sigma_0 \lambda_i \end{aligned} \tag{3-5}$$

其中，$\lambda_i = \dfrac{\phi\left(\dfrac{x_i \beta - z_i \gamma}{\sigma}\right)}{\Phi\left(\dfrac{x_i \beta - z_i \gamma}{\sigma}\right)}$；$\rho_{e^0 \varepsilon_i}$ 为工资报价等式和就业等式误差项的相关系数。把 λ 的

系数写为 $(\sigma_0^2 - \sigma_{0,r})/\sigma$，这个系数很显然在两种情况下是负数：①工资报价和保留工资等式中的误差项是正相关；②保留工资误差项的方差超过了工资报价误差项的方差，即如果保留工资是最优选择的结果，那么它在总体上比工资报价更具有可变性，从而会使获得较低报价的工人在短时间内找到工作，这种情况意味着可观察到的工资的平均值要低于工资报价分布的平均值。这跟 Roy 的自我选择模型中的标准结果相一致，即具有较高技能的劳动者会选择具有较高风险的部门，提高了较低风险部门的平

① Keifer N M, Neumann G R. Estimation of wage offer distributions and reservation wages//Lippman S A, McCall J J. Studies in the Economics of Search. Amsterdam：North Holland，1979

② Johnson N L, Kotz S. Distributions in statistics. Continuous univariate distributions. 2. Advances in Mathematics，1994，26（3）：327

均值。

截尾保留工资等式的平均值可以在类似于式（3-5）的模型中得到，获得两个条件均值函数。可以利用 Heckman[1] 的两阶段程序进一步估计。首先，对于每一个观测值 i，$\hat{\lambda}_i$ 可以利用所有的观测值通过 probit 模型预测出来。根据式（3-4），就业概率可以表达为

$$P(\text{就业}|x_i,z_i) = P\left(\frac{\varepsilon_i}{\sigma} > \frac{z_i\gamma - x_i\beta}{\sigma}\right) = \Phi\left(\frac{x_i\beta - z_i\gamma}{\sigma}\right) \quad （3-6）$$

这是一个简化的 probit 方程，用它来估计基于工资报价和接受报价的保留工资概率。其次，计算出来的 $\hat{\lambda}_i$ 加入可观察的工资报价回归中：

$$w_i^* = x_i\beta + \rho_{e^0\varepsilon_i}\sigma_0\hat{\lambda}_i + u_i \quad （3-7）$$

这个等式可以利用被雇用的劳动者的观测值来进行估计。$E(u_i)=0$，$V(u_i)=V(e_i^0|\varepsilon_i > z_i\gamma - x_i\beta) = \sigma_0^2[1 + \rho^2\lambda_i(a_i - \lambda_i)]$，其中 $a_i = (z_i\gamma - x_i\beta)/\sigma$。误差项是具有异方差的，利用 GLS 估计（generalized least squares estimation，即广义最小二乘估计）来提高效率。Heckman[1] 提出根据 $a_i\hat{\lambda}_i - \hat{\lambda}_i^2$ 和截距来回归 OLS（ordinary least square，即最小二乘法）残差项的平方。该回归用来预测每个人的方差。注意误差项 u_i 不是正态分布的。通过 GLS 估计的式（3-7）的系数是渐进性正态的[2]。

三、保留工资等式的识别

下一步的研究关键性的是数据，如果样本中的保留工资数据是可以被观察到的，那么保留工资大体就可以通过类似于估计工资报价等式的方法进行估计。如果保留工资是不可被观察到的，那么研究理论和参数约束就可以被用来识别保留工资等式的参数。为了达到目的，区别直接和间接效应是必需的。对于保留工资的简化形式可以被分解如下：

$$w_i^* = z_i\gamma + e_i^r = x_i^{o,r}\gamma_{o,r} + x_i^o\gamma_o + x_i^o\gamma_r + e_i \quad （3-8）$$

因为决定最优保留工资的研究规则可以利用所有的关于工资报价分布的信息，z 必须包含影响到工资报价函数 X 的平均值的所有变量。x 可以被分为影响工资报价 x^o 和影响工资报价以及搜寻成本的变量 $x^{o,r}$。最后，z 也包含影响搜寻成本的变量 x^r。通过搜寻成本的直接效应和通过工资报价分布产生的间接效应采用如下方法分离（下标 i 之后不再赘述）：

① Heckman J J. The common structure of statistical models of truncation, sample selection and limited dependent variables and a simple estimator of such models. Annals of Economic and Social Measurement, 1976, 5（4）: 475-492; Heckman J J. Sample selection bias as a specification error. Econometrica, 1979, 47（1）: 153-161

② Heckman J J. The common structure of statistical models of truncation, sample selection and limited dependent variables and a simple estimator of such models. NBER Chapters, 1976, 5（4）: 475-492

$$\gamma_{o,r} = \frac{\partial w^r}{\partial x^{o,r}} = \frac{\partial w^r}{\partial x \beta}\beta_{o,r} + c_{o,r}$$

$$\gamma_o = \frac{\partial w^r}{\partial x^o} = \frac{\partial w^r}{\partial x \beta}\beta_o + c_{o,r} \tag{3-9}$$

$$\gamma_r = \frac{\partial w^r}{\partial x^r} = c_r$$

其中，c_r 和 $c_{o,r}$ 为成本变量的参数。这种分解方法可以运用在 probit 模型中以获得结构模型。注意保留工资的变化是由于通过 f 函数改变了工资报价的平均值 $\partial w^r / \partial(x\beta)$。那么：

$$w^o - w^r = (x^{o,r}\beta_{o,r} + x^o\beta_o) - [x^{o,r}(f\beta_{o,r} - c_{o,r}) + x^o f\beta_o + x^r c_r]$$

$$= x^{o,r}[(1-f)\beta_{o,r} - c_{o,r}] + x^o(1-f)\beta_o - x^r c_r \tag{3-10}$$

工资报价平均数 $x\beta$，可以被式（3-7）中预测出来的 $\hat{w}^o$ 代替，所以：

$$\frac{w^o - w^r}{\sigma} = \hat{w}^o\frac{(1-f)}{\sigma} - x^{o,r}\frac{c_{o,r}}{\sigma} - x^r\frac{c^r}{\sigma} = \hat{w}^o\theta_1 + \tilde{x}c_r \tag{3-11}$$

其中，$\tilde{x} = [x^{o,r}|x^r]$。在 probit 模型中，$x^{o,r}$ 变量关于接受工资报价的概率效应被分离为平均报价和搜寻成本。如果 σ 或者 f 是已知的，可以识别出结构参数 $c_{o,r}$ 和 c_r 以及保留工资等式中的 γ 参数，进而利用它们预测出保留工资。

获得 f 估计量的一种可能是利用搜寻模型建立关于 f、搜寻持续时间平均值，以及贴现率 r 的模型。F 表示保留工资对于工资报价分布改变的反应，被最优条件式（3-1）决定，这个条件可以表达为

$$0 = -(w^r - b)r + \int_{w^r}^{\infty} w^o dF(w^o) - w^r\int_{w^r}^{\infty} dF(w^o)$$

$$= -(w^r - b)r + \int_0^{\infty} w^o dF(w^o) - w^r + w^r F(w^o) - \int_0^{w^o} w^o dF(w^o)$$

$$= -(w^r - b)r + br + E(w^o) + \int_0^{w^o} F(w^o)dw^o$$

平均工资报价 μ 随着 F 提高，且：

$$f = \frac{\partial w^r}{\partial \mu} = \frac{1 - F(w^r)}{r + [1 - F(w^r)]}$$

其中，$1 - F(w^r)$ 为可以接受的工资报价的概率，因为每个时期都有一个工资报价被接受。$1/[1 - F(w^r)]$ 为预期的失业持续时间。因此，f 的取值区间是[0，1]，它随着贴现率和持续时间的均值而下降。

通过关于贴现率和持续时间的外部信息获得 f，σ，通过式（3-11）估计出来 $c_{o,r}$ 和 c_r，进而可以将系数 θ 计算出来。进一步得

$$\theta = \left(\frac{(1-f)/\sigma}{c/\sigma}\right) = \left(\frac{\theta_1}{\theta_2}\right)$$

再进一步转换：

$$g(\theta) = \left(\frac{1/\sigma}{c}\right) = \left(\frac{\theta_1/(1-f)}{\theta_2(1-f)/\theta_1}\right)$$

$g(\hat{\theta})$ 协方差矩阵可以表示为

$$\hat{V} = \frac{\partial g}{\partial \theta'} \hat{\Sigma} \frac{\partial g'}{\partial \theta}\Big|_{\hat{\theta}} \qquad (3\text{-}12)$$

其中：

$$\frac{\partial g}{\partial \theta'} = \begin{pmatrix} 1/(1-f) & 0 \\ -\theta_2(1-f)/\theta_2 & (1-f)/\theta_1 \end{pmatrix}$$

$\hat{\Sigma}$ 是 θ 矩阵的协方差矩阵。典型的结构保留工资系数 c 的方差可以通过式（3-12）获得。最后，有必要计算保留工资等式的选择项，该项可以表示为

$$H = -\frac{\sigma_r^2 - \sigma_{o,r}}{\sigma}$$

σ 为误差项之差 $e_i^o - e_i^r$ 的标准渐进性，它可以从结构性的概率估计中识别出来。$\sigma_{o,r}$ 可以利用工资报价等式中估计出来的选择系数计算出来，也可以通过工资报价回归中的 σ_o^r 方差计算出来。

第六节　家庭生产与劳动力供给分析

一、时间配置

简单的工作时间和劳动力供给的决策是基于纯闲暇和纯收入（消费）假设进行的。可以将简单的工作时间决策模型扩大化。首先，劳动者收入是通过购买消费商品获得效用水平提高的。所以，劳动者的效用函数可以表达为

$$\max U = U(X_1, X_2, \cdots, X_n, L)$$

$$\text{s.t.} \quad \sum_{i=1}^{n} P_i X_i = w(T-L) + R$$

其中，U 表示劳动者的效用水平；X_i 表示第 i 种物品的数量；P_i 表示第 i 种物品的价格；L 表示劳动者的闲暇；T 表示劳动者可以自由支配的总体时间；w 表示小时工资率；R 表示劳动者的非劳动收入。

那么根据效用最大化，可以知道：

$$U_{X_1}/P_i = U_L/w$$

即当达到均衡点时，满足的条件是，劳动者将单位货币花费在每种商品上获得的效用水平是相同的，此时达到效用水平的最大化。

贝克尔对上述传统的理论进行了较大的突破。贝克尔[1]认为劳动者效用不是物品，也不是闲暇本身，而是活动。其中物品仅仅是活动的一项投入，每种活动都是由不同的物品组合而成的，如在沙滩上散步，就必须要有鞋子，要有海景等；一项活动也离不开消

---

① Ghez G R，Becker G S. The allocation of time and goods over the life cycle. NBER Books，1975，32（6）：22

费时间，即闲暇。所以，劳动者是根据活动效用最大化来安排每项活动的，而每项活动都是由物品和闲暇组成的，物品又是通过工作时间获得的收入而购得的。假设某个静态，Z_i 代表劳动者的活动，其中每种活动都由物品 X_i 和 L_i 组合而成。那么：

$$Z_i = f_i(X_i, L_i)$$

所以，根据效用最大化原则：

$$\max U = U(Z_1, Z_2, \cdots, Z_n)$$

$$\sum_{i=1}^{k} \pi_i Z_i = wT + R$$

π_i 表示单位活动的价格，即影子价格。所有的投入等于所有的潜在劳动收入与非劳动收入之和。假设 x_i、t_i 表示 Z_i 单位活动过程中所需要投入的物品和时间，即 $x_i = \partial X_i / \partial Z_i$，$t_i = \partial L_i / \partial Z_i$，那么，$\pi_i = P_i x_i + w t_i$。所以，可得出各种活动的边际效用与这些活动相联系的边际成本相等这一通常所说的均衡条件，即

$$MU_{Z_i} / MU_{Z_j} = \pi_i / \pi_j，其中，i, j = 1, 2, \cdots, k, i \neq j$$

二、闲暇、家庭生产或市场工作

基于贝克尔的时间配置模型，家庭生产理论认为，家庭力图在日用品消费中实现效用最大化，而这种日用品是通过物品和闲暇的组合生产出来的。这些日用品的生产需要耗费时间，因此，该模型提出一种时间价值（影子价格）。与前面所描述的劳动-闲暇模型相比，该模型对时间的分析更为复杂，但有关家庭成员相互作用的问题将在后面的家庭决策模型中进一步展开。多数情况下是把家庭看成单一的（综合的）决策单位，而不是把它看成拥有各种愿望和目的的若干个人的集合体。

家庭生活函数是时间配置模型的核心。它们表示行为时，家庭用市场工作收入购买市场生产出来的物品 G，并把它与家庭内的时间 D 组合起来，以生产日用品 Z。我们可把家庭生产函数写作：

$$Z = Z(D, G) \tag{3-13}$$

其中，$Z(\cdot)$ 为家庭日用品产出；家庭时间 D 和市场产品 G 是不完全替代的。家庭时间 D 与劳动—闲暇模型中工作和闲暇时间都有所不同。在这里，人们的所有活动，包括闲暇时间的消遣在内，都涉及时间和物品两个方面。家庭生产会受到一些约束：

$$0 \leqslant D \leqslant T \tag{3-14}$$

其中，T 表示人们可以支配的总时间。物品投入要通过花费收入来获取：

$$G \leqslant wH + R \tag{3-15}$$

其中，w 为市场工资；H 为工时；R 为财产收入（非劳动所得）。市场工作时间与家庭活动时间之和为总的可支配时间：

$$H = T - D \tag{3-16}$$

在最简单的家庭生产模型中，我们可以假定单人家庭追求实现日用品产出最大化：

$$\max \Phi = Z(T, G) + \lambda(wH + R - G) \tag{3-17}$$

其中，$H = T - D$。我们可由该式得出最大化的一阶条件是

$$\frac{\partial \Phi}{\partial D} = \frac{\partial Z}{\partial D} - \lambda w = 0 \qquad (3\text{-}18)$$

$$\frac{\partial \Phi}{\partial G} = \frac{\partial Z}{\partial G} - \lambda = 0 \qquad (3\text{-}19)$$

$$\frac{\partial \Phi}{\partial \lambda} = w(T - D) + R - G = 0 \qquad (3\text{-}20)$$

$$z = \frac{\partial Z/\partial D}{\partial Z/\partial G} = w \qquad (3\text{-}21)$$

用式（3-18）除以式（3-19），得到图 3-14。日用品 Z 的等产量曲线的斜率可以表示家庭工作的"影子工资"。在商品替代时间的比率等于市场工资的那一点，家庭日用品生产达到最大化。我们可以看到 e 点左方，$Z > w$，家庭要承担更多的非市场工作；在 e 点右方，$Z < w$，家庭要承担更多的市场工作。

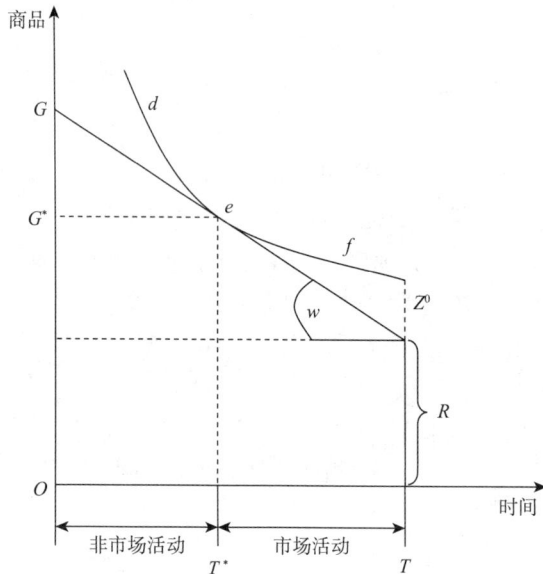

图 3-14　家庭生产效率最大化

以上讨论虽然只显示了内解，但是它承认出现隅角解的可能性。某些家庭在所有时间内，家庭生产的边际生产率都大于其在市场上能够赚取的工资；另外一些家庭在所有时间里，赚取的市场工资都大于其从事家庭工作的边际生产率。

根据以上分析，我们可用图 3-15 中的 abc 曲线表示家庭生产可能性边界。abc 曲线的斜率表示家庭工作的边际生产率，bd 线的斜率表示市场工作的边际报酬（即工资）。假定家庭在期初处于 T_0 点，此时劳动者要决定如何配置他的第 1 个小时。此时家庭工作的报酬超过市场工作的报酬，故他决定这个小时在家里工作。在 $T_0 = T^{**}$ 之前的所有小时里，情况都是如此；当运动到 $T_0 = T^{**}$ 时，市场工作报酬开始显示超过继续在家里面从事任何工作所获报酬的迹象。假定在工资不变的前提下，所有剩下的小时都会出现这种情

况。因此，abc 曲线成为该家庭的生产可能性边界[①]。

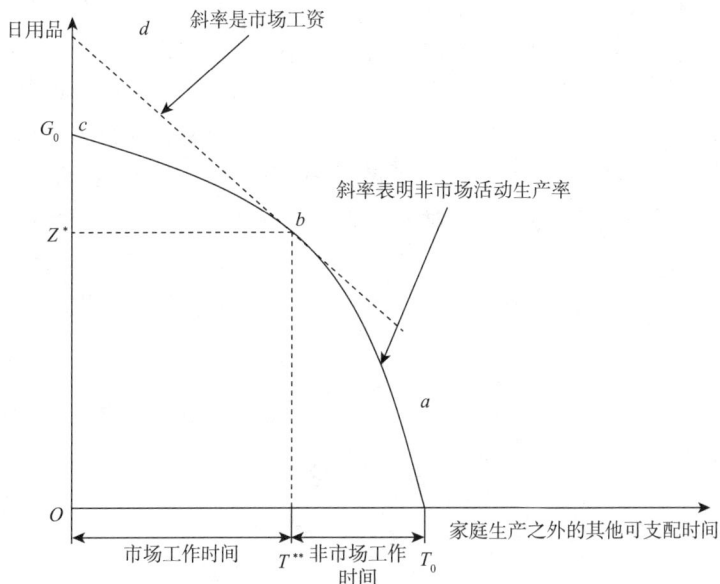

图 3-15　家庭生产可能性边界

　　家庭生产函数是整个分析的一个组成部分，一般说来，家庭追求的并不是日用品生产的最大化，而是成员效用的最大化。但是，着重分析家庭生产函数，有助于我们考察家庭形成和运行中的一系列主要问题。第一，在各种类型的家庭生产中，可能存在规模经济。第二，在使用各种类型的耐用品时，可能存在是否经济的问题（如无论家庭是由 1 个人还是 10 个人组成都只需要 1 台洗衣机）。这样的因素可以影响家庭或同住单位的最优规模。其他的影响因素还包括随着家庭人数的增加，缺乏隐私的负效用的增加等。

　　传统的劳动-闲暇分析并未涉及家庭对非市场时间的使用，以及用于消费和用于工作的时间之间的相互关系。时间配置模型不仅提出了家庭日用品生产的思想，而且区分了三种时间配置方式：闲暇、家庭生产和工作[①]。

　　在图 3-15 中，生产可能性边界所表示的是家庭在家庭生产和市场工作之间的选择。我们暂时假定家庭工作和市场工作生产出来的物品为 G_D 和 G_M，它们要与闲暇时间组合在一起才能产生效用。例如，在单人家庭中，个人从物品 G 和闲暇 L 的组合中获取效用，该物品可来自家庭生产 G_D 也可来自市场购买 G_M。在图 3-15 中，abc 曲线表示家庭生产函数。个人在家里工作的时间越多（由 T_0 到原点的距离表示），家庭生产的物品越多。若个人把所有时间都用于家庭生产，可以生产 G_0 单位的物品。该生产函数斜率的变化反映出家庭生产的边际生产递减。在 b 点左方，个人选择市场工作能扩大其消费机会，这是由于市场工作增量所能购买的物品（实际工作率）大于家庭生产的物品增量。因此，

①　Gronau R. Leisure，home production and work-the theory of the allocation of time revisited. Journal of Political Economy，1977，85（6）：1099-1123

abd 曲线表示消费机会约束。

图 3-16 表明个人工作/闲暇偏好的无差异曲线解，由几个与消费机会约束相切的无差异曲线表示。我们对这些无差异曲线的隐含假定是，家务与家庭生产的净负效用相等。无差异曲线 I_A 代表个人 A 表现出对物品的较大偏好（反映出物品密集型的 G 与 L 组合）。在消费机会约束下，此人选择 e 点以实现效用最大化。也就是说，他选择了 OT_2 的消费时间、T_1T_2 的市场工作时间，以及 T_0T_1 的家庭工作时间。该人消费 Og 的家庭物品和 gh 的市场物品。无差异曲线 I_B 代表个人 B 对闲暇的较强偏好（他选择了闲暇密集型的 G 与 L 组合），并选择了 f 点以实现效用最大化。个人 B 不会去市场工作，他把时间划分为闲暇时间（OT_3）和家庭工作时间（T_0T_3）两部分，并消费 Oi 的家庭物品，而不消费市场物品。

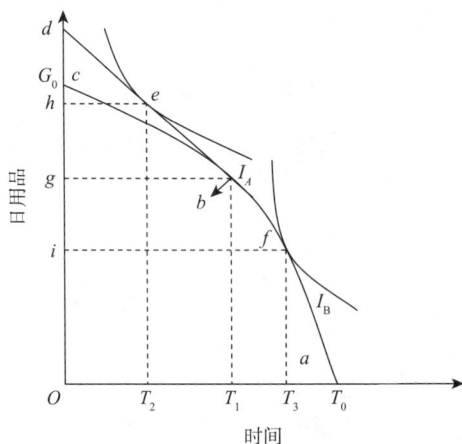

图 3-16　家庭生产、市场工作和闲暇

图 3-17 显示出实际工资率增加的效应。与 b 点相比，工资率线与家庭生产函数的切点 b' 显然处于较低的家庭活动水平上。工资率增加使消费机会约束由 abd 变为 $ab'd'$，与原来的 T_0T_1 相比，在 T_0T_1' 的家庭工作之后市场工作是更有效率的。个人 B 仍维持其原有的时间配置方式，但是个人 A 受到了影响。工资率提高使物品以时间衡量的价格降低，使家庭生产对个人 A 来说吸引力下降。因此，他把家庭工作从 T_0T_1 削减至 T_0T_1'。但是，他对闲暇的效应尚不确定，对物品的替代效应减少了闲暇，但是收入效应又使其有增加的趋势。在图 3-17 中，对个人 A 的闲暇的净效应应为正值（即从 OT_2 增加到 OT_2'）。他对市场工作的影响是复杂的，如果家庭工作的减少时间超过闲暇增加时间，则市场劳动供给由 T_1T_2 增加到 $T_1'T_2'$。正如格罗诺（Gronau）所指出的那样，劳动供给曲线通常向上倾斜，"物品对消费时间的替代率越大，家庭生产的边际生产率对工作时间的敏感程度就会越小，从而闲暇的收入弹性越小"[1]。

---

[1] Gronau R. Leisure, home production, and work-the theory of the allocation of time revisited. Journal of Political Economy, 1977, 85（6）: 1099-1123

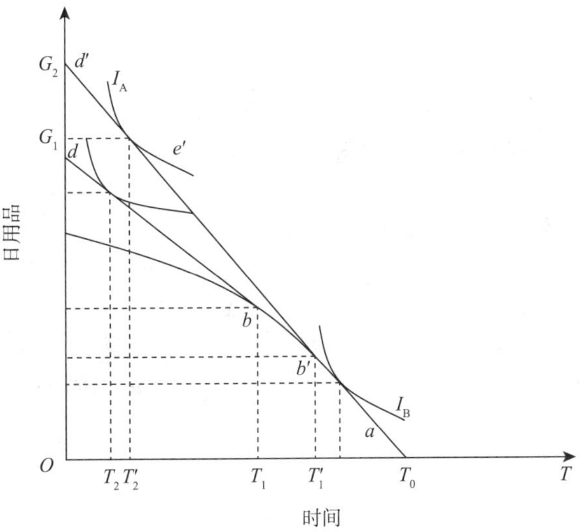

图 3-17 不同资产下的家庭生产、市场工作与闲暇时间分配

第七节 家庭联合劳动力供给模型

一、家庭成员的工资率变化对每个家庭成员时间配置的影响

成员 i 的工资率（w_i）增加将导致当事人自己工作时数（H_i）的正的替代效应，即工作时数增加；收入效应导致其闲暇时间增加，工作时间减少。最终劳动供给量随着工资的增加是否改变并不确定，主要取决于劳动者的工资收入水平高低而产生的收入效应的大小，即在该种情况下劳动者个人的劳动供给曲线符合向后弯曲的情形。如果考虑到收入水平较低的时候，替代效应一般都是大于收入效应的，工资率的上升会导致替代效用大于收入效应，形成工资率上升之后劳动力供给的增加。

随着家庭成员 i 的工资率（w_i）变化也会形成交叉替代效应，即家庭成员 i 的工资率变化对家庭成员 j 的影响大小：

$$交叉替代弹性 = \frac{\Delta H_j}{H_j} \bigg/ \frac{\Delta w_i}{w_i}$$

交叉替代效应是指在保持家庭收入不变的条件下，家庭成员 i 的工资率变化所引起的家庭成员 j 的工作时数的变化。

研究发现：对于没有孩子的丈夫-妻子家庭而言，交叉替代效应为零；而对于有孩子的家庭而言，交叉替代效应为负，即在保持家庭收入不变的条件下，丈夫（或者妻子）的工资和劳动力供给增加将会导致妻子（或者丈夫）的市场工作时间减少。

二、不同条件下家庭劳动力供给

假设丈夫已就业，收入不变；妻子的决策是在丈夫的收入基础之上进行的；工作时间为制度时间，即对一个劳动者来说，要么不工作，一旦工作就必须工作到制度时间。

（一）家庭成员收入增加后的影响（交叉替代效应）

家庭收入，如丈夫收入，增加以后，如果家庭的偏好保持不变，则妻子的工作决策不变，对最低工资的要求不变，如图 3-18（a）所示。如果偏好改变，则妻子的工作决策要变化。现实中家庭收入增加后偏好总是倾向于增加闲暇，则妻子对保留工资的要求提高，如图 3-18（b）所示。

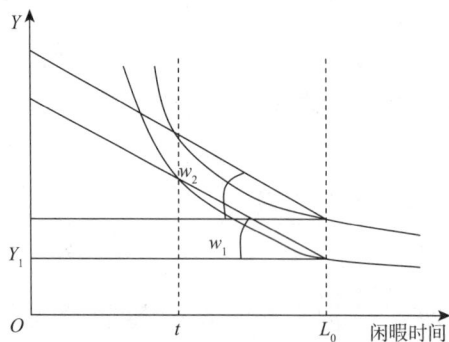

（a）偏好不变情况下家庭成员收入增加的影响

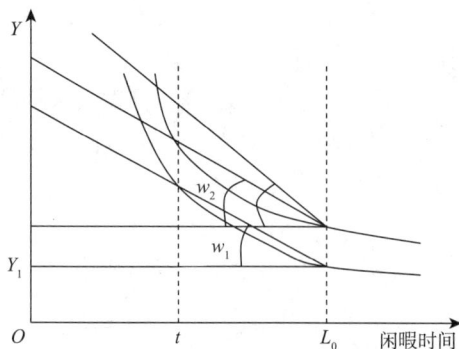

（b）偏好改变情况下家庭成员收入增加的影响

图 3-18　家庭成员收入增加的影响

（二）家务劳动的影响

如果把家务劳动与闲暇区分开，在工作时间不变的条件下，闲暇时间相对较短，使其边际效用增加，从而会要求更高的工资水平，才会就业。因此，家务劳动对劳动力供给有负作用。例如，如图 3-19 所示，在不考虑家务劳动时间的情况下，制度时间为 $L_0 t$，工资率为 w_1 就可以参加工作，但是当家务劳动为 $L_0 L_1$，制度时间依然为 $L_1 t$ 时，那么工

资率为 w_1 时劳动者就不会参加工作。所以此时他们的保留工资就会增加。

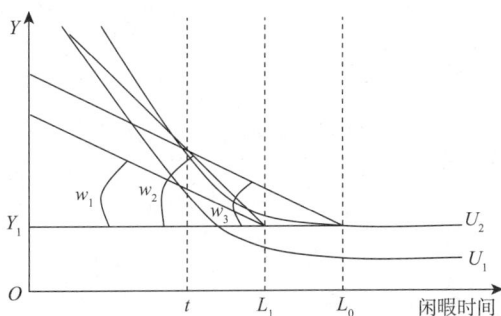

图 3-19　家务劳动的影响

（三）教育培训的影响

w_2 为进行教育、培训后的工资；w_1 为现行工资。U_1，U_2 意味着教育程度不同的人偏好不同。教育程度较高，对工作的偏好较高，教育程度较低，对工作的偏好相对较低，所以，U_1 代表了教育程度较低的劳动者偏好，U_2 代表了教育程度较高的劳动者偏好，从图 3-20 中可以看出，教育、培训之后劳动者的保留工资由之前的 w_1 增加到之后的 w_2。所以，如果其他条件不变，只限于教育、培训等人力资本投资较高的回报预期，人力资本投资对劳动力供给是负面影响的。因此，年轻人的劳动力参与率较低。

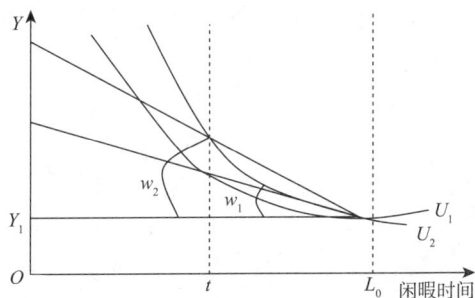

图 3-20　教育培训的影响

第八节　工作时间、劳动力参与率与工资的实证方法

一、Heckman 二阶段实证方法

（一）选择性偏差和自选择

可利用的微观数据经常需要选择样本，如果一个研究者可得到的样本不能随机地代表潜在总体时，就会引发选择偏差，即样本选择问题。选择性的样本可能是收集样本的

规则或是研究对象自己的行为所导致的，后一种情况称为（样本的）自选择。例如，只有对那些选择了去工作的人才可以观察到工作时间和工资；只有对那些完成了大学教育的人才可以观察到大学毕业生的收入。

  Heckman 研究选择性和选择偏差问题是基于他所建立的已婚妇女的劳动力供给模型[①]。他将选择性问题内生化，即已婚妇女选择参加工作是效用最大化的结果，职业女性的样本是自我选择的。Heckman 为这一问题推导了一个概率函数，估计了市场工资的概率、工作小时数、保留工资和市场工资。这样，Heckman 就设计了一种经济计量方法来处理自选择问题。这一研究极好地说明了微观经济理论和微观经济计量方法是如何结合起来分析一个重要的研究课题的。Heckman 在后来的研究中提出了另一种处理选择偏差的方法，即著名的"赫克曼校正法"（也被称为二阶段方法或赫克曼 A 方法）。Heckman 的二阶段估计与经典计量经济模型的普通二阶段估计相比，最大优势在于它能用于任何含有截断分布的潜在变量的联立方程组。Heckman 的二阶段估计成功估计了具有潜在变量的联立方程模型，且基于估计来分析选择性偏差，现已成为应用微观经济计量研究的标准工具。

（二）Heckman 二阶段方法

1. probit 方程

$$\mathrm{pr}(e_i = 1) = \varPhi(\alpha_0 + \alpha_2 z_1^e)$$

其中，$\varPhi(\bullet)$ 为标准正态分布的累积分布函数；z_1^e 代表个体就业的因素向量；e_i 代表是否就业的哑变量。$e_i = 1$，如果 $e_i^* > 0$；$e_i = 0$，如果 $e_i^* \leqslant 0$，其中 e_i^* 表示不可观测的对个体 i 是否就业起决定性作用的变量。那么：

$$e_i^* = \alpha_0 + \alpha_1 z_i^e + \varepsilon_i^e$$

其中，$\varepsilon_i^e \sim \mathrm{N}(0,1)$。

2. 工资收入方程

个体 i 在就业条件下的工资方程为

$$w_i = \lambda_0 + \gamma_1 z_i^w + \varepsilon_i^w$$

其中，w_i 为个体 i 的工资；z_i^w 表示影响个体工资的因素向量；ε_i^w 表示随机干扰项。$\rho(\varepsilon_i^w, \varepsilon_i^e) \neq 0$，所以就业方程和工资方程就构成了选择性偏差，如果 $(\varepsilon_i^e, \varepsilon_i^w) \sim \mathrm{N}(0, 0, \sigma_e, \sigma_w, \rho)$。那么：

$$E(\varepsilon_i^w \mid e_i^* > 0) = E(\varepsilon_i^w \mid \varepsilon_i^e > -\alpha_0 - \alpha_1 z_i^e) = 0$$

$$E(w_i \mid X_i, e_i^* > 0) = \lambda_0 + \gamma_1 z_i^w + E(\varepsilon_i^w \mid \varepsilon_i^e \geqslant -\alpha_0 - \alpha_1 z_i^e)$$

则个体在就业条件下的工作时间期望值可以表示为

$$E(w_i \mid X_i, e_i^* > 0) = \lambda_0 + \gamma_1 z_i^w + \rho \sigma_w \lambda_i$$

① Heckman J. Shadow prices，market wages，and labor supply. Econometrica，1974，42（4）：679-694

其中，λ_i 表示逆米尔斯比，其数值可以由下面式子计算得到。

$$\lambda_i = \frac{\varphi\left(\dfrac{\alpha_0 + \alpha_1 z_i^{e}}{\sigma_e}\right)}{\varPhi\left(\dfrac{\alpha_0 + \alpha_1 z_i^{e}}{\sigma_e}\right)}$$

其中，$\varphi(\bullet)$ 表示标准正态分布的概率密度函数。因此，个体 i 修正选择性偏差后的 w_i 可以表示为 $w_i = \lambda_0 + \gamma_1 z_i^{w} + \rho\sigma_{w}\lambda_i + \varepsilon_i^{w}$。

二、实证最低工资劳动力市场效应的 DID[①]实证方法

（一）DID 设计

最低工资标准对劳动力市场也可以采用准实验的方式，即有些地方提高了最低工资标准，有些省份并没有提高最低工资标准，那么提升最低工资标准的省份受到了最低工资标准提升的影响，没有提升最低工资标准的地方没有受到最低工资标准提升的影响。如此就形成了一个实验组和一个控制组。每个组都有了一个时间属性，即最低工资提升前和提升后的哑变量，即每个个体有一个组属性和一个时间属性。Heckman[②]假设 y_i^0 表示没有受到最低工资标准提升影响的个体；y_i^1 表示受到最低工资标准提升影响的个体；d_i 表示个体是否受到最低工资标准提升影响的哑变量，则：

$$y_i = y_i^0(1-d_i) + y_i^1 d_i = y_i^0 + (y_i^1 - y_i^0)d_i$$

其中，$d_i = t_i g_i$。

$$y_i^0 = \alpha + \beta t_i + \gamma g_i + \varepsilon_i$$

其中，t_i，g_i 分别表示实验组和控制组分别在最低工资标准提升前后的哑变量；$E[y_i \mid g_i = 1, t_i = 1]$ 表示实验组在最低工资标准提升后的期望值；$E[y_i \mid g_i = 1, t_i = 0]$ 表示实验组在最低工资标准提升前的期望值。$E[y_i \mid g_i = 0, t_i = 1]$ 表示控制组在最低工资标准提升后的期望值。$E[y_i \mid g_i = 0, t_i = 0]$ 表示控制组在最低工资标准提升前的期望值。所以：

DID$= (E[y_i \mid g_i = 1, t_i = 1] - E[y_i \mid g_i = 1, t_i = 0]) - (E[y_i \mid g_i = 0, t_i = 1] - E[y_i \mid g_i = 0, t_i = 0])$

上面的式子消除了共同的时间趋势。同时，假定两个实验组和控制组的总体平均差异为 τ，那么，总体的表达式子可以写为

$$y_i = \alpha + \beta t_i + \gamma g_i + \tau d_i + \varepsilon_i$$

为了控制可能影响结果的其他变量，加入个体特征等变量，即

$$y_i = \alpha + \beta t_i + \gamma g_i + \tau d_i + \delta x_i + \varepsilon_i$$

---

① DID 指 difference in difference，即双重差分。

② Heckman J. Shadow prices，market wages，and labor supply. Econometrica，1974，42（4）：679-694

（二）DID 回归处理

关于就业方程可以表示为

$$\operatorname{pr}(e_i = 1) = \Phi(\alpha_0 + \alpha_1 z_i^e + \alpha_2 t_i + \alpha_3 g_i + \alpha_4 d_i + \varepsilon_i^e)$$

其中，$\Phi(\bullet)$ 为标准正态分布的累积分布函数；z_i^e 代表影响就业的个体特征向量。周工作时间的方程设定为

$$h_i = \gamma_0 + \gamma_1 z_i^h + \gamma_2 t_i + \gamma_3 g_i + \gamma_4 d_i + \rho\sigma\lambda_i + \varepsilon_i^h$$

其中，h_i 表示在 $e_i = 1$ 下的工作时间；z_i^h 表示影响个体工作时间的个体特征向量；λ_i 表示样本选择性偏差的逆米尔斯比率；ε_i^h 为随机扰动项，且 $(\varepsilon_i^h, \varepsilon_i^e) \sim N(0,0,1,\sigma,\rho)$。个体就业和就业条件下周工作时间随时间的变化会在该变量的系数（α_2 和 γ_2）上得到反映；g_i 为虚拟变量（实验组中的个体取值为 1，对照组中的个体取值为 0），实验组和对照组个体就业和就业条件下周工作时间的任何差异都会在该变量的系数（α_3 和 γ_3）上得到反映；d_i 反映的是交叉效应，即 $d_i = t_i \times g_i$，即实验组在最低工资标准提升之后的影响，即最低工资对就业和工作时间的影响反映在了该变量的系数（α_4 和 γ_4）上。

第四章

人力资本投资

第一节 教育投资模型[①]

一、教育投资收益模型

假设所有的人具有同样的能力和均等机会进入任何职业，即完全市场竞争条件；个人收益差别产生的原因只是接受教育时间方面的差别，即一个人接受教育时间越长，其收入也就越高；在工作生命周期内个人的年收入假定不变，或是说人力资本租金水平固定不变；一个人只有两种活动可供选择，一是教育投资，二是就业；无论是接受教育还是就业，在开始时都具有一定量的人力资本，在教育结束后不再有人力资本投资，即在完成教育后人们把全部的时间都用于市场活动或是说赚取收入；教育投资成本主要由机会成本构成；市场利息率或者贴现率固定不变。具有 n 年教育年限的劳动者预期收益值为

$$E_n = w_n \int_n^T (e^{-rt}) \mathrm{d}t = \frac{w_n}{r}(e^{-rn} - e^{-rT})$$

其中，T 为工作生命长度与受教育时间之和；对于没有受教育的人而言，T 只为其工作生命长度；r 为市场利率或是贴现率；w_n 为具有 n 年教育的人的工资收入；n 为受教育时间的差别；t 为时间变量。

同样，具有（$n-h$）年教育的人终身收入现值为

$$E_{n-h} = w_{n-h} \int_{n-h}^T (e^{-rt}) \mathrm{d}t = \frac{w_{n-h}}{r}(e^{-r(n-h)} - e^{-rT})$$

那么教育的净收益为

$$D_n = E_n - E_{n-h}$$

---

① 参见赵忠《劳动经济学》讲义。

二、生命无限的教育投资最佳年限模型

作为经济学中的理性人会按照投资收益与成本进行比较，根据收益最大化的原则来确定接受教育的最佳时间年限，为了具体考察教育投资的最佳年限的确定，假定：

（1）上学 s 年。

（2）毕业后，每年的收入为 $f(s)$，且 $f'(s) > 0$，$f''(s) < 0$。

（3）接受教育者的生命是无限长的，没有死亡时间的限制。

（4）教育总收益的贴现值最大，且每年的教育成本为零。

（5）资本市场是完全竞争的，且市场利率为 r。

$$V = \int_s^{+\infty} (\mathrm{e}^{-rt}) f(s) \mathrm{d}t$$

由于资本市场是完全的，且教育的成本为零，即边际成本为零。所以，根据上式，劳动者上学每年的边际收益是

$$\frac{\partial V}{\partial s} = \int_s^{+\infty} (\mathrm{e}^{-rt}) f'(s) \mathrm{d}t - f(s) \mathrm{e}^{-rs}$$

由边际收益等于边际成本可知：

$$f'(s) \int_s^{+\infty} (\mathrm{e}^{-rt}) \mathrm{d}t = f(s) \mathrm{e}^{-rs}$$

$$f'(s) \frac{\mathrm{e}^{-rs}}{r} = f(s) \mathrm{e}^{-rs}$$

$$\frac{f'(s)}{f(s)} = r$$

也就是说，教育的投资回报率等于市场的利率水平，假设：

$$f(s) = \mathrm{e}^{\alpha + \beta s - \gamma s^2}$$

$$\ln f(s) = \alpha + \beta s - \gamma s^2$$

$$\frac{f'(s)}{f(s)} = \beta - 2\gamma s$$

所以，根据计算结果可以画出图 4-1，即如果利率越高，教育投资的最佳年限也就越短；如果利率越低，教育投资的最佳年限就会越长。

三、生命有限的教育投资最佳年限模型

作为经济学中的理性人会按照投资收益与成本进行比较，根据收益最大化的原则来确定接受教育的最佳时间年限，为了具体考察教育投资的最佳年限的确定，假定：

（1）上学 s 年。

（2）毕业后，每年收入为 $f(s)$，且 $f'(s) > 0$，$f''(s) < 0$。

（3）接受教育者的生命期限为 N。

（4）教育总收益的贴现值最大，且每年的教育成本为零。

（5）资本市场是完全竞争的，且市场利率为 r。

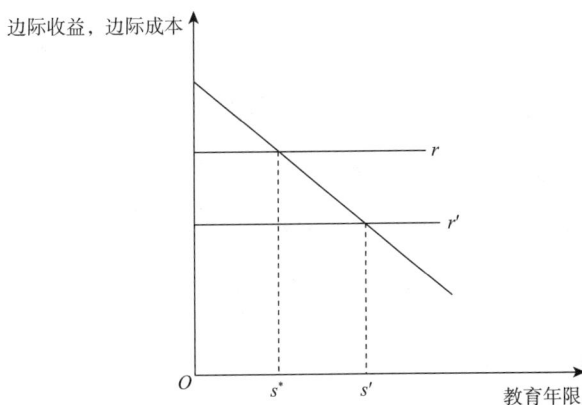

图 4-1　生命无限的教育投资最佳年限

那么，终身教育回报收益值为

$$V = \int_s^N (e^{-rt}) f(s) dt$$

教育年限的边际收益值为

$$\frac{\partial V}{\partial s} = \int_s^N (e^{-rt}) f'(s) dt - f(s) e^{-rs}$$

教育年限的边际收益等于边际成本时，收益最大，所以：

$$f'(s) \int_s^N (e^{-rt}) dt = f(s) e^{-rs}$$

$$f'(s) \int_s^N (e^{-rt}) dt = f(s) e^{-rs}$$

$$f'(s) \left(\frac{e^{-rs}}{r} - \frac{e^{-rN}}{r} \right) = f(s) e^{-rs}$$

$$\frac{f'(s)}{f(s)} = r \frac{e^{-rs}}{e^{-rs} - e^{-rN}} = r \left(1 - e^{-rN+rs} \right)^{-1}$$

所以，生命有限时，教育投资回报率要高于生命无限时的教育投资回报率。很明显，当人的生命周期有一定是时间限制后，那么教育投资的最佳年限相应地就会缩短，等于变相地提高了资本利率，如图 4-2 所示。

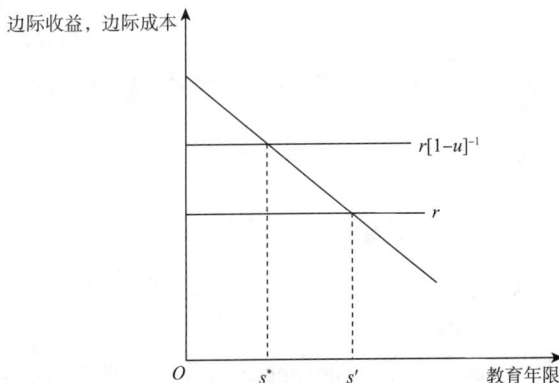

图 4-2　生命有限的教育投资最佳年限

四、考虑上学成本的教育投资最佳年限模型

作为经济学中的理性人会按照投资收益与成本进行比较，根据收益最大化的原则来确定接受教育的最佳时间年限，为了具体考察教育投资的最佳年限的确定，假定：

（1）上学 s 年。

（2）毕业后，每年收入为 $f(s)$ ，且 $f'(s)>0$ ， $f''(s)<0$ 。

（3）接受教育者的生命是无限长的，没有死亡时间的限制。

（4）教育总收益的贴现值最大，且每年的教育成本为 K 。

（5）资本市场是完全竞争的，且市场利率为 r 。

所以，教育的净收益表达式为

$$V = \int_s^{+\infty} (e^{-rt})f(s)dt - \int_0^s (e^{-rt})Kdt$$

对该式求导，即教育年限的边际收益等于边际成本时教育投资净收益最大：

$$\frac{f'(s)}{f(s)} = r\left(1 + \frac{K}{f(s)}\right)$$

如图 4-3 所示，所以，市场利率越高、每年的教育成本越高，教育的最佳年限也就会小。同样，教育的回报越高，那么教育投资的最佳年限也就越长。

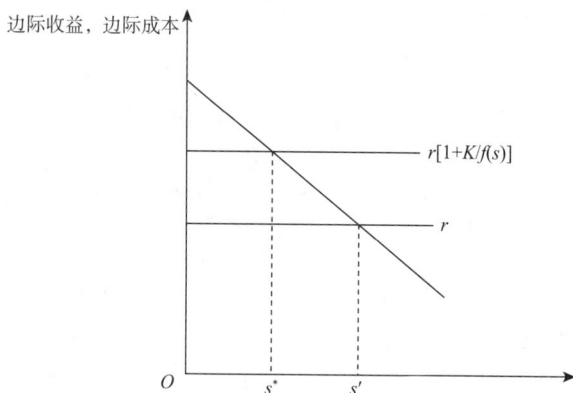

图 4-3　考虑上学成本的教育投资最佳年限

■ 第二节　教育收益率与人力资本实证方法及相关问题

一、明瑟方程

教育收益率是对个人或社会因接受教育数量的增加而得到的未来经济报酬的一种测量，国际教育界大多数学者都使用美国经济学家明瑟（Mincer）在 20 世纪 70 年代提出的一种估计方法，即"明瑟法"（Mincerian approach）来估算教育收益率。明瑟收益率指

的是平均多接受一年教育导致个人收入提高的比例，它能够用于反映教育对经济发展的贡献，评价教育产出的效率，反映劳动力市场对教育的需求状况。

明瑟的人力资本收入函数（human capital earnings function）的计量经济学模型可以写成以下的公式：

$$\ln(Y) = a + bs + c\text{EX} + d\text{EX}^2 + \varepsilon \qquad (4\text{-}1)$$

其中，$\ln(Y)$ 为个人收入的对数；Y 表示收入；s 为受教育年限；EX 表示劳动力的就业时间即工龄；工龄的平方项用来反映工龄与收入的非线性关系；ε 为误差项；b、c、d 表示各变量的回归系数；系数 b 表示在不考虑教育成本的情况下就业者从学校教育中获得的人力资本的个人收益率，简称为教育收益率；而就业者从工作经验中获得的人力资本的个人收益率可以从系数 c 和 d 中得到。

由于在现行教育体制中绝大多数人所受的教育都具有明显的阶段性，如小学教育、初中教育、高中教育、大学教育，而且不同阶段的教育会有不同的教育收益率。因此为了用人力资本收入函数估计出不同阶段教育的个人收益率，式（4-1）可以改写为

$$\ln(Y) = a + b_i s_i + c\text{EX} + d\text{EX}^2 + \varepsilon \qquad (4\text{-}1a)$$

其中，s_i 和 b_i 分别表示就业者的不同学历水平和相对应的教育收益率。按照中国现行的教育制度，式（4-1a）可以具体写成 $\ln(Y) = a + b_1 s_1 + b_2 s_2 + b_3 s_3 + b_4 s_4 + b_5 s_5 + b_6 s_6 + c\text{EX} + d\text{EX}^2 + \varepsilon$。这里 s_1、s_2、s_3、s_4、s_5、s_6 分别表示大学、大专、中专、高中、初中、小学的学历。

二、明瑟方程测量的理论问题

Card[①]建立了一个相对简单的教育回报方程式，其中，$f(s)$ 表示受教育年限为 s 的劳动者每年获得平均工资水平，如果其未来报酬的贴现率为 r，那么劳动者获得收益的目标函数可以表达为 $\int_s^\infty f(s)e^{-rt}dt = f(s)e^{-rt}/r$，劳动者的效用函数假设为 $U(s,y)$，那么劳动者的效用函数可以表达为

$$U(s,y) = \ln y - h(s)$$

其中，$h(s)$ 为渐增的凸函数。所以，当劳动者最佳的教育年限是 s 时应满足：

$$\partial U / \partial s = U_s(s,y) = \frac{f'(s)}{f(s)} - h'(s) = 0$$

所以，$\dfrac{f'(s)}{f(s)} = h'(s)$。

由于效用函数中，假设劳动者的收入函数是边际递减，成本函数是边际递增，那么上面的等式可以表示为图 4-4。

---

① Card D. Earnings, schooling, and ability revisited. NBER Working Papers, 1994, 14: 111-136

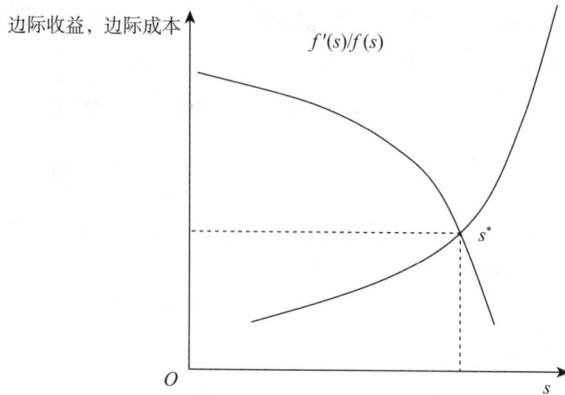

图 4-4 最佳教育年限

假设教育的边际成本表达式为 $h'(s) = r + k_2 s$ ，边际收益表达式为 $f'(s) / f(s) = b - k_2 s$ ，所以均衡的教育年限为 $s^* = (b - r) / (k_1 + k_2)$ 。

一般情况下，假设劳动者的收入函数是线性的，保持边际收益不变，即假设劳动者的收入函数表达式表示为 $\ln f_i(s) = a_i + b_i s + \varepsilon$ ，如明瑟方程表达式。其中， a_i 为积分的个体特征常量，个体特征影响了报酬的截距，以及工资报酬的斜率 b_i 。所以，往往接受教育的人，他们的能力可能都比较强，而且受教育程度越高，他们的先天能力就越强，导致截距随着 s 值的提高，截距越大，教育年限一次方的系数也就越大，这就出现了内生性问题，即 $\text{cov}(z_i, \varepsilon_i) \neq 0$ 。所以，此时，需要找到一个 IV（instrumental variable，工具变量），满足条件： $\text{cov}(z_i, s_i) \neq 0$ ，且 $\text{cov}(z_i, \varepsilon_i) = 0$ ，假设 $y = \ln f_i(s)$ ，按照工具变量和最小二乘法分别计算出来的教育投资回报率的数值 $b_{\text{IV}} = \dfrac{\sum (y - \bar{y})(z - \bar{z})}{\sum (s - \bar{s})(z - \bar{z})}$ ， $b_{\text{ols}} = \dfrac{\sum (y - \bar{y})(s - \bar{s})}{\sum (s - \bar{s})^2}$ 。

$$\text{cov}(z, y) = \text{cov}(z, \alpha + bs + \varepsilon)$$
$$= b\,\text{cov}(z, s) + \text{cov}(z, \varepsilon)$$
$$b = \frac{\text{cov}(z, y)}{\text{cov}(z, s)} - \frac{\text{cov}(z, \varepsilon)}{\text{cov}(z, s)}$$
$$b_{\text{IV}} = \frac{\sum (y - \bar{y})(z - \bar{z})}{\sum (s - \bar{s})(z - \bar{z})}$$

同理：

$$\text{cov}(s, y) = \text{cov}(s, \alpha + \beta s + \varepsilon)$$
$$b = \frac{\text{cov}(s, y)}{\text{var}(s)} - \frac{\text{cov}(s, \varepsilon)}{\text{var}(s)}$$
$$b_{\text{ols}} = \frac{\sum (y - \bar{y})(s - \bar{s})}{\sum (s - \bar{s})^2}$$

所以，IV 可以有效地克服内生性的问题。但是这只是局限在假设劳动者教育收益函数是线性的情况下。

三、工具变量方法介绍

假设实验组和非实验组的收入方程可以表达为

$$Y_i = \alpha X_i + \beta T_i + \varepsilon_i$$

其中，Y_i 表示实验组和非实验组的平均收入，$i=1$ 时表示实验组的平均工资收入，$i=0$ 表示非实验组的平均工资收入；X_i 表示影响工资收入的其他因素变量；ε_i 表示随机干扰项；T_i 表示组属变量，也可以成为处理变量，即 $T_i=1$，$T_i=0$①。如果 T_i 是随机的，即实验组和非实验组是随机分开的，那么就不存在选择性偏差问题。然而，组属设置可能不是随机的。原因有二：第一，在实验组和非实验组的组属分类时可能存在着内生性问题，也就是说实验组和非实验组可能具有某一个特征的划分，如地区特征、社会规则，或者是可能不会被观察到的特征，但是它们与结果 Y_i 相关联。第二，也可能存在着不可观察的个体异质性——源于个人受益的自我选择也会混淆实验设置。选择偏差可能同时来自这两个因素，因为在误差项中未被观察到的特征也包含了与处理虚拟变量 T_i 相关的变量。也就是说 $\mathrm{cov}(T_i, \varepsilon_i) \neq 0$，其违反了 OLS 在获得无偏估计的关键假设之一：解释变量要独立于干扰项 ε_i。

T_i 和 ε_i 的相关性自然会导致方程中的其他估计存在偏差，包括对项目效果 β 的估计。IV 旨在消除 T_i 和 ε_i 之间的相关性。也就是说，与 ε_i 不相关的 T_i 的变化需要被孤立。要做到这一点，需要找到一个 IV，用 Z_i 表示，满足下列条件：

（1）与 T_i 相关：$\mathrm{cov}(Z_i, T_i) \neq 0$。

（2）与 ε_i 不相关：$\mathrm{cov}(Z_i, \varepsilon_i) = 0$。

因此，Z_i 影响处理变量 T_i，即影响进入实验组还是进入非实验组，但与影响结果的因素（也称为排除限制）无关，它是一个随机的过程。

（一）IV 的两阶段最小二乘法

为了分离出处理变量中能够影响收入或结果的非随机性的因素，利用处理变量 T_i 与 IV Z_i 进行回归，控制影响到处理变量的其他因素 X_i，且假设其中的干扰项为 u_i。这个过程被称为第一阶段回归：

$$T_i = \gamma Z_i + \phi X_i + u_i \tag{4-2}$$

这一回归的预期处理，反映了处理变量 T_i 仅受 Z_i 影响的部分，因此在该方程中也体现了外生变异 X_i。那么简化的收入与处理效应的回归结果为

$$Y_i = \alpha X_i + \beta(\gamma Z_i + \phi X_i + u_i) + \varepsilon_i \tag{4-3}$$

就项目影响的 IV（也称为两阶段最小二乘，或 2sls）估计。具体地说，观察 $Y_i = \beta T_i + \varepsilon_i$ 是式（4-1）的一个简化版本，得知通过假设 $\mathrm{cov}(Z_i, \varepsilon_i) = 0$，我们也可以写出处理影响

---

① 这里处理变量设置为虚拟变量。当然对于连续变量同样也存在着选择性偏差问题。例如，人力资本投资中的上学年限也存在着选择性偏差，即越有能力的人上学年限越长，能力越差的人上学年限越短，所以上学年限不是一个随机的过程，而是一个具有自我选择性的过程。此时，依然可以采用 IV 方法来解决该问题。

下 IV(B) 为

$$\mathrm{cov}(Y_i, Z_i) = \mathrm{cov}[(\beta T_i + \varepsilon_i), Z_i] = \beta\mathrm{cov}(T_i, Z_i) \tag{4-4}$$

$$\Rightarrow \frac{\mathrm{cov}(Y_i, Z_i)}{\mathrm{cov}(T_i, Z_i)} = \beta \tag{4-5}$$

当检查工具质量在 IV 估计对项目影响的作用时，这种推导变得重要。因此，通过工具化，T_i 与误差项的相关性被清除。如果假设 $\mathrm{cov}(T_i, Z_i) \neq 0$ 和 $\mathrm{cov}(Z_i, \varepsilon_i) = 0$ 不变，则 IV 一致地确定归属于该工具的平均影响。具体地说，它可以表示为 $\beta_{\mathrm{IV}} = \beta + \mathrm{cov}(Z_i, \varepsilon_i)/\mathrm{cov}(Z_i, T_i)$。

虽然程序实施和参与的详细信息可以直接显示选择偏差的存在，但也可以使用 Wu-Hausman 测试来评估治疗的内生性，其在下面的示例中使用基于回归的方法：

（1）对 Z 和其他外生协变量 X 进行回归，得到残差 u_i。这些残差反映了模型中未被 IV 和外生变量捕获的所有未观察到的异质性影响。

（2）在 X，Z 和 u_i 回归 Y 时，如果 u_i 系数在统计上不等于 0，那么未观察到的特征对结果 Y 和处理变量 T 的共同影响是显著的，T 是外生的假设被拒绝。

（二）弱工具变量的估计

IV 的关注点包括弱 IV 和与未观测到的特征的相关性。IV 估计方法的一个缺点是在寻找一个合适的 IV 上存在潜在的困难。当 IV 与影响结果的未被注意的特征之间存在相关性时，即 $\mathrm{cov}(Z, \varepsilon) \neq 0$，那么估计效果就会有偏差。此外，如果 IV Z 仅与处理变量 T 有微弱的相关性，那么 IV 估计的标准误差很可能会增加，因为无法对结果产生可预测性的影响进行精确地测量。即使 Z 和 ε 之间的相关性很低，$\mathrm{cov}(Z, \varepsilon)$ 很小，当 IV Z 和 T 之间仅存在弱相关时，即 $\mathrm{cov}(Z, T)$ 也很小，IV 估计的渐近性偏差也可能变大。这是因为 $\beta_{\mathrm{IV}} = \beta + \mathrm{cov}(Z, \varepsilon)/\mathrm{cov}(Z, T)$，所以 Z 和 T 的相关性越小，β 与真实的 β 的渐近偏离越大。

（三）弱工具变量的检验

我们无法检验一个具体的 IV 是否满足前面所阐述的条件限制。对于多个 IV，可以采用定量的方法来对其进行检验。

（1）通过 IV 估计方法来对结构方程进行估计，并获得残差 ε。

（2）通过 X 和 Z，估计 ε（包括了所有未被 IV Z 和其他外生变量 X 解释的异质性），获得 R^2。

（3）使用 IV 与残差性不相关的零假设，$nR^2 \sim \chi_q^2$，其中 q 是模型以外的所有 IV 的个数减去所有内生解释变量的个数。如果在一定的显著性水平（5%）上 χ_q^2 分布，nR^2 统计数值大于临界值，那么零假设不成立，我们可以得出这样的结论：至少存在一个辅助变量不是外生的。

（四）工具变量的来源

随机化可能无法完全识别参与者。即使随机化在总体（如区域）层面进行，选择偏差也可能会持续存在于个人层面。虽然随机化也不能确保目标群体全部参与，但是采用随机分配（按照定义满足排除限制）仍然可以作为 IV 的一个重要来源。

在非随机的环境中，常见的 IV 来源包括地理差异、外生的冲击等。下面案例介绍了加纳在改善儿童健康方面对学业成绩的研究。这个案例使用不同的方法来解决估计的内生性，包括反映医疗机构的地理距离的 IV。

案例分析

检查加纳儿童健康对学校教育的影响的不同方法和 IV

Glewwe 和 Jacoby[1]研究了加纳儿童健康和营养对教育成果的影响，包括入学年龄和毕业年数。他们在 1989~1998 年使用了 1 760 名 6~15 岁儿童的交叉数据。在此过程中，他们展示了使用截面来识别效果的选择和挑战。鉴于横截面数据，父母的不可观察的特征（如偏好）可能与儿童健康和教育两者之间相关。Glewwe 和 Jacoby 研究中的一种方法是寻求影响儿童特征的变量，但与影响儿童教育的未观察到的家庭特征无关。他们提出作为儿童健康的 IV（a）距离最近的医疗机构的距离（b）和母亲身高与儿童健康有关，但是 Glewwe 和 Jacoby 也指出，母亲的身高可能会影响她的孩子的教育。与附近医疗设施的距离也可能与社区特征有关，如学校的存在。这两个警告都削弱了 $\mathrm{cov}(Z,\varepsilon)=0$ 的假设。

四、修正的人力资本估计模型

人力资本主要追求的是产出或者回报，为了获得回报，也需要相应的人力资本投资。人力资本投资过程就如同生产过程一样，通过时间、金钱、原有的人力资本等的投入获得一定的人力资本产出回报。所以，很多学者在估算人力资本投资时，常常首先假设一个规模报酬不变的生产函数，该生产函数中不仅包括物质资本存量和人力资本存量，还包含一个不可观测的综合变量。这一综合变量包含其他一切可能影响产出的制度因素，其具体形式如下[2]：

$$Y = K^{\alpha}(AH)^{\beta}Z^{1-\alpha-\beta} \tag{4-6}$$

其中，Y 为产出；K 为物质资本存量；H 为人力资本存量；A 代表劳动有效性；Z 代表综合制度变量。它们对产出的弹性分别为 α、β 和 $1-\alpha-\beta$。

之所以引入一个综合制度变量，是因为从实际生产来看，对产出产生影响的因素不可能仅包括资本和劳动力两个部分，制度同样是影响产出与经济增长的重要因素，只是

---

[1] Glewwe P，Jacoby H G. An economic analysis of delayed primary school enrollment in a low income country：the role of early childhood nutrition. Review of Economics and Statistics，1995，77（1）：156-169

[2] 罗植，赵安平. 中国省际人力资本估算 1978—2010——对现有方法的改进. 劳动经济研究，2014，（2）：41-59

因其通常难以定量测量，因此很难将其放入生产函数中。在引入综合制度变量后，依然假设生产函数整体是规模报酬不变的，但仅考察物质资本存量与人力资本存量时，则存在非规模报酬不变的可能。

由于人力资本存量可以写成劳动力数量 L 与人均人力资本存量的乘积，若假设人均人力资本存量为 h，则有 $H=hL$。因此，可将生产函数表示为人均人力资本的形式：

$$Y = K^{\alpha}(Ah)^{\beta}L^{\beta}Z^{1-\alpha-\beta} \tag{4-7}$$

假设劳动力的边际收益就是其所获得的报酬，那么，可将劳动报酬表示如下：

$$w(h) = \beta K^{\alpha}(Ah)^{\beta}L^{\beta-1}Z^{1-\alpha-\beta} \tag{4-8}$$

其中，劳动者的平均工资为 w；物质资本存量为 K；劳动力数量为 L，其都有相应的统计数据，只有劳动有效性 A 和综合制度变量 Z 没有实际数据。为了处理这两个变量，可假设劳动有效性与综合制度变量同人均人力资本存量之间存在着正相关关系。为了处理上的简化，假设这种正相关关系是线性关系，且当人均人力资本存量等于 1（$h=1$）时，劳动有效性为 A_1，综合制度变量为 Z_1；当人均人力资本存量等于 h 时，劳动有效性为 A_h，综合变量制度为 Z_h。二者之间存在如下关系：

$$A_h = hA_1, Z_h = hZ_1 \tag{4-9}$$

将此关系代入式（4-8）中，可分别得到单位人均人力资本存量的工资，以及人均人力资本存量的工资，具体如式（4-10）和式（4-11）所示：

$$w(1) = \beta(K^{\alpha}/L^{1-\beta})A_1^{\beta}Z_1^{1-\alpha-\beta} \tag{4-10}$$

$$w(h) = \beta(K^{\alpha}/L^{1-\beta})(hA_1)^{\beta}(hZ_1)^{1-\alpha-\beta} \tag{4-11}$$

用式（4-11）除以式（4-10），可以得到如下关系：

$$\frac{w(h)}{w(1)} = h^{1-\alpha+\beta} \tag{4-12}$$

由于式（4-10）中包含了不可测量的变量 A_1 和 Z_1，因此无法计算得到单位人力资本存量。但是，可以定义一个单位人力资本的效率工资水平 $w(1)^*$，令其和 $w(1)$ 之间存在如下关系：

$$w(1)^* = \frac{w(1)}{A_1^{\beta}Z_1^{1-\alpha-\beta}} = \beta\frac{K^{\alpha}}{L^{1-\beta}} \tag{4-13}$$

再将式（4-13）代入式（4-12），可以得到人均人力资本存量的计算公式如下：

$$h = A_1^{-\frac{\beta}{1-\alpha+\beta}}Z_1^{\frac{\alpha+\beta-1}{1-\alpha+\beta}}\left(\frac{w(h)}{w(1)^*}\right)^{\frac{1}{1-\alpha+\beta}}$$

由于 A_1 和 Z_1 都被假设为常数，因此，它们对人均人力资本存量的影响可以被看作一种单位的变动，在此将其简化。至此，可以得到人均人力资本存量的估算公式如下：

$$h_e = \left(\frac{w(h)}{w(1)^*}\right)^{\frac{1}{1-\alpha+\beta}} \tag{4-14}$$

在式（4-14）中，劳动力的平均工资和效率工资都可以得到，只有资本对产出的弹性参数 α 和人力资本存量对产出的弹性参数 β 是未知的。这两个参数对估算结果存在显著影响，因此需要对其进行必要的说明。

对于参数 β 的估计，朱平芳和徐大丰利用式（4-7）和式（4-8）直接得到 β 的计算

公式如下[①]:

$$\beta = \frac{w(h)L}{Y}$$

其中，Y 使用名义 GDP 数据，而 $w(h)$ 和 L 分别使用在岗职工名义平均工资和在岗职工数。由于计算中存在同单位名义数据相除，并且参数 β 也是无量纲的，因此可用名义数据直接计算，同样 α 参数也可以估算出来。

第三节 教育工资差距变化的供给与需求分析

很多人使用了简单的供给和需求框架分析了教育工资差距的变化。通常把劳动力分为两大教育类别，假设一个总产量 Q，且含有两个生产要素，即大学同等学力（c）和中学同等学力（h）的 CES 生产函数：

$$Q_t = [\alpha_t (a_t N_{ct})^\rho + (1 - \alpha_t)(b_t N_{ht})^\rho]^{\frac{1}{\rho}}$$

其中，N_{ct} 和 N_{ht} 分别为 t 期内大学同等学力（有技能劳动者）和中学同等学力（无技能劳动者）的就业人数；a_t、b_t 分别表示有技能和无技能劳动者的技术进步变化；α_t 表示一个随着时间而变化的技术参数，可以被解释为技能劳动者所享有的产出贡献份额指标；ρ 表示一个不随时间而变化的生产参数。技能中性的技术改进按照同一比例提高了 a_t、b_t，而偏向技能的技术进步会导致 a_t / b_t 或者 α_t 增长。根据 CES 生产函数的性质，大学和中学同等学力之间的总体替代弹性可以由 $\sigma = 1 / (1 - \rho)$ 来表示。

可以利用上式来求解大学和中学同等学力的劳动者边际产品收入比例，从而得出 t 年相对工资的关系（w_{ct} / w_{ht}）和 t 年相对供给关系（N_{ct} / N_{ht}），二者的关系可以表示为

$$\ln(w_{ct} / w_{ht}) = \ln[\alpha_t / (1 - \alpha_t)] + \rho \ln(a_t / b_t) - 1 / \sigma \ln(N_{ct} / N_{ht})$$

第四节 劳动力市场的信息不对称——文凭的信号功能

一、招聘中的信息不对称问题

在劳动力市场上应聘人往往比雇主更清楚自己的能力。设想市场上有两种应聘者，高能力的劳动者和低能力的劳动者，雇主不能区分这两类劳动者，因此只愿意按照应聘者的平均能力支付工资，这样高能力的劳动者就有可能退出劳动力市场，导致该市场不断萎缩，最终留在市场上的是最低能力的劳动者。这就是劳动力市场中因信息不对称（asymmetric information）而造成的"劣币驱逐良币"现象。

① 朱平芳，徐大丰. 中国城市人力资本的估算. 经济研究，2007，（9）：84-95

二、文凭信号

文凭是一种发现哪些应聘者具有高能力的手段，因此文凭具有重要的信号功能，是解决劳动力市场的信息不对称的一个重要的机制。这一理论是由史宾斯（Spence）于1972年在哈佛大学完成的博士论文中最先提出的。在该模型中，教育本身并不提高一个人的能力，它纯粹是为了向雇主"发出信号"（signaling）表明自己是能力高的人。史宾斯确定了一个条件，这一条件就是，做同样程度的教育投资对能力低的人来说边际成本更高。在这种情况下，虽有信息不对称，但市场交易中具备信息的应聘者可通过教育投资程度来示意自己的能力，而雇主根据这一示意信号便可区别开不同能力的人。显然，这种示意方法可以帮助克服信息不对称带来的困惑。但是，这种示意方法是有成本的，这里的成本就是相对于社会最优的过度的教育投入。该模型的关键假设是劳动者受教育的成本和其生产率成正相关。

假设雇主发放工资的依据是生产力的大小，即生产力大，发放2的工资水平，生产力小则发放1的工资水平。判断生产力大小的标准是接受教育年限 e^*，如图4-5所示。

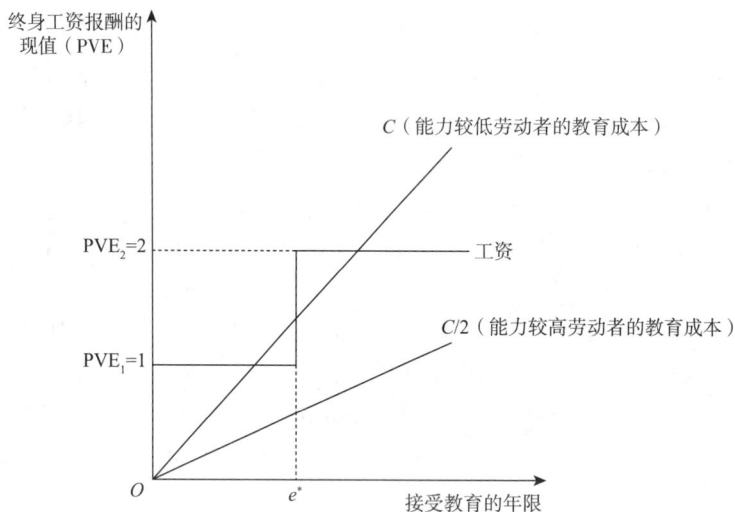

图4-5　文凭教育的自我选择

根据我们的假设，结合图4-5可知教育年限的信号会发挥作用。假设 C 代表教育成本，则高成本 C 的受教育者将会选择不再接受继续教育，低成本者 $C/2$ 将会继续接受教育 e^* 年。同时我们假设高成本代表低生产率，低成本代表高的生产率。这正好和企业以教育年限来判别生产率的高低的标准相吻合。

但是影响文凭信号功能发挥作用的因素相对比较多，其中包括：高能力与低学习成本的对应关系、教育年限、两个群体的工资差别、成本的大小等。

三、创新创业信号

由于缺乏前期生产历史和声誉，创新的初创企业及其各自的市场合作伙伴面临着严重的信息不对称问题。Backes-Gellner 和 Werner 研究创业信号是否能帮助解决这些问题，增加创新企业的潜在成功。他们集中关注对创新的初创企业的成功至关重要的信贷和劳动力市场，以及教育信号的作用。他们认为，企业家会向潜在的雇员和债权人发出他们教育历史上某些信号特征。企业家希望潜在的雇员在决定是否接受一家创新创业公司的工作时，使用他们的大学学位作为一个质量信号。企业家希望银行使用一个更精确的指标，作为对创新创始人的信用进行决定时的一个信号。然而，由于信息不对称问题，创新企业在技能要求方面与传统初创企业不同，他们不希望员工或银行对传统初创企业使用同样的信号。Backes-Gellner 和 Werner 根据 1998~1999 年收集的 700 多家德国初创企业的数据，对其影响进行了实证检验[1]。

根据人事经济学的理论，Backes-Gellner 和 Werner[1]认为，创新型初创公司，与传统企业相比，没有之前的历史，以及相似的生产或业务流程，所以他们事前违约风险高于传统企业。而且由于公司没有历史的关系，公司没有声誉。因此，创新的初创企业及其各自的市场合作伙伴面临着严重的信息不对称问题。

Backes-Gellner 和 Werner[1]关注的是，什么样的创业信号能够帮助解决或大幅减少这些信息问题，从而增加创新企业潜在的成功。在 Spence[2]提出的标准劳动力市场信号模型中，他们专注于教育信号，并假设不仅是员工，而且企业家也相信他们的教育质量具有一定的教育历史特征。然而，正如 Spence 所说，教育特征必须满足一定的条件才能成为一个有效和可信的信号。首先，必须分析经营一家创新的创业公司需要什么样的特别能力，什么样的教育可以获得这样的能力。其次，必须分析教育职业的哪些方面保证了获得信号的成本与创新创始人的质量之间的负相关，以保证分离的均衡。最后，对市场伙伴所提供的信息进行研究，Backes-Gellner 和 Werner[1]得出结论，潜在雇员如果必须决定接受一个创新企业提供的一份工作，他们将使用一个大学学位质量信号来表示胜任程度，银行将利用创始人持有的专利，作为其创新初创企业质量的信号。此外，由于不对称信息和技能要求与传统的初创企业不同，他们不希望员工或银行在决定传统初创企业的工作或信用时使用相同的信号。他们用 1998~1999 年收集的 700 多家初创企业的数据来检验他们的假设。他们发现，拥有大学学位的初创企业创始人，或者仅仅只有创新型的领导者的超负荷员工工作的比例很低，这表明他们的问题更少，吸引了足够多的合格员工。与 Backes-Gellner 和 Werner 的理论模型相一致，他们发现如果创始人在大学毕业的时间少于标准的年限，即提前毕业的大学生，创新的而且只有创新的创始人在获得贷款的过程中遇到的问题更少。此外，如果一个创新的创始人拥有专利，这也使得他们更容易获得贷款。由于持有专利并不能减少传统初创企业的信用问题，人们可以得出这样的结论：专利不是产权和市场保护的问题，而是给创始人总体创业能力的一个信号，尤其是在一个创新的环境中。

① Backes-Gellner U，Werner A. Entrepreneurial signaling：success factor for innovative start-ups. Social Science Electronic Publishing，2004，29（55）：173-190

② Spence M. Job market signaling. Quarterly Journal of Economics，1973，87（3）：355-374

最后，Backes-Gellner 和 Werner[1]指出，创业信号显然是克服创新初创企业不对称信息的典型问题的有力工具，而这些问题迄今几乎没有被研究过。研究缺乏的主要原因是缺乏足够的数据。他们提供了一个独特的数据库，不仅涵盖了新成立企业各种各样的变量，还包括创始人和他的教育、劳动力市场和个人历史。该数据库给研究创业信号提供了基础。其中一个主要结果是，大学学位和学习时长是重要的信号，尤其是对创新的创始人。因此，与流行的讨论相反，为创新的创始人提供学位是必要的。在新市场的繁荣时期，德国（和其他地方）的许多学生认为完成他们的学业并获得学位是浪费时间。新的创新企业似乎并没有要求或尊重传统教育，学生们成群结队地离开，他们中的许多人的目标是成为在富有魅力的创新起点上的新星。然而，2004 年的经验结果表明，虽然在传统市场中，其他可靠的质量指标可能是可用的，但传统的教育模式和价值观，如完成教育和教育年限，对于创新市场比传统市场更重要。

第五节 在职培训分析与培训收入实证方法

一、普通培训

普通培训指职工所受到的培训也可以通用于各企业。而受到培训的职工也将随其边际生产收益或边际产品价值 VMP 的提高要求较高的工资，否则将另谋他职。企业在职工培训期间将从其工资中扣除培训的费用。这就是说，在培训期间，职工的工资要少于其边际生产收益或边际产品价值 VMP。这是新职工的工资较低的重要原因。

普通培训对多个企业都适用，培训的价值不仅对提高培训的企业有益，而且对其他企业亦有价值。在这种情况下，假设在普通培训前，一个员工的劳动边际产品价值为 VMP_A，其工资为 w_a。经过一段时间的培训，该员工的劳动边际产品价值提高到 VMP_B，与此相对应，有一个较高的工资 w_U'。如果在培训期间，企业支付的工资为 w_a，培训后企业按照提高的 VMP_B 支付 w_U' 的工资，那么，培训成本有两种情况：①培训后，企业支付的工资低于 w_U'，即低于员工的 VMP_B，以此来补偿培训成本。那么，员工就很可能辞职，被其他企业雇用，因这些企业没有支付任何培训成本，他们愿意支付与受培训员工边际产品价值相等的工资 w_U'。这种情况是提供培训的企业所不愿看到的，此时，提供培训的企业还没有得到任何收益。②为了留住受培训的员工，提供培训的企业给予受训员工至少等于或高于 w_U' 的工资，那么，其培训的成本还是无法补偿，企业将在竞争中失败。显然，提供培训的企业是不会这样做的。

基于上述原因，企业在通常情况下，不愿意提供具有较广泛适用性的普通培训，这也可以看作各类职业技术培训学校产生的原因之一。职业技术培训学校是人力资本投资的重要途径。在这类学校学习期间，学生承担全部或大部分的培训成本。培训成本的表

① Backes-Gellner U，Werner A. Entrepreneurial signaling：success factor for innovative start-ups. Social Science Electronic Publishing，2004，29（55）：173-190

现是外在的直接付费的形式。

如果是企业提供普通培训，根据上述分析，接受培训的员工将承担全部的培训费用，由于培训会提高他们未来的工资，并增加其就业机会，接受普通培训的员工愿意支付这些费用。只不过培训成本的支付形式，并不是由员工直接付费，而是使他们接受一个比本来能获得的工资更低的起点工资。这类培训成本的支付形式是内在的，可以结合图加以说明。

在图 4-6 中，纵轴为工资率 w，横轴为雇佣时间 T，其中 $O\sim t$ 为员工接受的普通培训时间，$t\sim T_0$ 为培训投资收益回收时间，未接受培训员工的 VMP 及由它决定的工资率为 w_a。如果在雇佣 $O\sim t$ 期间，员工始终未接受培训，其工资水平如图 4-6 中的 $w_a\sim w_a'$ 变动。如果员工接受培训，培训期间为 $O\sim t$，在此期间受训员工的工资为 w_U，低于 w_a，其差额 w_a-w_U 面积部分为培训成本，即由个人承担的人力资本投资。培训结束后的雇佣期间为 $t\sim T_0$，受训员工的工资为 w_U'，$w_U'-w_a'$ 面积的差额部分为培训收益。这样，便形成了企业提供普通培训的稳定的成本—收益结构。

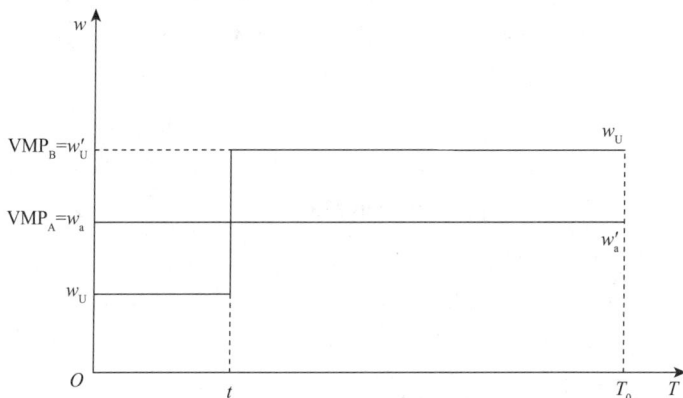

图 4-6　普通培训的成本收益额的情况

二、特殊培训

特殊培训指企业给予职工的培训只适用于培训企业。正由于这种专门的培训不适用于其他企业，企业不必担心职工接受培训后，因工资低于其边际生产收益，而另谋他职，职工在培训后可能接受的工资低于其边际生产收益，企业也就能容忍在培训期，职工的边际生产收益低于其工资，并支付职工的培训费用。

特殊培训只对提供培训的企业有用，对其他企业没有什么价值。因此，一个员工在其他企业所得到的工资就不取决于他所受到的培训，也不存在提供培训企业以边际产品价值去支付经过培训员工的竞争性工资的情况。如果员工的工资率为 w_a，那么在培训期间和其后的雇佣时间，他都可以得到 w_a 的工资。在这种情况下，特殊培训的成本全部由企业承担，收益也全归于企业。此种情况如图 4-7 中的 $w_a\sim w_a'$。在受训期间，企业支付的工资高于受训员工的 VMP，高的部分成为特殊培训的成本；在 $t\sim T_0$ 的雇佣期间，企业支付的工资低于受训员工的 VMP，因而补偿了培训成本。

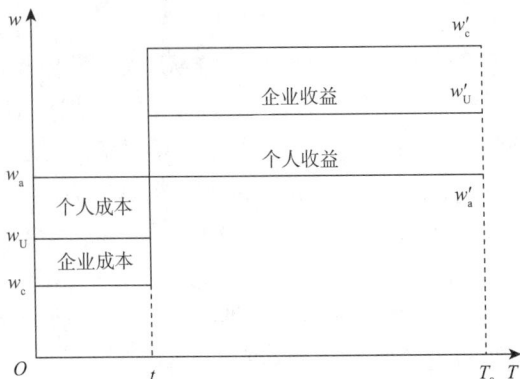

图 4-7　特殊培训的成本与收益的情况

显然，由企业支付全部培训费用的成本—收益结构，存在一定的风险。如果一个由企业支付了全部特殊培训费用，在培训结束后或是比较短的服务时间后，离职到别的企业以w_a的工资率就业，这种流动不会使员工受损，然而企业将得不到其投资的收益，从而无法弥补培训成本，这对提供培训的企业是十分不利的。解决此问题的办法有两个：一是劳动关系双方达成共识，签订长期劳动合同；二是重新调整特殊培训的成本—收益结构。

第一个办法存在一些困难，契约一般并不能保证投资利润的实现，而且还受到诸多制度因素的干扰。第二个办法是最佳的，即在培训期间，企业和员工双方分摊培训费用，共担风险，在雇佣期间双方获得预期培训收益，共享利益。这种分享型的成本—收益结构结合图 4-7 说明。在特殊培训期间 $O \sim t$，受训员工的工资为 w_U，$w_a - w_U$ 面积的差额部分为员工承担的培训成本；$w_U - w_c$ 面积的差额部分为培训企业承担的培训成本。在雇佣期间 $t \sim T_0$ 受训员工的工资为 w_U'，$w_U' - w_a'$ 的面积为员工的培训预期收益，$w_c' - w_U'$ 的面积差额为企业获得的培训预期收益。这种成本—收益结构既可保证企业有效地降低了受训员工辞职的可能性，又可把培训成本收回。对受训员工而言，既分享到了部分投资收益，又降低了被解雇的可能性。因此，在这种情况下，企业和员工愿意分担培训成本，并由此分享投资收益，从而建立起长期的劳动关系。

至于企业和员工各种份额，即成本和收益如何分割，取决于员工离职率、企业的解雇率、风险责任、流动愿望等因素。一般而言，受过特殊培训的员工，与没有受过特殊培训或只受过普通培训的员工相比，辞职率要低，这不仅因为他们承担了部分培训成本，而且还因为特殊培训的价值不被其他企业肯定，在其他企业只能获得相当于培训前的工资 w_a，不能享有预期的培训受益。同样，企业也不愿意解雇这类员工。也就是说，员工离职率与企业提供的培训呈反方向变动关系，即企业提供的培训越多，员工辞职率越低。

三、培训收入效果的实证方法

（一）DID 设计

培训可以采用准实验的方式，即同一企业中有些员工参加了培训，有些员工没有参加培训，可以将参加培训的群体作为实验组，将没有参加培训的人作为控制组。如此就形成了一个实验组和一个控制组。每个组都有一个时间属性，即培训前后的哑变量。即每个个体有一个组属性和一个时间属性。Heckman[1]假设 y_i^0 表示没有受到培训的个体收入，y_i^1 代表受到培训的个体收入，d_i 表示个体是否受到培训的哑变量，则：

$$y_i = y_i^0(1-d_i) + y_i^1 d_i = y_i^0 + (y_i^1 - y_i^0)d_i$$

其中，$d_i = t_i g_i$；$y_i^0 = \alpha + \beta t_i + \gamma g_i + \varepsilon_i$，其中，$t_i$，$g_i$ 分别表示受到实验组和控制组培训前后的哑变量。$E[y_i|g_i=1,t_i=1]$ 表示实验组在培训后期望值；$E[y_i|g_i=1,t_i=0]$ 表示实验组在培训前的期望值；$E[y_i|g_i=0,t_i=1]$ 表示控制组在培训后的期望值；$E[y_i|g_i=0,t_i=0]$ 表示控制组在培训前的期望值。所以：

$$DID = (E[y_i|g_i=1,t_i=1] - E[y_i|g_i=1,t_i=0]) - (E[y_i|g_i=0,t_i=1] - E[y_i|g_i=0,t_i=0])$$

该式把共同的时间趋势给消除掉了。同时，假定两个实验组和控制组的总体平均差异为 τ，那么，总体的表达式子可以写为

$$y_i = \alpha + \beta t_i + \gamma g_i + \tau d_i + \varepsilon_i$$

为了控制可能影响结果的其他变量，加入个体特征等变量，即

$$y_i = \alpha + \beta t_i + \gamma g_i + \tau d_i + \delta x_i + \varepsilon_i$$

（二）DID 回归处理

收入方程设定为

$$y_i = \gamma_0 + \gamma_1 z_i^h + \gamma_2 t_i + \gamma_3 g + \gamma_4 d_i + \rho\sigma\lambda_i + \varepsilon_i^h$$

其中，y_i 表示在 $e_i=1$ 下的收入；z_i^h 表示影响个体收入的个体特征向量；λ_i 表示样本选择性偏差的逆米尔斯比率；ε_i^h 为随机扰动项，且 $(\varepsilon_i^h, \varepsilon_i^e) \sim N(0,0,1,\sigma,\rho)$。个体培训和培训条件下收入随时间的变化会在该变量的系数（γ_2）上得到反映；g_i 为虚拟变量（实验组中的个体取值为 1，对照组中的个体取值为 0），实验组和对照组收入的任何差异会在该变量的系数（γ_3）上得到反映；d_i 反映的是交叉效应，即 $d_i = t_i \times g_i$，即实验组且在培训之后的影响，即培训对收入的影响反映在了该变量的系数（γ_4）上。

① Heckman J. Shadow prices, market wages, and labor supply. Econometrica, 1974, 42（4）: 679-694

第五章

工资与生产率

■ 第一节 信息不对称与相关问题

一、信息不对称造成的问题

信息不对称是指交易中的个人拥有的信息不同。在社会政治、经济等活动中，一些成员拥有其他成员无法拥有的信息，由此造成了信息的不对称。

在市场经济活动中，各类人员对有关信息的了解是有差异的，掌握信息比较充分的人员，往往处于比较有利的地位，而信息贫乏的人员，则处于比较不利的地位。不对称信息可能导致逆向选择（adverse selection）。在劳动力市场活动中，用人单位在与劳动者签订劳动合同之前和之后都存在着信息不对称问题。在劳动合同签订之前，用人单位对劳动者的信息掌握并不多，而劳动者对自己的信息掌握最多。所以，在劳动合同签订之前，如果不能建立有效的规则，就会发生逆向选择问题。然而当用人单位与劳动者签订劳动合同之后，也会由于信息不对称发生委托代理问题或道德风险问题。

代理人并不总是为了委托人的最大利益而行事。例如，经理作为全体股东的代理，可能不会始终维护股东的利益，而是在决策时尽可能使自身利益最大化。在委托代理关系中，由于信息不对称，股东和经理人之间的契约并不完整，需要依赖经理人的"道德自律"。股东和经理人追求的目标是不一致的，股东希望其持有的股权价值最大化，经理人则希望自身效用最大化，因此股东和经理人之间存在道德风险，需要通过激励和约束机制来引导和限制经理人的行为。所以，信息不对称状态在交易完成之后会使交易双方面临道德风险问题。道德风险问题是研究保险合同时提出来的问题，经济学家经常用道德风险概括人们"偷懒""搭便车"和机会主义行为。

二、逆向选择问题

所谓逆向选择应该定义为信息不对称所造成市场资源配置扭曲的现象。经常存在于二手市场、保险市场。虽然逆向选择的含义与信息不对称和机会主义行为有关，却超出了这两者所能够涵盖的范围。逆向选择是制度安排不合理所造成的市场资源配置效率扭曲的现象，而不是任何一个市场参与方的事前选择。例如，在人力资源招聘中，如果企业想出高工资吸引优秀的员工前来应聘，那么就会有些能力较低的劳动者由于用人单位并不了解求职者的能力蒙混过关从而获益，这样就导致了逆向选择问题。所以，如果要建立规则避免逆向选择的发生，必须同时满足两个条件：①能力低下的人到招聘单位进行工作获得的收益要远远低于到与自己能力相当的企业中获得的报酬；②能力较高的人到招聘单位进行工作获得的报酬要高于到其他企业中进行应聘获得的报酬。如果同时满足以上两个条件，应聘者就会进行自我选择，从而避免逆向选择的发生。

（一）计件工资和计时工资

假定招聘单位采用计件工资率，多劳多得，少劳少得，其中计件单价为 3.35 元。假定招聘单位面临着两类人群，即高能力者和低能力者，其中高能力者成为技术工人，能力较低的人员成为非技术工人。如表 5-1 所示，假设技术工人每小时的产量为 6 件，非技术工人每小时的产量为 4 件；技术工人到其他企业中工作的小时工资率为 20 元，非技术工人到其他企业中工作的小时工资率为 16 元。所以，技术工人到该企业应聘每小时获得的工资率为 3.35×6=20.10（元），大于 20 元，所以，技术工人会到该企业中应聘；非技术工人到该企业应聘每小时获得的工资率为 3.35×4=13.40（元）。所以，非技术工人认为到该企业应聘获得的报酬还不如到其他企业中进行工作获得的报酬高。如此一来就规避了逆向选择问题，求职者会根据自身的能力来进行自我选择，而求职者对自身的能力信息最为了解，求职者根据该规则更容易做出正确的判断，大大降低了企业的甄选成本。总之，如果使得该方法具有规避逆向选择的效果，必须关注工资支付方式和工资水平。

表 5-1 不同工人在不同工资下的工资水平及其生产率

项目	每小时产量/件	其他企业小时工资率/元
技术工人	6	20
非技术工人	4	16

（二）试用期工资对逆向选择的规避

1. 拉齐尔的"自我选择"模型——对求职者的逆向选择进行规制

假设拟招聘的企业试用期间的工资水平为 w_1，试用期结束后获得任期的工资水平为 w_2（w_2 大于 w_1），试用期的长度为 Q。同时假设求职者可以划分为两类人群，即合格的求职者和不合格求职者。合格求职者的市场工资水平为 w_S，不合格求职者的市场

工资水平为 w_U。求职者获得任期后工作时间为 N。每期收入的折现率为 r。假设不合格求职者能够蒙混过关的概率为 P，合格者可以完全安全地度过试用期而获得转正资格。为了避免逆向选择，必须消除逆向选择行为的收益，同时保证这种消除制度对于合格求职者具有吸引力[①]。根据以上假设，可以将拉齐尔的"自我选择"模型扩展为一般意义的表达式：

$$w_1 \int_0^Q e^{-rt}dt + w_2 \int_0^N e^{-rt}dt \geqslant w_S \int_0^{Q+N} e^{-rt}dt \tag{5-1}$$

$$w_1 \int_0^Q e^{-rt}dt + Pw_2 \int_0^N e^{-rt}dt + (1-P)w_U \int_0^N e^{-rt}dt < w_U \int_0^{Q+N} e^{-rt}dt \tag{5-2}$$

式（5-1）是为了满足合格的求职者，使此次招聘在市场上具有竞争力，即使求职者到拟招聘企业求职获得的任期工资收入贴现值不小于到其他企业就职获得的市场的平均工资收入贴现值；式（5-2）是为了能够使那些不合格的求职者到拟招聘企业就业小于到市场上搜寻适合自己的岗位而获得的收益，因为求职者如果进行逆向选择到拟招聘企业求职获得的任期收入贴现值要小于到其他适合其能力的企业求职的工资流。

2. Wat-kins 的序列博弈"Q-学习关系"模型——对企业试用期逆向选择规制

从理论上来讲，拟招聘企业可以采用这种方式，即通过求职者的利己化的自我选择，达到避免逆向选择的目的，在一定程度上为拟招聘企业节省筛选成本。然而，拟招聘企业采用上述办法对于劳动者进行成功的规制是基于企业能够兑现诺言的假设。拟招聘企业在吸引到合格的求职者之后，如果不履行其承诺，那么这种规制的效果就会遭到质疑。这种情况发生的概率在现实生活中比较少，因为企业的这种招聘交易不是局限于一次，而是要多次到劳动力市场上进行招聘交易。而简单的一次交易和反复多次交易的结果很不一样。在连续性交易的情况下，每个交易的参与者都具有强化学习的特点，在每种情况下做出某种行为时，要考虑对方今后的行为可能给自己带来的影响。连续性交易最基本的一个行动关系式是 Wat-kins 给出的 Q-学习关系式[②]：

$$Q'(s_t, a_i^t) = Q(s_t, a_i^t) + \alpha[r_t + \gamma \max Q(s_{t+1}, a_i^t) - Q(s_t, a_i^t)] \tag{5-3}$$

其中，a_i^t 表示行动者 i 在 s 的情形下在 t 时间所采取某个特殊的行动；$Q(s_t, a_i^t)$ 表示行动者 i 在 s 情形下在 t 时间，采取特定的 a_i^t 行动后获得的收益；γ 代表折现因子；r_t 代表采取行动 a_i^t 后到下一个时期 $t+1$ 时期产生的收益；α 代表学习率，即代表近因效应（在动态的环境中行动者与过去的收益相比更看重近期的收益）。从式（5-3）我们可以看出，某一次的交易受到今后交易的影响。所以式（5-3）保证了式（5-1）的成立且具有兑现性。

3. 试用期条款规则的经济分析

试用期转正后的工资（w_2）主要是用来吸引合格求职者，如果工资水平过高，那么就会导致式（5-2）无法满足，逆向选择的规制就会消失，同时也不利于企业的人工成本

[①] 拉齐尔 A. 人事管理经济学. 刘昕译. 上海：上海译文出版社，2000：49-54
[②] Valluri A. Learning and cooperation in sequential games. Adaptive Behavior，2006，14（3）：195-209

的控制。所以企业对于转正后的工资水平是在保证能够吸引到合格求职者的情况下越低越好。试用期间的工资，是用来挫伤那些不合格的求职者前来应聘的积极性的。利用式（5-1）和式（5-2）的边界值计算出来的值是恰好能够吸引到合格求职者，同时规避不合格者申请的最低的转正后的工资，以及应给予的最高的试用期工资。通过式（5-1）和式（5-2）的边界值计算得到试用期和转正后的工资分别为

$$w_1 = \frac{w_U \int_0^Q e^{-rt}dt + Pw_U \int_0^N e^{-rt}dt - Pw_S \int_0^{Q+N} e^{-rt}dt}{(1-P)\int_0^Q e^{-rt}dt} \tag{5-4}$$

$$w_2 = w_S + \frac{w_S \int_0^Q e^{-rt}dt - w_1 \int_0^Q e^{-rt}dt}{\int_0^N e^{-rt}dt} \tag{5-5}$$

对于合格求职者和不合格求职者的市场工资率的信息是比较容易获取的，试用期期限、转正后任职期限以及试用期工资、转正后的工资对于求职者和企业之间都是对称的信息。然而，蒙混过关的概率 P 是一个比较模糊的变量，而求职者可能无法获取真实的信息。为了便于了解试用期对于企业决策的影响，假定关于真实的 P 值双方都是信息完全的、对称的。

4. 试用期的期限对于人力资源管理决策影响的经济分析

（1）试用期期限对于企业控制 P 值的影响。试用期期限的长短影响着企业对于变量 P 值的控制。如果延长试用期，那么企业在其他条件不变的情况下，更容易获得求职者的个人信息，鉴别出求职者是否合格的可能性增大，所以在保持蒙混过关的概率 P 不变的情况下，企业的甄选成本就会较小；如果缩短试用期，在保持蒙混过关的概率 P 不变的情况下，企业的甄选成本就会增大。如何选择蒙混过关的最佳概率，与企业甄选成本的边际投入以及与之相关的边际收益相关。在企业甄选成本的边际投入和边际收益相等的情况下，停止对于 P 值的控制。假设在试用期没有变化之前，企业最佳的蒙混过关概率的控制成本为 P^*，试用期延长，意味着此时企业对于甄选的难度普遍降低，企业在将甄选成本控制在 P^* 时的边际成本要小于边际收益，企业会继续追加甄选成本，减少求职者蒙混过关的概率，反之亦然。所以试用期期限与蒙混过关的概率成反比。

（2）试用期期限对于试用期工资的影响。由于试用期的变化，企业出于利润最大化考虑，必须调整其甄选成功的概率，进而影响到试用期间的工资设定。如果延长试用期，由于收集试用期间的雇员的信息更加容易，企业会将最佳的蒙混过关概率 P 值进一步降低，这将导致不合格求职者应聘的可能性减少，也就意味着在保持转正后工资不变的情况下，企业可以进一步提高试用期的工资，增强对于合格人员的吸引力，同时保证了不合格的求职者不愿意来本企业工作。但是总体而言，虽然此时企业可以通过提高试用期工资来增强对于合格求职者的吸引，这种提高是有限度的，最高不会超过不合格求职者的市场工资率，否则，如式（5-2）反映，蒙混过关的概率即便控制在零的程度上，不等式左边的回报始终会大于右边的回报，此时，不合格求职者的前来求职的回报会明显大

于到其他企业求职的回报，不会对于不合格求职者形成挫伤，从而导致逆向选择行为出现。所以，试用期期限延长后，企业会倾向于提高试用期工资（这里企业提高试用期工资，是为了在保证逆向选择进行有效规制的同时，减少试用期转正后的工资，从而降低长期性的工资成本），但不会超过不合格求职者的市场工资率。

（3）试用期期限对于转正后工资的影响。如果延长试用期的期限，用人单位甄选变得容易，甄选的边际成本下降，从而形成新的均衡的甄选概率。新的最佳均衡 P^* 值会降低，所以企业可以提高试用期期间的工资来对合格的求职者进行吸引。而企业的目标是在保证能够对逆向选择产生规制的前提下，成本支出最小化，故企业会倾向于减少转正后给予的工资支付。在对合格求职者进行吸引的决策时，企业倾向于采用增加试用期的工资回报，减少转正后的工资回报的方式来实现，因为试用期工资是一种过渡工资制度，对企业的人工成本影响是短期的，而转正后的工资是一种持久性的工资制度，对企业人工成本影响具有长期性。所以企业会尽可能地通过试用期工资来代替转正后的工资对合格求职者进行吸引。但是，这种降低的幅度极限值不会低于合格求职者的市场工资率，否则式（5-1）便无法满足，从而使合格求职者也不愿意前来求职，最终使得招聘池的数量不足，无法获得合格的求职者。所以，当试用期期限延长后，企业会倾向于减少转正后的工资率，但不会低于合格求职者的市场工资率。

5. 试用期法律工资对于人力资源决策影响的经济分析

（1）试用期法律工资对企业控制 P 值的影响。在甄选概率一定的情况下，企业会按照逆向选择的规制来安排试用期工资以及转正后的工资。如果试用期规定了企业必须给予的最低工资，那么就有可能造成企业被动地调整甄选的概率以及转正后的工资水平。

假如起初企业关于蒙混过关概率、试用期工资以及转正后的工资最佳组合为（P，w_1，w_2），如果试用期法律工资 w_L 高于不合格求职者的市场工资率 w_U，那么企业无论如何控制蒙混过关的概率和转正后的工资，都不会形成有效的逆向选择规制，都会存在不合格的求职者前来应聘的激励。这无疑增大了企业的筛选成本。如果规避不合格求职者，企业必须做到把蒙混过关的概率控制在零水平上，否则这种逆向选择的行为就会发生。而这种完全把蒙混过关的概率控制在零水平上的想法在现实中可能做不到。所以，如果试用期条款把试用期工资规定得过高，会使得企业的甄选成本大幅度增加。

如果试用期规定的法律工资 w_L 低于不合格求职者的市场工资率 w_U，同时高于企业均衡的（P，w_1，w_2）组合中的 w_1，企业会根据自身的情况重新调整组合，即通过更加严格的筛选，降低蒙混过关的概率。因为在试用期工资水平提高后，甄选的边际收益增大，企业继续追加自己的甄选成本的投入，从而达到一种新的平衡，即甄选的边际成本等于其边际收益。所以，企业会降低蒙混过关的概率。如果试用期规定的法律工资 w_L 低于企业均衡的（P，w_1，w_2）组合中的 w_1，试用期工资是不会影响企业的最佳组合，即对于企业的行为没有影响。

综合以上几种情况，如果提高试用期的法律工资支付，企业会倾向于增大甄选成本的支出，从而使得企业的甄选成本上升。

（2）试用期法律工资对于转正后工资的影响。同样假如起初企业关于蒙混过关概率、试用期工资以及转正后的工资最佳组合为（P，w_1，w_2），如果试用期法律工资 w_L 高于不合格求职者的市场工资率 w_U，企业必须做到完全杜绝这种蒙混过关的概率，既然能够把不合格的求职者完全区分开，企业就减弱了通过提高转正后的工资来对合格求职者进行吸引的激励，所以，企业会把转正后的工资降低到 w_U 的水平上。如果试用期规定的法律工资 w_L 低于不合格求职者的市场工资率 w_U，同时高于企业均衡的（P，w_1，w_2）组合中的 w_1，企业不但会降低蒙混过关的概率，即加大甄选力度，而且还会降低转正后的工资水平，因为企业出于利润最大化考虑，由于被动地增大了试用期工资吸引力度，企业会倾向于减少转正后的工资来达到同样的"吸引"效果和"规避"效果。如果试用期规定的法律工资 w_L 低于企业均衡的（P，w_1，w_2）组合中的 w_1，试用期法律工资同样对于企业行为没有影响。所以，试用期期间的法律工资一般会使得企业降低转正后的工资水平，从而节省用人成本。

三、委托代理问题——道德风险

在市场经济条件下，雇主和雇员关系是一种委托和代理的合同关系。由于两者目标有不一致之处，员工有可能摆脱雇主控制的倾向，产生机会主义的行为，出现所谓道德风险的问题。道德风险产生的原因有：①信息的不对称性，雇员的很多行为难以观测，工作的实际努力程度是其私人信息；②合同的不完全性，契约缔约过程中，考虑到完整信息、谈判、执行皆需要交易成本，为节约成本，合同是不完全的，雇主不可能事先通过明确的契约来规定雇员的所有行为；③即使能够建立具有完全意义上的合同，如果双方当事人撕毁协议，即使在法律上强制执行成本比较高，最终也会使得双方都会受到损失。

所以，如何解决委托代理问题，关键在于建立一整套激励和约束机制，促使雇员采取适当的行为，最大限度地增进雇主的利益。其中最重要的是实现员工的自我强化，实现自我强化的条件是维持合同要比撕毁合同获得的净收益大。下面主要以特殊培训为例来解释这种自我强化的条件。

特殊培训指企业给予职工的培训只适用于本企业。正是由于这种专门的培训不适用其他企业，企业不必担心职工接受培训后，因工资低于其边际生产收益，而另谋他职，职工可能接受在培训后工资低于其边际生产收益，企业也就容忍在培训期，职工的边际生产收益低于其工资，并支付职工的培训费用。在特殊培训中，劳动者个人和企业都共同承担了培训的成本，在收益方面也共同分享了收益。如果劳动者想单方面撕毁合同，培训结束后跳槽，那么劳动者只能到其他企业接受原来的工资水平 w_a，因为此次培训是企业的专项培训，培训的内容是企业的专有人力资本，到其他企业是无法提高劳动效率和创造价值的，如果留下来，劳动者将能够得到 w'_U 的工资水平，也就是说劳动者在接受特殊培训之后工作的时间越长，劳动者在此次培训中获得的收益也就越高。从成本角度来考虑，培训结束之后劳动者如果辞职，那么前期培训中投入的培训成本是无法收回的。

所以，对于劳动者而言维持协议比撕毁协议收益要高。同样，对于用人单位，这种成本和收益的分享机制也会产生同样的效果，如果培训结束用人单位辞退员工，那么不但获得不了培训的收益，也会损失前期的培训成本的承担部分，这种安排方式更容易稳定员工队伍。培训协议被这种利益分享机制强化（图4-7）。

■ 第二节　激励手段[①]

公司和员工利益目标具有一定的冲突性，员工的努力为企业带来利润，努力是员工付出的成本。然而，如果企业给予员工的价值足以补偿工人的付出，那么员工就可以从中获得收益。鼓励员工努力是经济学的一个核心问题，在现实存在道德风险的情况下，为员工设计激励措施就成了人事实践的关键。

当努力不具有弹性的时候，一个潜在的（尽管不是唯一的）使工人的工作效率达到社会的有效水平的方法，就是向工人支付全部的产出价值——也就是说，把公司卖给工人。公司可以设定基本工资，以满足工人的参与限制，并让工人保留所有他努力的边际收益。道德风险问题可以通过让渡剩余索取权来解决。如果个人拥有全部的产出，他们将有效地把他们努力的边际收益与边际成本相匹配。

有一些雇佣安排，包括向工人出售公司（出租车司机可以租赁汽车，并把所有的收入作为自己的收入）的做法是非常少见的。为什么向工人出售公司的简单模型不适用于绝大多数工人呢？且这种模式在现实实践中几乎不存在（通常为零）呢？另外，实践中的工人收入分配方式都表现为有基础工资的低工资呢？这主要是因为工人的产出（工人的生产力）与工人的投入（工人的努力）不相关，公司不能总是事后给予工人的努力以奖励；另外工人通常比雇主更厌恶风险。

一、风险与激励之间的折中

大多数理论委托—代理模型假设产出努力是一个增函数，并且它也受到一些不可观测的随机冲击的影响。员工的效用是随着其努力递减的函数，且是凹函数。因为员工是风险厌恶型的，所以其效用随着收入而上升，且是凹的。这就意味着不能简单地依据其投入给予雇员工资支付，然而雇主也仅仅只能观察到其产出，因此这是补偿契约唯一依据的变量。如果双方可以基于努力达成可执行的合同，问题就简单了。风险中性的公司只需支付努力，代理人就将被完全投保。

主要的问题是在保证激励相容和激励参与的约束下制定薪酬方案，使利润最大化。一个关键的含义是，在保险（固定工资）和激励之间进行权衡。因为员工不喜欢风险，公司必须减少工资与产出之间的依赖关系。如果薪酬主要基于产出，按照绩效来付酬，公司可能必须提供大量的风险补偿。但是，如果薪酬不是基于产出，工人们就不会努力。

① Lazear E P. Personnel economics. Industrial and Labor Relations Review，2008，10（4）：199-236

可能最好的解决方案是两种方案的折中，既要迫使工人承担风险，也要公司承担低效率的后果。

这个模型有两个关键的预测。首先，激励越强员工的工作就越难。有充分的经验证据表明，这种关系在大多数的就业关系中都存在。其次，风险和激励之间存在权衡。其他因素都是相同的，在那些超出员工控制的因素对产出的影响相对较大的情况下，激励将会减弱。可能至少部分原因是无法达到"其他一切都是平等的"。

二、绩效测量中的扭曲

即使员工是风险中性的，绩效评估的缺陷也可能限制公司对激励性工资的使用。除了对产出测量的外部冲击之外，绩效评估的有用性也可能受到雇员拥有私人信息和他们在不提高雇主实际目标的情况下绩效测量能力的影响。

Gibbons 假设只有工人知道工作的困难，只有工人知道自己真正的行动。在这种情况下，当公司不能承诺不使用任务困难程度的信息时，员工会限制产出（也就是说，会有"棘轮效应"）。他认为，这导致了在 19 世纪末期广泛使用的计件工资系统的衰落[1]。

另一类模型考虑了雇员的影响，他们可能会影响产出测量结果，而不影响实际产出。Lazear 简要地讨论了激励措施和绩效评估的含义，工人可以以牺牲质量为代价增加数量。Baker 提供了一个更一般的模型，一个公司想要一些不具有弹性的最大化目标（称之为V）。该公司和员工基于 P 条件签订薪酬合同，其中 P 与 V 存在着相关性。雇员知道自己如何影响 P 和 V。公司想提供激励性薪酬，让员工会产生更多的努力。但是这可能导致劳动会按照 P 进行努力，而不是按照 V 进行努力，这就导致了员工的努力会影响 P，但不会影响 V。这样公司就必须既要保证其效率得以实现，又要保证这场游戏能够进行[2]。

Holmstrom 和 Milgrom 从一个稍微不同的角度探索了绩效度量的局限性。他们推出了一个"多任务"模型，在此模型中，雇员参与两个影响实际产出的任务，且衡量产出的方式并不相同[3]。激励合同可能会驱使员工在一项或两项任务中投资不足或过度投资。他们讨论了教师激励工资的局限。尽管激励措施可能会让教师更加努力工作，但他们也可能会把精力集中在教授死记硬背的技能上，虽然这些技能在标准化考试中会得到奖励，但是这些技能是以教学逻辑推理和其他技能的缺失为代价的，而这些技能在短期内是不容易被衡量的。

三、绩效测量中的主观性

考虑到客观绩效衡量标准的局限性，企业对激励员工有何替代方案进行选择？对于

---

① Gibbons R. Piece-rate incentive schemes. Journal of Labor Economics，1987，5（4）：413-429

② Lazear E P. Salaries and piece rates. Journal of Business，1986，59（3）：405-431；Baker G P. Incentive contracts and performance measurement. Journal of Political Economy，1992，100（3）：598-614

③ Holmstrom B，Milgrom P. Multitask principal-agent analyses：incentive contracts，asset ownership，and job design. Journal of Law Economics and Organization，1991，7：24-52

大多数员工来说，答案是基于主观的绩效衡量各种各样的激励。也就是说，大多数员工的表现都受到一些主管的监控，从监督中主管们得到了一个相当准确但不可证实的信号，表明员工的工作有多好。好的表现可以通过多种机制获得奖励，包括基础工资的增加、主观确定的奖金支付或升职。

Baker 等、Bull、MacLeod 和 Malcomson[1]，构建了使用主观绩效评估的模型。他们分析了基于不完美客观指标和完美（但无法证实）主观措施的激励的最佳组合。这些模型突出了来自精心设计的主观措施的强烈激励与雇员必须信任公司遵循固有的隐性契约（涉及任何非可核查的绩效度量）之间的权衡。例如，许多华尔街公司通过主观指标测量的员工贡献，对员工发放年终奖金。这些公司的股东如果在某一年没有给任何员工发放奖金，却在短期内获得收益，那么公司会发现在未来很难激励员工。

正如 Fama 和 Holmstrom[2]所讨论的那样，如果当前的业绩影响了员工的声誉和未来的薪酬，就没有必要立即支付绩效工资。Gibbons 和 Murphy 在这些模型基础之上，分析员工努力进行工作是希望改善雇主对他们能力的认知和绩效奖励的结果。企业不需要为年轻员工提供强劲的当期激励，他们有更多理由受到未来升职和机会的激励[3]。

除了使用隐含契约执行的限制之外，主观绩效评估也受到主观绩效和实测绩效之间的差异的限制。有一些有趣的模型，至少有三种方式，主观评估与实际生产力不同。首先，员工可以采取影响上司评估的行动。这个问题从 Milgrom 和 Roberts 开始已经被一系列关于"影响活动"的论文进行了研究。主要的观点是，如果员工的薪酬没有恰当地反映他们的工作效率，那么他们就会试图影响老板的决定（不一定符合公司的利益）。公司股东利用经理的信息，允许经理根据其最大利益来运营公司，并在股东利益和经理利益之间进行权衡[4]。对于不影响公司福利分配的决定，这没有什么问题。但当决定具有分配意义时，公司股东可能更愿意承诺不使用雇员绩效信息。例如，公司可能会承诺根据资历而不是基于对业绩的主观评估来安排晋升。Meyer 等、Schaefer[5]展示了公司如何从危机中受益（这是非常糟糕的代理选择），以减少影响活动，并使员工和公司的利益保持一致。

其次，Prendergast 和 Topel 考虑的是一名经理，该经理偏爱一些员工。也就是说，

① Baker G，Gibbons R，Murphy K J. Subjective performance measures in optimal incentive contracts. Quarterly Journal of Economics，1994，109（4）：1125-1156；Bull C. The existence of self-enforcing implicit contracts. Quarterly Journal of Economics，1987，102（1）：147-159；Macleod W B，Malcomson J M. Implicit contracts，incentive compatibility，and involuntary unemployment. Econometrica，1989，57（2）：447-480

② Fama E F. Agency problems and the theory of the firm. Journal of Political Economy，1980，88（2）：288-307；Holmström B. Managerial incentive problems：a dynamic perspective. The Review of Economic Studies，1999，66（1）：169-182

③ Gibbons R，Murphy K J. Optimal incentive contracts in the presence of career concerns：theory and evidence. The Journal of Political Economy，1992，100（3）：468-505

④ Milgrom P，Roberts J. An economic approach to influence activities in organizations. American Journal of Sociology，1988，94：154-179

⑤ Meyer M，Milgrom P，Roberts J. Organizational prospects，influence costs，and ownership changes. Journal of Economics and Management Strategy，1992，1（1）：9-35；Schaefer S. Influence costs，structural inertia，and organizational change. Journal of Economics and Management Strategy，1998，7（2）：237-263

经理会影响员工的工资，而员工的报酬分配反过来又会影响经理的效用[1]。公司必须权衡经理关于员工的真实表现的信息优势，以及由偏袒引起的激励的扭曲。偏袒会导致公司减少激励措施，并依赖于不完善的（但不腐败的）客观绩效指标。

最后，Macleod 认为经理和员工对员工的表现有不同的看法。他展示了经理对员工绩效评估与员工自我评估之间的相关性程度的不同。该模型预测管理者倾向于对员工的评级进行压缩。Macleod 也研究了偏袒的影响，他表示，偏袒会减少受到歧视的雇员的激励，导致薪酬受到歧视和低努力的后果。这有一个有趣的含义，即保持绩效不变，测量差异将低估管理者偏袒的影响，因为它忽视了对员工激励而产生的影响[2]。

这些主观绩效评估和隐性合同的模型对人事经济学和薪酬结构的理解做出了重要贡献。然而，尽管这些模型与坊间案例研究相一致，但它们并没有得到大量严格的实证验证。Hayes 和 Schaefer[3]提供了引人注目的（尽管是间接的）证据，证明了隐性合同和高管的主观绩效评估的重要性。他们认为，一个使用主观评价的董事会将会在当前阶段对主管人员进行奖励，这些行为将会影响未来时期对业绩的客观衡量。他们接着表示，当前薪酬与未来表现之间存在一种重要的经验关系，而且这种关系在公司中更强，因为在这些公司，他们期望主观绩效测量有利于提供有效的激励。

四、相对绩效评估

一些绩效评估，无论是客观的还是主观的，可以通过他们依赖于员工的相对表现而不是一些绝对标准来提高。相对绩效评估（relative performance evaluation，RPE）可以有两种不同的使用方式。第一种，企业可以利用竞争对手群体的表现来过滤掉整个同行群体所共有的冲击。这有助于公司降低单个员工的风险以及相关的补偿费用。正如 Gibbons 和 Murphy、Antle 和 Smith[4]所讨论的那样，这个想法有一个经验的含义，即根据员工自己的表现则薪水会增加，然而如果根据参考组的平均绩效薪水却会下降。

第二种形式的相对绩效评估是在一个固定的群体中，奖励的分配基于参与者的绩效的名次，确定奖励的数额。这种形式的奖励系统，通常称为锦标赛，从众多的竞争对手中获得一个晋升职位，当获得晋升职位后可以获得大量的奖金，但是随着相对绩效名次的降低，那么他们的奖金就会大幅度下降。

根据 Lazear 和 Rosen[5]的模型，锦标赛理论将晋升作为一种相对比赛游戏。公司某一级的薪酬，除了激励该层级上的员工，还能激励那些处于较低层级水平的员工。锦标赛

① Prendergast C，Topel R H. Favoritism in organizations. Journal of Political Economy，1996，104（5）：958-978

② Macleod W B. Optimal contracting with subjective evaluation. American Economic Review，2003，93（1）：216-240

③ Hayes R M，Schaefer S. Implicit contracts and the explanatory power of top executive compensation for future performance. Rand Journal of Economics，2000，31（2）：273-293

④ Gibbons R，Murphy K J. Optimal incentive contracts in the presence of career concerns：theory and evidence. Journal of Political Economy，1992，100（3）：468-505；Antle R，Smith A. An empirical investigation of the relative performance evaluation of corporate executives. Journal of Accounting Research，1986，24（1）：1-39

⑤ Lazear E P，Rosen S. Rank order tournaments as an optimum labor contract. Journal of Political Economy，1981（89）：841-864

理论有三个基本原则。首先，奖金是预先确定的，取决于相对而非绝对的绩效。其次，在不同层次的工资水平上有更大范围的差距，以激励那些处于较低水平的人付出更多的努力。最后，存在一个最优的范围。尽管更大范围地提升了员工的努力程度，但在某些时候，为增加的工作量补偿工人所需要的额外工资比产生的额外产出要大。

公司可以利用不同层次上的工资差距来管理员工的努力程度。当运气不重要时，工资的分配差距将会很小。但是当运气很重要的时候，公司需要增加工资差距以提高员工的努力程度。这可能有助于解释不同国家或不同行业的薪资结构差异。Lazear 和 Rosen 的[1]模型暗示，风险较高的行业（这被解释为影响个人产出的风险）应该比风险较低的行业产生更大的工资分配差距，从而诱导员工做出适当的努力。

这些锦标赛理论的基本思想在许多方面得到了扩展。Green 和 Stokey 强调了在消除绩效测量风险的共同冲击方面后，锦标赛的潜在作用[2]。Nalebuff 和 Stiglitz 允许风险厌恶的员工，允许参与竞争的人数变化，并允许奖励和惩罚。他们获得了大量的结果，比赛将比基于相对表现的激励计划更有效，以及最佳激励机制如何随着参与者的数量、环境的不确定性（fundamental uncertainty）和其他因素而变化[3]。Rosen 将基本的锦标赛理论扩展到一个多重的消除阶梯，并显示为了保持激励的强大，奖金必须集中在少数几个参与者中[4]。

Dye 和 Lazear[5]考虑了在比赛中串通、破坏或其他形式的非合作行为的潜在价值，抵消了大量奖励的激励价值。Chan 认为，企业应该平衡内部晋升活动的激励价值，以及在高级职位空缺时保留聘请外部人士的价值。他建议，在比赛中给局内人一个障碍可能有助于减少影响活动或破坏的可能性[6]。

公司内部和其他竞争环境中的薪酬和晋升模式符合锦标赛理论的预测。Devaro 使用了最近雇佣的样本和他们最初的晋升来拟合锦标赛的结构模型。他认为应采用相对绩效，而不是绝对绩效来决定升职[7]。Knoeber 和 Thurman 提供了与锦标赛理论的几个具体预测相一致的经验证据[8]，如奖赏值之间的差距会影响产出。Drago 和 Garvey 通过对澳大利亚公司的调查显示，当晋升动机强烈时，个人除能力之外的其他因素影响较小时，员工会更努力工作[9]。Ehrenberg 和 Bognanno 研究显示，高尔夫球手更容

① Lazear E P，Rosen S. Rank order tournaments as an optimum labor contract. Journal of Political Economy，1981（89）：841-864

② Green J R，Stokey N L. A comparison of tournaments and contracts. NBER Working Papers，2006，91（3）：349-364

③ Nalebuff B J，Stiglitz J E. Prizes and incentives：towards a general theory of compensation and competition. Bell Journal of Economics，1983，14（1）：21-43

④ Rosen S. Prizes and incentives in elimination tournaments. American Economic Review，1986，76（4）：701-715

⑤ Dye R A. The trouble with tournaments. Economic Inquiry，2010，22（1）：147-149；Lazear E P. Hiring risky workers. NBER Working Papers，1995

⑥ Chan W. External recruitment versus internal promotion. Journal of Labor Economics，1996，14（4）：555-570

⑦ Devaro J. Internal promotion competitions in firms. Rand Journal of Economics，2006，37（3）：521-542

⑧ Knoeber C R，Thurman W N. Testing the theory of tournaments：an empirical analysis of broiler production. Journal of Labor Economics，1994，12（12）：155-179

⑨ Drago R，Garvey G T. Incentives for helping on the job：theory and evidence. Journal of Labor Economics，1996，16（1）：1-25

易受到比赛奖金的影响①。

五、激励的替代手段——监督

经济性激励的另一种选择是简单地监督员工。如果一个主管能够密切监督员工，他可以确保员工采取最佳行动。然而，监督通常是不完美的，这就引出了效率工资的概念。当公司不能完全监督员工的工作时，如果他们努力工作，雇主将会向员工支付努力的补偿工资。如果偷懒，将面临被抓住并被解雇的风险，即他们面临着一个偷懒和努力工作之间的选择。

效率工资理论意味着监督强度和工资之间存在负关系。最有利的经验证据是好坏参半。这可能是因为，在经济中，对于个体雇主而言，提高效率工资的条件可能并不存在。也就是说，许多公司可以有效地监督或使用基于产出的绩效激励。

六、激励的替代手段——内部报酬

在激励成本和监督成本上节省的一种方法是依靠工作者从工作中得到的内在价值。如果公司仔细挑选员工，创造合适的工作环境，他们的员工难道就不会更有生产力吗？标准的道德风险模型假设所有的生产工作对员工来说都是负效用，即员工厌恶工作，但这也许不是一个合理的假设。

其他所有人都一样，那些有内在动机去做某些工作的人（或者换句话说，那些只享受某些工作的人）会为那些让他们做这些工作的公司工作。如果劳动力市场竞争相当激烈，那么无论工人们多么享受工作，公司仍将不得不向他们支付工资，因为雇主会把工资提高到工人的边际产量。但是，如果人们喜欢他们的工作，为什么公司需要提供激励或监督员工？

这个问题的答案，以及对内在动机的局限性，并不是说人们没有内在的动力，或者他们不喜欢自己的工作（尽管在很多情况下这是肯定的）。更确切地说，在大多数的工作关系中，最有效的结果是假设员工不喜欢自己的工作，即道德风险模型的关键假设是并非所有员工都厌恶努力；关键的假设是，努力的边际负效用是凸的。

许多员工都有内在的动机去花费一些精力在他们的工作上。然而，某一天工作的时间在0~24小时，额外工作时间的边际成本会为正。如果一个有内在动机的员工没有激励或监督时他会做一些工作，但会在某个时候停下来。假设在边际工作成本高昂的情况下，这个人的工作效率仍然很高，那么诱导他进行更多的工作对公司来说是有效率的。这种情况可以持续到他的努力的负效应边际值达到公司的边际价值。

这绝不意味着内在动机不重要。事实上，随着我们对选择和匹配的讨论将会明确，公司应该努力寻找有内在动机的工人，以减少他们自己的薪酬成本。但它确实表明，即

① Ehrenberg R G, Bognanno M L. Do tournaments have incentive effects? Journal of Political Economy, 1990, 98（6）: 1307-1324

使工人们"喜欢"他们的工作，经济学中的利润最大化、代理理论和其他有关激励理论也适用。

■ 第三节　享乐主义定价工资理论

补偿工资理论最先是由亚当·斯密在 200 年前提出来的。该理论认为，在其他条件相同的情况下，员工会对具有较差工作特征的工作向雇主索要较高的工资，像其他的宏观理论所预测的那样，亚当·斯密所提出的这些理论需要大量数据进行验证。

本部分主要介绍了享乐价格理论发展下的补偿性工资差异的概念，回顾相关的实证性的研究，以及对于公共政策提供指导。本部分主要集中聚焦在工资和不受欢迎的工作特征之间的折中方面，来自教育投资、种族、性别以及其他的个体差异，可以成为补偿性变量，但是在本部分中都不予考虑（它们都已经得到了广泛的检验）。大量文献所关注的工资和非工资性的补偿之间的折中也不予考虑。

当工人受到雇佣时，雇主和雇员会就工作各个维度的特征达成单一的工资价格。这些维度包括：工作节奏、风险程度、任务的愉悦程度等，这些维度都是供给和需求函数所要考虑的要素。因此，工资包含了大量的关于工作特征的隐含价格，这些价格我们称之为补偿性工资差异。这些差异的本质表明了享乐主义价格是比较合适的分析框架（享乐主义价格理论是 Rosen 在其文章《享乐主义价格和隐含市场》中提出来的）。

一、享乐主义定价工资概念

由于某些工作可能具有一些令人讨厌的特征，雇主通常需要向工人支付一个工资补偿。补偿性工资差异属于均衡工资差异，因为它不会引起工人向高工资工作的转移，因此工资率不会趋于均等。假定员工追求效用（而不是收入）最大化；员工了解对他们十分重要的工作特征信息；员工具有可流动性，员工可以有一系列可供选择的工作机会，那么可以采用享乐主义定价工资理论模型来解释补偿性工资理论的存在和大小。

二、享乐主义定价工资理论模型

在享乐主义定价工资理论模型下，拥有一组不同于其他产品的一种商品在一个特定的市场进行销售。被售商品所拥有的特征被商品买卖双方所熟知，然而商品的每个特征的市场价格并没有办法被观察出来，但可以使用计量经济学技术估算。

在劳动力市场中，每个工作都可以一组特征被描述（如所需的教育水平、与工作相关的风险、工作压力等）。假设不同工作的工资差距是为了弥补非工资工作特性的差异；工作在某种程度上都会有一定职业风险。我们下面来分析对于职业风险的补偿性市场定价。

（一）无差异曲线

图 5-1 反映的是劳动者个体 A 关于职业伤害风险和工资水平之间的无差异曲线，该无差异曲线表明个体随着职业伤害风险的上升，必须获得更多的工资水平上涨。无差异曲线上的点提供同等水平的效用。因为职业伤害是负商品，而工资是正常商品，所以，个体 A 的无差异曲线是斜向上的。另外，无差异曲线的边际替代率是递增的，因为随着职业伤害风险概率的提升，劳动者在职业伤害风险较低的时候心理上还是可以承受的，但需要工资上升对其心理负担增加进行补偿；当职业伤害风险较高的时候，增加职业伤害风险，劳动者对于职业伤害风险承担的能力越来越小，心理压力越来越大，给劳动者造成的效率损失值也越来越大，所以为了达到效应水平不变，必须用大量的工资水平的上升对其效用损失值进行弥补。所以劳动者个体关于职业伤害风险和工资水平之间的无差异曲线如图 5-1 所示。

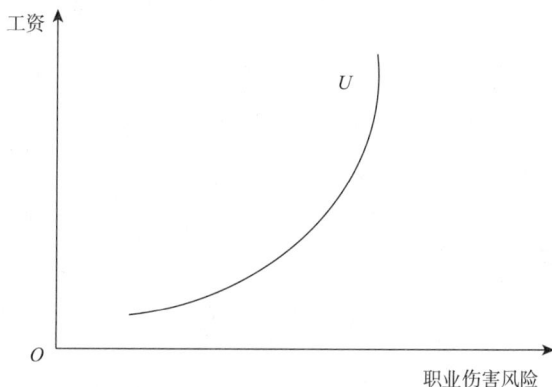

图 5-1　劳动者个体关于职业伤害风险和工资水平之间的无差异曲线

当然，在劳动者工资水平不变的时候，职业伤害风险越高，劳动者的效用水平值越低；如果在职业伤害风险相同的情况下，劳动者的工资水平越高，劳动者的效用水平越高。所以，越远离原点的无差异曲线所代表的效用水平越低，如图 5-2 所示，U_1 所代表的效用水平最高，U_3 所代表的效用水平最低。

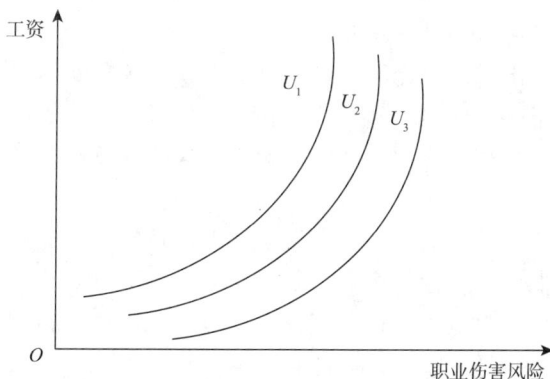

图 5-2　劳动者无差异曲线效用水平

　　无差异曲线的形状也反映了劳动者个体对于工资和职业伤害风险的偏好水平，虽然职业伤害风险都是负商品，但是不同的劳动者对于职业伤害风险的讨厌程度是不同的。如图 5-3 所示，U_A 和 U_B 代表两个不同的劳动者个体对工资和职业伤害风险的偏好曲线。根据曲线的形状可知，A 的职业伤害风险上升之后在保持效用水平不变的情况下必须是工资水平大幅度上升，即职业伤害风险的上升必须用大量工资水平的上升来补偿，所以，A 对于职业伤害风险的上升很敏感。另外，对于 B，随着职业伤害风险的上升，相对而言，工资水平上升的幅度不是很大，这说明职业伤害风险的上升并没有伴随大量的工资水平上升来补偿，所以，可以判断 B 对于职业伤害风险上升讨厌程度较 A 而言并不是很严重。所以 A 是风险厌恶型的，相对而言 B 是风险偏好型的。

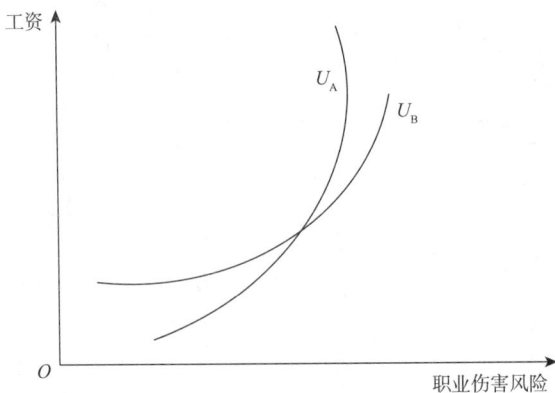

图 5-3　劳动者对职业伤害风险的态度

（二）等利润曲线

　　下面通过构建关于工资和风险两个方面的等利润曲线来表示企业在利润不变的情况下对工资和风险的权衡。在模型中，企业的等利润曲线图形组合用工资率和职业伤害风险来表示，即工资率和职业伤害风险构成了企业的等利润曲线。等利润曲线向上倾斜，因为如果企业利润保持不变，减少风险职业伤害，就必须付出大量工作环境的改善成本，相应就必须降低工资率，从而节省人工成本，这样才能保证企业的总体利润不变。图 5-4 包含一个利润为零的公司 A 的等利润曲线。在职业伤害风险较低的水平上，如果继续降低职业伤害风险，那么困难相对比较大，降低职业伤害风险所需要的成本比较高，为了保持等利润，工资水平必须快速下降。所以在职业伤害风险比较低的情况下，职业伤害风险对工资的边际替代率相对较大，随着职业伤害风险的逐渐提高，职业伤害风险对工资率的边际替代率逐渐减小。

　　图 5-5 包含一组三个等利润曲线，分别是零利润的等利润曲线、正利润的等利润曲线和负利润的等利润曲线。在保持企业工资率不变的情况下，职业伤害风险越高，说明企业改善工作环境的成本越低，企业的利润也就越高；同样，在职业伤害风险一样的情况下，企业的工资水平越低，说明企业的利润越高。

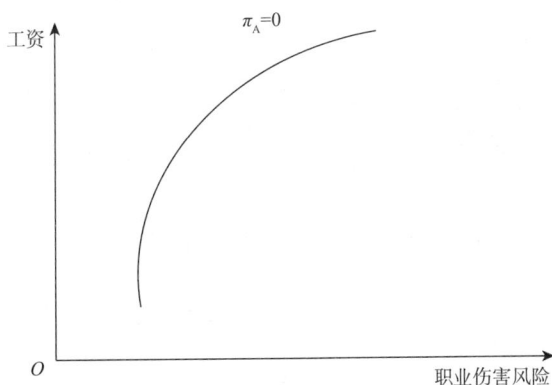

图 5-4　零利润公司 A 的等利润曲线

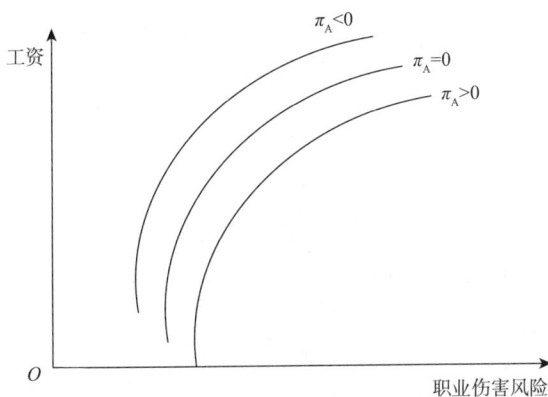

图 5-5　零利润、正利润、负利润等利润曲线

同样，等利润曲线的形状也代表了企业对于职业伤害风险控制的难易程度。如果企业对于职业伤害风险控制难度较大，那么公司为了降低职业伤害风险，就必然付出大量的工作风险的改善成本，为了实现利润水平不变，必然大幅度降低该岗位上的劳动者的工资水平。所以，对于控制职业伤害风险比较困难的企业，等利润曲线中职业伤害风险对工资的边际替代率普遍偏高。所以，如图 5-6 所示，企业 A 是控制职业伤害风险比较难的企业，企业 B 是控制职业伤害风险相对容易的企业。

（三）雇员雇主匹配

对于雇员而言，如果在保持企业的某一个利润水平不受到影响的情况下，他们可以自由地选择自己的工资与职业伤害组合，那么他们最终选择的效用最大化的点位于雇员的无差异曲线与企业的等利润曲线的切点上。如图 5-7 所示，在保证企业的等利润水平 π 不受到影响的前提下，当雇员的无差异曲线与等利润曲线相交的时候，如 U_3，雇员的效应水平并没有达到最高，他可以通过选择其他的工资与职业伤害风险的组合来提高效用水平；如果是 U_1，那么雇员在不影响企业的利润水平下根本无法实现。如果要实现 U_1 的效用水平，企业的等利润水平必然要下降。所以，在企业等利润水平 π 的情况下，

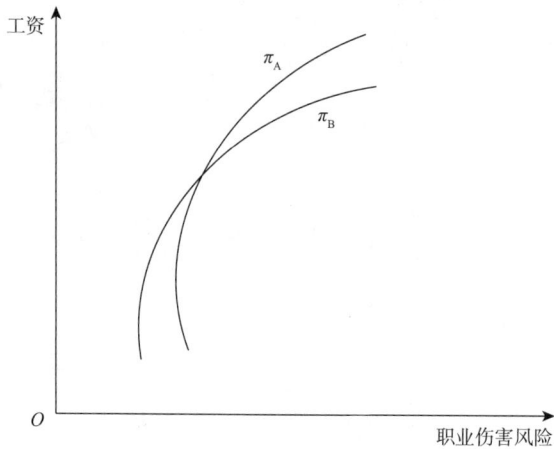

图 5-6　企业对职业伤害风险控制的难度

能够达到最高的效用水平的是 U_2。

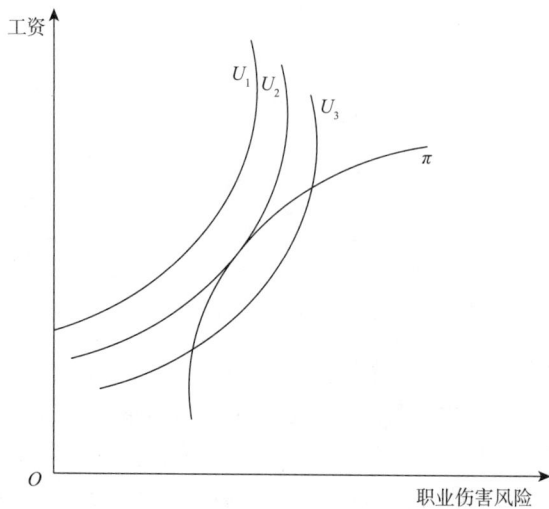

图 5-7　企业既定利润下劳动者效用最大化

对于职业伤害风险厌恶型的员工，在企业的等利润曲线上，他们会选择较低的工资和较低的职业伤害风险；对于风险厌恶型较轻的员工，在企业的等利润曲线上，他们会选择较高的工资和较高的职业伤害风险。如图 5-8 所示，对于职业伤害比较厌恶的 A，最终选择的点为 a，即较低的工资和较低的职业伤害风险，而 B 选择了较高的职业伤害风险和较高的工资 b 点。

另外，不同类型的员工和不同类型的企业会存在着匹配关系，即风险厌恶型的劳动者 A 会到职业伤害风险控制较为容易的企业 A 中进行工作，而风险厌恶程度较轻的劳动者 B 会到职业伤害风险控制难度较大的企业 B 中进行工作，这样不同的人和不同的雇主都可以达到自身的最大化，如图 5-8 所示。

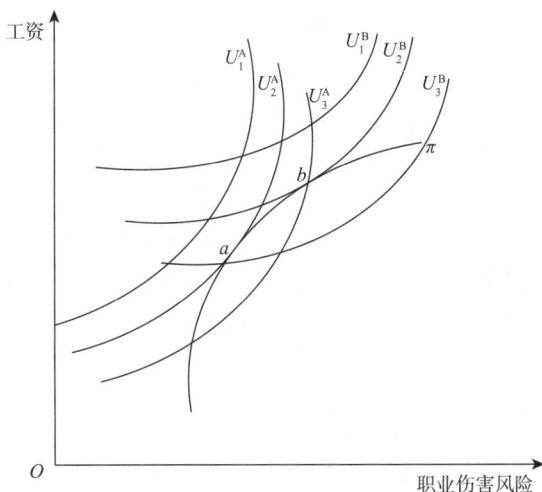

图 5-8 不同类型劳动者与不同企业类型的匹配

（四）享乐主义定价工资包络线

π_A、π_B 分别表示 A、B 公司的等利润曲线，即在保持利润不变的情况下，企业所愿意提供的工资率和工作风险之间的不同组合。由于公司最优的生产技术是不一样的，或它们生产着不同的产品，或它们的要素价格不同，所以这些公司具有不同的等利润曲线。在图 5-9 中的公司 A 控制风险的难度要比公司 B 小。如果有大量的公司在长期均衡点运作，工资–风险提供线（在零利润情况下）就是罗森所说的"市场出清的隐含价格"曲线。

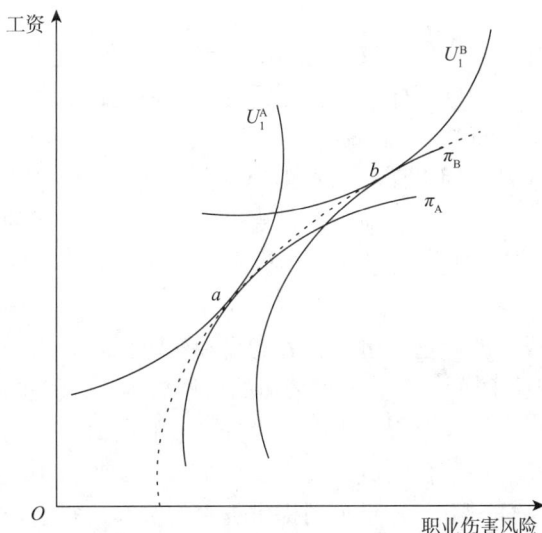

图 5-9 市场出清的享乐主义工资包络线

资料来源：Smith R S. Compensating wage differentials and public policy：a review. Industrial and Labor Relations Review，1979，32（3）：339-352

假设工人有一个关于工资和愉悦工作特征（如工作的安全性）的效用函数。如果除工作安全特征外，所有的工作特征都达到最优的选择后，那么工人的无差异曲线就是在特定的效用水平上工资和工作安全之间的折中。这种无差异曲线如图 5-9 中的 U_1^A，它是一条凸线，反映了边际替代率的假设，即工人对于工作安全具有不同的偏好。在一定的工作安全降低后，工人 A 要求的工资上升比工人 B 要大。

所以工人 A 更倾向于到公司 A 工作，风险偏好的工人 B 就会倾向于到职业伤害风险较大的公司 B 工作。根据上面的理论，当雇主有不同的提供函数时，工人有不同的偏好时，单一阶段的补偿工资差异评估就可以得到市场出清的享乐主义工资包络曲线（图 5-9）。

（五）存在的问题

（1）市场出清的享乐主义包络曲线可以在特定风险程度上随着厂商的相对生产利润的改变而改变。这些改变可能是由于生产技术的革新或者是厂商随着工人的偏好而改变。例如，工人 A 的数量上升，工人 B 的数量减少，资本将会从公司 B 流动到公司 A，因为公司 B 雇用劳动者更加困难，而公司 A 雇用劳动者更加容易。如果公司 A 提高了生产成本，或降低了产品价格，那么公司 A 的利润曲线就会向上移动。所以此时的市场出清的享乐主义包络曲线就会向上移动。

（2）如果劳动者具有不同的生产率，同时在这种评估生产率的成本为零的情况下，那么他们的工资水平即使在相同的风险程度上，工资也不一样。这就是说总体上存在着多种市场均衡。实际上这些曲线受到其他变量对于工资的影响而导致斜率出现差异。

三、享乐工资分析和非货币工作属性实践

钱不是万能的，员工关心的不仅仅是薪酬。当员工被问及工作中所关心的要素时，员工们可能会说他们关心弹性工作时间、舒适的工作环境、喜欢的同事、喜欢工作的项目，以及给予认可和指导的老板。同时，员工也关心非工资福利，如医疗保险和养老金。然而，对这些福利的偏好却因人而异，如年龄较大的工人更愿意关心养老金福利或高质量的医疗保险。问题是，公司是否应该提供更多的养老金、更多的医疗保险或者弹性工作时间呢？福利是如何影响基本工资的呢？薪酬的享乐模式为公司在回答这些问题时提供了一个框架。

福利往往是具有成本的。这一事实在养老金和医疗保险方面是显而易见的，即使是非货币福利，如弹性工作时间，也会增加公司的协调成本。这些福利还可以提高生产率，如养老金可能导致生产率提高，因为工人们投资更多的人力资本，在公司的时间更长[1]。然而，享乐模式倾向于关注利益的成本方面，至少认为从收益中获得的生产力提升并不完全超过成本。在这种情况下，如果公司提供更多的福利，它必须提供更少的报酬。企业应该如何在工资和福利之间找到合适的平衡点呢？

① Kevin L. Why was there mandatory retirement? Journal of Public Economics，1989，39（1）：127-136

享乐主义模式的核心观点是，公司应该提供一套薪酬和结构，以吸引它所渴望的工人。工人的偏好、公司的成本结构以及公司吸引员工的愿望之间的相互作用将决定提供多少福利。

享乐模式的第一个关键预测也是最明显的预测是，在工资和"积极"的工作属性之间有一个折中平衡，如工作中的地位或灵活性等属性。

关于享乐模式的第二个关键预测是，每个公司都提供了能够吸引公司最看重的员工类型的福利。以软件行业为例，SAS（statistical analysis system，统计分析软件）是一家生产统计软件的大公司，其产品的价值来自于其现有客户的忠诚与稳定需求。因此，SAS希望软件程序员通过设计适合客户需求的产品升级来为客户服务。为了吸引这样的程序员，SAS提供养老金福利和其他家庭福利。相比之下，硅谷的典型公司不太可能提供养老金福利。硅谷其他软件公司更重视具有最新编程技术的年轻软件程序员，反过来，这些年轻的员工更倾向于高工资（和高风险的股票期权）。

市场均衡使工人们与公司进行最优匹配或"适应"。那些看重员工忠诚度的公司，如SAS，将会提供养老金福利，那些希望稳定的长期工作的工人将会选择这些公司，并将放弃一些基本工资以获得养老金。那些重视年轻的流动劳动力的公司将不会提供养老金，年轻的工人将会选择这些公司的高薪和股票期权。这个模型告诉我们公司应该提供何种福利，以及为什么它们应该为吸引某些类型的工人提供特殊利益。

数据支持这模型的这两个预测吗？乍一看，这些数据并不支持工资和福利是负相关的预测。事实上，如果看一下典型的工作属性，如养老金、医疗保险或安全工作条件，就会发现这些福利和工资之间有正相关。例如，以就业为基础的医疗保险覆盖的个人比例随着家庭收入的增加而增加。然而，简单的相关性并不是对享乐模型的真实检验。简单的相关性总是产生一种向上的偏见（或积极的权衡），因为在这些相互关系中，一个人的能力没有被观察到。能力较强的人将比低能力者拥有更高的基础工资和更高的福利。受过大学教育的工人通常比受过高等教育的工人拥有更高的工资和福利，因此，随着基本工资的提高，福利也会增加。由于工人的能力差异不能仅仅通过教育来衡量，横断性的回归总是受到忽略的能力偏差的影响，而这种偏差产生了正的工资收益相关性。

Stern[1]观察科学家的薪酬，并发现其对这两种预测模型是支持的。高质量的科学家通常会削减工资，以完成好的项目，而公司则为他们提供他们想要的项目和薪酬组合。

经济学家所做的享乐分析与其他人力资源学者的方法有很大的不同。任何事物都能被货币化的享乐观念，是产业心理学家所接受的方法。相反，这些领域倾向于不考虑折中，而是考虑与职位相关的地位或身份。在这些身份或身份模型中，一个人可能会要求某项工作的特定特征，因为与他的身份是一致的。

经济学家明确地认为在两种要素之间存在替代和互补，公司也开始对这种观点进行了实践。例如，许多年来，大多数公司都有一个与薪酬部门不同的福利部门。公司的想法是为每个工作属性提供一些市场价格，而不是考虑一套总效用的薪酬和福利。随着公司将人力资源作为一项战略决策，上述这些折中越来越受到人们的认可。这一变化的简

① Stern S. Do scientists pay to be scientists? Management Science, 2004, 50（6）: 835-853

单证据是，越来越多的公司开始实施弹性福利计划，而工人们在弹性福利计划相应就有了选择不同的医疗保险和工资组合的权利。享乐主义定价工资理论模型还告诉我们，公司不会为员工提供全方位的选择。如果公司认为它有合适的养老金支付范围来吸引它所期望的工人，它将不会给工人更多的选择。

在人事经济学模型中，福利和非货币工作性质的提供与身份或其他外部因素无关，相反，它是由理性行为和效率驱动的，因为公司会寻找他们想要的类型的工人。

四、雇员与雇主的匹配[①]

如果劳动力像其他生产要素一样是一种商品，那么与工人进行匹配将是一个简单的过程。然而，劳动力可能是生产函数的所有投入中最具有异质性的。这对市场的雇员雇主来说都是真实的———一名员工的价值可能会在潜在的雇主之间发生巨大的变化，而与工作相关的努力的负效用，在他可能为之工作的公司中的典型员工身上也会有所不同。将合适的公司与合适的工人进行匹配，以及将工人匹配到公司内最合适的工作岗位，就能创造出几乎没有其他经济过程能够带来的经济价值。

考虑到就业市场匹配的重要性，经济学家们一直在研究匹配过程，这并不奇怪，因为人事经济学的主要理论贡献来自于两种不同的理论模型：学习模型和信息不对称模型。

（一）学习模型

假设被雇佣于 j 公司的工人 i 在 t 时期的产出 y，可以写成：

$$y_{ijt} = \alpha_i + \mu_{it} + \varepsilon_{ijt}$$

其中，α 表示工人 i 天生的才能；μ 表示工人 i 和公司 j 匹配之后的生产率；ε 表示生产率的冲击量。假设等式右边的三个变量是随机变量，它们的均值是 0，且其方差分别为 σ_α、σ_μ、σ_ε。假设 $\sigma_\alpha = \sigma_\mu = 0$，每个人都是同质的，劳动力是商品。效率独立于工人与雇主的匹配过程。如果这是一个合理的全体样本特征，那么人事经济学领域将不会研究工人对工作的选择问题。

现在考虑 $\sigma_\mu = 0$，但是 $\sigma_\alpha > 0$。在这种情况下，工人的生产率是不同的，但是他们的生产率独立于他们的工作。那么在这种情况下，只要是雇员和雇主之间的信息是对称的，研究工人对工作的选择也是没有意义的。

如果 $\sigma_\mu > 0$，那么这就是雇员和雇主匹配模型的核心问题所在。在特定时期工人的期望生产率主要取决于其在哪里工作。在这种情况下，雇员和雇主的匹配质量可以有效地提高劳动者的工作效率。尽管雇员和雇主匹配质量产生的价值受到劳动力和产品市场的竞争环境影响，但是总体的效率会得以提高。在没有任何改变工作的成本的情况下，工人们为了寻找最佳的匹配工作，会在他们的职业生涯早期换几次工作。但是，在某些

---

① Lazear E P. Personnel economics. Industrial and Labor Relations Review，2008，10（4）：199-236

搜索或其他交易成本的转换中，只有当预期收益足够大时，工人才会换工作。

匹配模型有两个关键的经验意义，两者都与特定的人力资本模型相一致。首先，离职率会降低。也就是说，一个人在工作中停留的时间越长，他在任何一段时间内离职的可能性就越低。其次，只要工人和公司花一点时间去了解他们的匹配价值，工资就会增加。这一含义在大多数规范中都是存在的，但对于是否正确地确定了工资模型的正确性，存在一些争议。Altonji 和 Shakotko 认为，在适当地控制其他匹配质量的代理变量时，工资和任期关系是不存在的[①]。Topel 采用不同的方法，认为终身职位与工资高度相关，这与专有人力资本的重要性是一致的[②]。

匹配和公司特定人力资本的相对重要性仍然是一个悬而未决的问题。虽然数据中的模式有时看起来与两种模型一致，但这些模型的管理含义却截然不同。如果 σ_μ 是非常高的，匹配质量各不相同，雇主在筛选和选择方面必须谨慎。但是，如果匹配的质量没有变化，而特定的人力资本是生产力的重要驱动力，公司应该把重点放在培训和其他人力资本的发展上。

研究雇员和雇主匹配的文献中对于匹配（μ）的价值描述是非常模糊的。其中两个模型对此进行了研究。Lazear 构建了一个模型，在这个模型中技能是通用的，但是由于技能的不同组合产生了不同的价值[③]。Hayes 等强调了同事的特定匹配质量的价值[④]。员工在某些公司比其他人更有价值，因为他们在一些公司里更有成效地工作。虽然这两种想法都有助于找到匹配的根源，但它们并不能帮助区分来自特定公司的人力资本的匹配。技能和与同事的关系可以在找工作后得到发展，这将使他们成为一种特定的人力资本，而不是事前的匹配质量。

最近有两篇文章更直接地讨论了匹配的重要性，Andersson 等研究了最有才华的软件工程师与高回报的雇主匹配[⑤]，Woodcock 则分析了个人技能、企业效益和匹配特定生产力对工资影响的重要性。随着丰富的雇主雇员数据集的可用性，这些线上的实证研究已经变得更加可行，它可以揭示出匹配过程是如何发生的，以及它创造了多少价值[⑥]。

（二）信息不对称模型

匹配模型主要适用于雇员和雇主对于彼此信息都非常了解，信息是对称的情况。但是还有些模型会考虑当一方获得更好的信息时，员工是如何与公司竞争的。信息不对称在劳动力市场中至关重要的一个例子是，当一个人知道他的能力，同时公司只有一个模

① Altonji J G，Shakotko R A. Do wages rise with job seniority? Review of Economic Studies，2002，54（54）：437-459

② Topel R. Specific capital，mobility，and wages：wages rise with job seniority. Journal of Political Economy，1991，99（1）：145-176

③ Lazear E P. Firm-specific human capital：a skill-weights approach. Journal of Political Economy，2009，17（5）：914-940

④ Hayes R M，Oyer P，Schaefer S. Coworker complementarity and the stability of top-management teams. Research Papers，2005，22（1）：184-212

⑤ Andersson F，Freedman M，Haltiwanger J，et al. Reaching for the stars：who pays for talent in innovative industries? Economic Journal，2009，119（538）：308-332

⑥ Woodcock S D. Match effects. Research in Economics，2015，69（1）：100-121

糊的估计时，如果所有的员工都是诚实的，公司可以简单地向求职者询问他们的能力，并根据申请者的意见做出雇佣决定。然而，不合格的申请者有很大的理由夸大自己的资历，因此公司必须找到另一种方法来获取这些信息。

经济学家提出了两种解决方法。在 Spence 的开创性工作中，雇主使用昂贵的信号来推断申请者的能力①。个人获得教育的成本与他的能力（他作为雇员的生产力）成反比。雇主只会在获取信号要付出一定的成本，且获取信号的成本与人的能力成反比时才可以发挥出选择功能。另外，信号是选择过程的一个低效的解决方案，因为获取信号的成本是一个无谓损失。另一种区分不同技能的方法是使用自我选择。如果薪酬对未来员工的价值有不同的价值，且这些价值的差异与生产效率有关，那么更多的生产效率较高的员工将会自我选择成为组织的一员。虽然自我选择具有不浪费资源获取信号的优势，但它依赖于雇主能够找到一个根据能力将人分开的就业条件。

Lazear 通过构建模型说明了绩效激励机制对于信号和自我选择是有用的。假设员工知道他们潜在的能力，但雇主不知道。如果不能在工作中衡量生产力的差异，那么所有的员工将会具备平均水平的生产力②。Lazear 认为，如果雇主可以在工作中衡量劳动者的生产能力，且测量了其劳动生产率后，市场上所有的雇主都可以观察这个人的工作效率，那么公司只会在员工支付测量绩效成本的情况下进行测量（大概是通过较低的薪酬）。一旦生产率被测量，员工的工资就会提高到相应的生产力水平。如果测量是无成本的，那么生产率的测量系统就会完全失效，每个人的工作效率都是准确的。但是，如果测量成本足够高，那么那些生产率较低的劳动者就愿意承担生产力的测量成本。结果导致一些公司为所有员工支付固定工资，只能吸引到能力相对较低的员工。其他公司建立了与产出和测量工人生产率相关的薪酬体系。这个简单的框架可以解释为什么销售人员支付基于产出的佣金，而大多数高级服务人员是领取固定薪水的。在后一种情况下，获得适当的产出量更昂贵，因此出现了更多的池，并依赖于投入的代理变量给予支付。

现在考虑另一种类型的不对称信息模型，它可能导致劳动力市场的低效。假设每个员工有能力 α_i 并且企业在雇用他之前是无法观察出其能力的。然而，假设公司在雇用他后不久就能准确地估计出此人的能力。正如 Greenwald 研究所显示的，在某些条件下，员工流动（特别是在高技能工人中）将受到损害③。当他们收到外部的邀请时，公司利用他们的信息优势来留住高技能的员工，而不对那些表现平庸的员工做出回应（在报纸上被称为"柠檬"）。担心这种信息的劣势会导致他们成为赢家的诅咒和报酬过高的"柠檬"，公司不愿提供职位，员工也不会改变公司。

在一些劳动力市场，这可能不是问题。例如，专业运动员（和学院派经济学家）的生产力很容易被其他团队（大学）所观察到，而这些专业人士的服务的市场是具有流动性的，且有大量劳动力市场中的雇员和雇主的匹配交易发生。然而，在其他市场上，能

① Spence M. Job market signaling. Quarterly Journal of Economics，1973，87（3）：355-374

② Lazear E P. Salaries and piece rates. Journal of Business，1986，59（3）：405-431

③ Greenwald B C N. Adverse selection in the labor market. Review of Economic Studies，1986，53（3）：325-347

力并不是外人能够轻易观察到的，这种观察性也不需要完全外生。Greenwald 通过分析雇主怎样才能最好地利用他们的内部知识来了解他们的员工的能力。例如，Waldman 认为，当一个公司对员工进行战略性工作安排之后，外部公司把这些任务作为员工能力的信号。他表示，员工可能不会被分配到工作效率最高的工作岗位，而薪水将取决于被安排的工作，而不是严格的工作能力①。

Milgrom 和 Oster 通过考虑两类工人——普通群体和弱势群体来扩展这个观点②。如果将弱势群体生产率隐藏起来比普通的群体更容易，那么企业对弱势群体中的技术人员，不论在晋升还是工资等待遇方面均不如其他技术人员，这就导致了对弱势工人的持续性歧视，以及这一群体成员对人力资本的投资减少。Bernhardt 也认为，在职企业可以利用员工能力的信息优势，这种优势可能会在某些类型的工人身上有所不同。他开发了一个与一些劳动力市场的程式化的事实相一致的模型。该模型还预测了所谓的"彼得原理"③，即一些经理被提拔到不适合自己技能水平的职位④。

尽管有裁员，甚至是自愿离职，在某些情况下还是可能会出现"柠檬"问题，Gibbons 和 Katz 指出，当一家公司倒闭时，情况就不是这样了。他们预测，由于雇主所做的推断，工厂工人的再雇佣工资将高于从持续经营中下岗的工人的工资。他们找到了一些证据来支持这一预测，尽管后续的研究认为他们的结果很脆弱⑤。但是，在一家精简机构中失去一份工作相较而言可能会让人更多的感到耻辱，这一观点已经被广泛地应用于劳动经济学文献中。

（三）解雇和替代

公司既可以根据需要雇用新员工，也可以对老员工进行裁员。如果企业能够自由地根据劳动力的边际产品价值调整员工的工资，那么工人的替代就不会成为问题，因为工人们会根据工资有效地做出进入和退出劳动力市场的决定。然而，由于公司内部的工资压缩、名义工资削减的标准等因素，工人们通常不会自愿辞职。

大多数工人的替代仅仅是公司或其行业的一些显著的负面冲击的结果，或者是一个人被证明比公司预期产出要低得多的结果。值得注意的是，由于缺乏特定的人力资本（或特定的生产力）、失去工作的耻辱等因素，这种替代通常会对工人产生负面影响和经济上的重大后果。

其中一种方式是通过限制公司解雇员工的能力来影响公司运营人员系统。如果一个公司失去了通过解雇来纠正糟糕的雇佣决定的选择，那么它决定雇用谁、是否雇用，就

① Waldman M. Job assignments, signalling, and efficiency. Rand Journal of Economics, 1984, 15（2）: 255-267

② Milgrom P, Oster S. Job discrimination, market forces, and the invisibility hypothesis. Quarterly Journal of Economics, 1987, 102（3）: 453-476

③ 对于"彼得原理"的另一种解释，可参见：Lazear E P. The peter principle: a theory of decline. Social Science Electronic Publishing, 2003, 112（S1）: 141-141; Fairburn J A, Malcomson J M. Performance, promotion, and the peter principle. Review of Economic Studies, 2000, 68（1）: 45-66

④ Dan B. Strategic promotion and compensation. Review of Economic Studies, 1995, 62（2）: 315-339

⑤ Gibbons R, Katz L F. Layoffs and lemons. Journal of Labor Economics, 1991, 9（4）: 351-380

会采取不同的做法。公司会根据其次优的选择（这可能是另一种备选方案，也可能根本不招人）对预期的成本和收益进行权衡。公司通常会对员工带来的好处有个不完美的估计，因为员工的能力（或匹配）、公司的商业环境的变化会影响到员工的边际产出，而这些信息是公司无法准确预知的。

假设公司要在候选人 a 和候选人 b 之间选择一个，在给定的时间内使人们预期的劳动边际产量标准化为零。假设候选人 a 的结果是 0，b 的结果是 z 或−z（每一个都有 50% 的概率），并且短期内员工绩效是无法衡量的。假设每个人都是风险中性的，而这个人只被雇佣一段时间，那么公司就会对这两位候选人漠不关心。然而，如果雇佣匹配可以持续多个时期，那么在其他条件相同的情况下，公司会选择 b 型员工。在均衡中，只要有人想要雇用这些工人，那么他们（b 型）将获得工资溢价。Lazear[1]沿着这些方向发展了一个模型，在那里他探索了当工人有选择权时的市场平衡。具有风险的工作者的选择权价值将是最高的，因为在这种情况下，工人与他们的公司有某种联系，而且雇主更容易处理那些结果证明是没有效率的员工。

在许多情况下，由于法律或其他制度（如工会），公司会面临解雇工人的障碍。这使得雇用工人的成本上升，降低公司劳动力需求，并可能导致低工资和低就业率的发生。除了降低整体的劳动力需求外，解雇成本还可以改变雇用风险工人这一逻辑，因为相对于预期的生产力而言，实际的负面成本可能非常高。也就是说，一个不能大幅降低工资的公司会想要解雇一名 b 型工人，而这个工人的生产效率是−z。如果解雇成本足够大，那么雇用一名没有生产效率的 b 型工人的成本可能超过拥有生产效率 a 型工人的选择权价值。

除了影响公司希望雇用的员工的"风险"外，解雇成本也会影响公司的员工类型。如果解雇工人的成本增加，一家公司将愿意与更糟糕的工人匹配在一起，因为解雇获得收益将不会超过解雇的成本。这意味着，那些在解雇成本高的时候，公司解雇的那些员工的能力要比解雇成本低的时候解雇员工的能力更低[2]。

■ 第四节　效率工资理论

一、效率工资

效率工资是一种支付高于市场出清工资水平的工资。效率工资一般运用在无法对原员工进行监督，或者监督成本较高的情况之下。效率工资的关键假设是雇员的工作努力或"效率"是工资率的函数，雇主支付的工资越高，雇员工作就越努力。

假设工人的努力程度（e）是实际工资（w）的单调递增函数；工人的努力程度不可观察或观察成本太高，因此工人有偷懒的动机；为了防止工人偷懒，提高效率，企业会

---

① Lazear E P. Globalization and the market for teammates. NBER Working Papers, 1998, 109（454）: 15-40

② 本章节详细内容参见 Lazear E P. Personnel economics. Social Science Electronic Publishing, 2008, 10（4）: 199-236

主动将工资提高到一个高于市场出清水平的程度；市场中的每一个企业都支付比市场出清水平高的工资水平，导致劳动供给相对劳动需求过多，从而产生失业。所以，有表达式是

$$e = e(w)$$

其中，$e(w)$ 为单位劳动力努力程度关于工资的函数，当工资水平比较低的时候，虽然劳动者的努力程度相对比较低，但是随着工资水平的上升，劳动者努力程度上升速度相对比较快，产出也会比较大。但是当达到一个临界值之后，随着工资水平的上升，劳动者努力程度增加的就相对缓慢，这是劳动者体能所造成的，也是劳动者的偏好等所造成的，所以随着工资水平的上升，劳动者的努力程度增加相对缓慢。所以，随着劳动者工资水平的上升，劳动者努力程度表现曲线如图 5-10 所示。

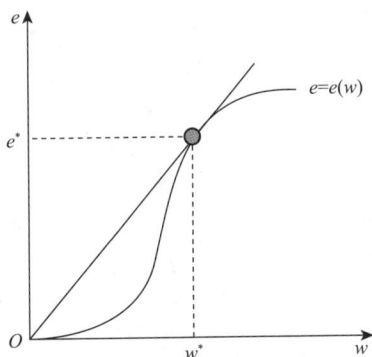

图 5-10　努力曲线与"索洛条件"

为了找到最佳的效率工资值，建立净收益函数

$$\pi = F[e(w) \cdot L] - w \cdot L$$

其中，π 表示净收益；$F[e(w) \cdot L]$ 代表随着工资的变化，劳动力努力程度的产出函数；$w \cdot L$ 代表劳动成本。为了达到利润最大化，分别对劳动力和工资率求导：

$$\partial \pi / \partial w = 0 \Rightarrow F' \cdot L \cdot \frac{\partial e(w)}{\partial w} - L = 0 \tag{5-6}$$

$$\partial \pi / \partial L = 0 \Rightarrow F' \cdot e(w) - w = 0 \tag{5-7}$$

由式（5-6）和式（5-7）可得

$$e'(w) = \frac{e(w)}{w}$$

所以，当雇主的利润最大化时，关于单位劳动努力程度的边际产出等于单位劳动努力的平均产出，且最佳值如图 5-10 所示。

二、效率工资存在的理由

第一，效率工资可以促使雇员更加努力工作，因为雇员会更加看重工作的价值并有更高的道德责任感。第二，通过将工资增加到高于市场工资水平，企业提高了那些在工

作中因偷懒而被解雇的工人的成本，从而诱导工人付出更大的工作努力。第三，效率工资由于提高了劳动者偷懒的机会成本，那么企业可以减少监督，大大节省了监督的费用。第四，从长期来看，如果实行效率工资，可以稳定员工队伍。雇主在长期稳定的员工队伍中通过劳动生产率的提高来获得收益。第五，效率工资由于提高了员工队伍的稳定性，那么企业就有动力和机会给员工提供更多的培训，这样就保证了雇主对劳动者人力资本投资的回报性。而且劳动者在企业中工作的时间越长，雇主从培训中获得的收益越多。第六，效率工资从长期来讲可以吸引其他企业的优秀的员工到本企业来工作，最终雇主可以获得其他企业优秀的员工，提高劳动生产率。由于雇主所拥有的都是优秀的员工，那么雇主也应该给劳动者较高的工资。第七，效率工资最终可以使得企业拥有优秀人才。垄断人力资本之后，可以通过收购、兼并等手段获得垄断地位，继而在产品市场上拥有垄断地位，获得垄断价格，形成垄断利润。

三、效率工资理论对现实问题的解释

从每个企业的角度来看，一定程度的失业是有必要的，因为它对现有雇员的工作有激励作用。企业可以通过支付雇员高于市场供求决定的工资而获取更大的利润，如果市场上所有企业在支付雇员高于市场供求工资的条件下，竞争的劳动力市场可能产生一定的非自愿失业者。这种失业类型被称为"等待性失业"，对货币工资率表面上的向下刚性提供了一个解释。即使失业工人愿意以较低工资去工作，企业也可能会由于削减工资雇用这些失业工人而失去利润，因为雇员的努力和生产率将会下降。

四、效率工资理论对结构性失业的解释

如果其他要素保持不变，不同地区的平均工资率和失业率之间存在着反向关系，即地区失业率越高，平均工资率越低，反之也成立。地区的平均工资率和失业率之间的反向关系可以用工资曲线来进行描述。

■ 第五节　工资制度设计[①]

一、晋升和加薪

在许多有等级管理结构的大公司中，工资显示等级之间的离散跳跃，而不是连续增加。例如，韦尔奇（Welch J）在 2001 年离开通用电气公司（General Electric Company，GE），当时他的基本薪酬为 400 万美元。伊梅尔特（Immelt J R）接替了他的职位，他在

---

① Lazear E P, Shaw K L. Personnel economics: the economist's view of human resources. Journal of Economic Perspectives, 2007, 21（4）: 91-114

担任首席执行官的第一年里获得了 275 万美元的基本薪酬。但在前一年，伊梅尔特曾是一位年收入 100 万美元的副总裁（通用电气公司，2001 年）。为什么伊梅尔特对公司的价值在接任韦尔奇 CEO 位置的前后一天之内翻了一倍多？很多公司的年度报告中充斥着类似的例子，即在高层职位升迁时，薪水会大幅增加。

在标准的人力资本理论中，工资是由技能决定的，而且没有任何可以想象的故事能让伊梅尔特的技能在他得到提升前几分钟大幅提升，这与管理层薪酬的共同模式背道而驰。看来，工作本身（尤其是高层管理工作）在确定工作人员的工资方面扮演着重要的角色。

锦标赛理论，提供了一个不同层次的补偿的综合理论[①]。它解决了加薪与升职相关的问题，并指出这些薪酬水平不一定单纯与生产率概念有关。从更广泛的意义上来说，生产率确实影响了薪酬，而且部分是通过激励结构来决定的。锦标赛理论表明晋升是相对的收益。个人的晋升不是基于他们的绝对业绩，而是基于他们在公司中的相对绩效。此外，在一个层面上的补偿不一定能激励当前在这个层面工作的人，但是一定能激励那些努力提升的人。这一理论与最初的困惑有直接关系，即个人被提升，然后获得与之前公认的技能水平不一致的工作相关的工资。

假定锦标赛理论奖品是预先确定的。一个被提升为总裁的副总裁，他也会得到总裁的工资，即使薪水和以前的薪水有很大的不同。获得那份薪水取决于相对的表现。个人晋升不是因为他们很好，而是因为他们比相关团队中的其他人更好。晋升是对公司内部相对地位的陈述，而不是绝对的表现。最好的员工会得到晋升，即使其他的员工也是优秀的。

晋升的工资越高，投入的动力就越大。考虑一场比赛，赢家和输家都获得同样的奖品。毫无疑问，人们通常更喜欢赢，因为骄傲和其他因素可能牵涉其中。但是，如果胜者的奖品比失败者的奖品大得多，获胜就变得更加重要。在网球比赛中，球员可能会更加努力地练习，放弃其他的比赛，或者只是专注于赢得比赛的胜利。同样，在企业等级制度中，总裁和副总裁的工资差别很大，使得副总裁更有兴趣成为总裁，他们付出了相当大的努力去争取这份工作。在较低的职位层级中，新入职的 MBA（master of business administration，工商管理硕士）、律师和助理教授工作非常努力，这样他们就可以晋升，或者成为合伙人，或者获得终身职位。会计事务所、律师事务所和大公司都至少在一定程度上激励他们的管理员工。

锦标赛模式还限制了工资差价的大小。较大的工资差距会引起较大的努力，但是他们也会在公司创造一个不太愉快的工作环境。如果员工的工作强度非常高，每周工作 80~90 小时，就有必要对员工进行高水平的补偿。在某种程度上，维持这种水平的努力所需的额外成本不一定与产出正相关。此外，为了在竞争中胜过他人，他们可能会串通[②]，

① Lazear E P, Rosen S. Rank-order tournaments as optimum labor contracts. Social Science Electronic Publishing, 1981, 89 (5): 841-864; Green J R, Stokey N L. A comparison of tournaments and contracts. NBER Working Papers, 1983, 91 (3): 349-364; Nalebuff B J, Stiglitz J E. Prizes and incentives: towards a general theory of compensation and competition. Bell Journal of Economics, 1983, 14 (1): 21-43

② Dye R A. The trouble with tournaments. Economic Inquiry, 2010, 22 (1): 147-149

或者会蓄意破坏[1]他人的绩效。因此，薪酬结构必须在为努力提供激励和减少与这种产业政治相关的不利后果之间取得平衡。

局外人可以改变内部比赛的性质。如果员工不仅要和同事竞争，还要与其他公司的员工竞争，那么激励措施就会被稀释，这就是为什么公司倾向于偏爱内部人士而不是局外人。只有当局外人比内部人士强得多的时候，才会被雇用。原因是，那些从外部雇用的人比一般的内部人士在同一职位上的效率更高。

当然，首席执行官目前的薪酬中有很大一部分是奖金、股票和股票期权。2001 年，韦尔奇退休后，他的年度奖金为 1 250 万美元。在伊梅尔特担任首席执行官的第一年，他的奖金为 350 万美元。这种模式与锦标赛理论是一致的，因为对于那些已经处于等级阶梯顶端的首席执行官来说，相对补偿不能作为他们的动力。因为首席执行官的产出是公司的营利能力，股票和股票期权是他们产出的合理度量标准。实际上，首席执行官们类似于从锦标赛的工资转换到计件工资[2]。

锦标赛理论具有重要的经验性支持。公司内部的工资结构和他们的晋升模式通常与锦标赛理论相一致[3]。奖项的结构似乎对致力于某项活动的努力或资源水平有直接影响。例如，Knoeber 和 Thurman 的研究显示，这种锦标赛理论影响了肉鸡行业的产量[4]。Ehrenberg 和 Bognanno 是第一个通过观察高尔夫球手在比赛中获得的分数来表现自己对奖品的反应的人。Drago 和 Garvey 使用了一个澳大利亚公司的样本来证明，当晋升动机强烈时，个人会在他们的工作上投入更多的精力（根据旷工来衡量），但个人之间合作的可能性较小[5]。

为了解释伴随重大提升而来的巨大离散跳跃，锦标赛理论几乎是唯一的游戏。它经受住了经验证据的考验，没有被其他理论取代。事实上，通用电气首席执行官职位的竞争主要归结为三个人：伊梅尔特、纳德利（Nardelli B）和麦克纳尼（McNerney J）。当伊梅尔特得到这份工作时，纳尔代利去了家得宝（Home Depot），麦克纳尼到了 3M 公司（Minnesota Mining and Manufacturing，明尼苏达矿务及制造业公司）。后来当被问及对通用电气首席执行官职位的竞争时，纳德利说："看，没有竞争对手，你就无法从事这些工作。"任何一位首席执行官都会怀有这样的竞争精神，这不是仅仅针对伊梅尔特或麦克纳尼。

二、薪酬结构的选择以及员工的雇佣和保留

在一些公司，大多数员工都是拿薪水的。也有一些公司，奖金或绩效工资占薪酬的

[1] Lazear E P. Pay equality and industrial politics. Journal of Political Economy，1989，97（3）：561-580

[2] Rosen S. Prizes and incentives in elimination tournaments. American Economic Review，1986，76（4）：701-715

[3] Devaro J. Internal promotion competitions in firms. Rand Journal of Economics，2006，37（3）：521-542

[4] Knoeber C R，Thurman W N. Testing the theory of tournaments：an empirical analysis of broiler production. Journal of Labor Economics，1994，12（12）：155-179

[5] Ehrenberg R G，Bognanno M L. Do tournaments have incentive effects？Journal of Political Economy，1990，98（6）：1307-1324；Drago R，Garvey G T. Incentives for helping on the job：theory and evidence. Journal of Labor Economics，1998，16（1）：1-25

很大比重。Pay Scale 所做的一项调查研究了大城市地区职业的平均工资和奖金。行政助理、社会工作者和护士的奖金只占总薪酬的一小部分——不到2%。对于销售人员来说，奖金占总薪酬的40%以上。以产出为基础的薪酬也会延伸到薪酬更高的工作岗位，如投资银行家，这些人是为他们刚刚达成的合并业绩支付薪酬的，或者是对冲基金经理，公司为他们所管理的基金的业绩支付报酬。对于高级副总裁和首席执行官等高管级别的职位，奖金的薪酬比例甚至更大，事实上奖金远远超过底薪。

为什么有些工作会根据员工的表现付给工人工资或薪水和其他工作报酬？很明显，部分答案可以从我们的例子看出，如衡量销售人员的产出比护士更容易或成本更低。企业应该如何为最理想的员工保留支付薪酬？企业应该如何避免失去"明星"员工？

假设某一行业的工人，如对冲基金的投资组合经理，有产出 q，在不同的职业中，在典型的钟形曲线分布，即正态分布中有不同的工资。每个人的产出最初都不为人所知，然而，公司可以用一些成本来衡量每个人的产出。该公司有两种选择：第一种，公司可以放弃测量，在这种情况下，没有测量成本，也没有发现员工能力的信息。这类公司支付的工资是平均的，个人产出必须等于平均产出。第二种，公司可以根据员工的个人产出来衡量员工的产出，也就是"绩效工资"。在这种情况下，工资减去测量成本后与产出的分布相匹配。

问题是，公司是否应该在测量个人产出的基础上忽略个人产出的绩效而支付所有工人一样的工资。如果公司提供的工资高于他们的预期工资，工人们将愿意到这家公司来。

当绩效评估时，公司会为绩效付出代价。当测量成本低时，好的工人会要求测量他们的产出。例如，对冲基金成功的标准是可以量化的，而且相对测量成本比较低。因此，如果公司支付的是平均工资，而不是使用绩效工资，最好的对冲基金经理将离开对冲基金公司，去一家为他们的业绩付出代价的公司工作（或者他们自己的公司）。相比之下，在商业银行中，投资组合需要数年的时间才能成熟，因此公司会为工作时间的投入支付平均工资，如在贷款部门工作小时数。这个模型是关于自我选择的。"那些拥有对冲基金交易技能的人，如在压力下工作的人，在支付业绩时会倾向于这种职业。相比之下，擅长与贷款客户打交道的人将走向商业银行。在这种情况下，公司会支付薪水，然后必须用面试、经验和教育来筛选人才。如果解雇的成本很低，公司将会雇用大量的员工，然后解雇表现不佳的员工"[1]。

衡量产出的成本越低，报酬就越有可能是产出的函数，产出的报酬会随着对产出的易用性而上升。Drago 和 Heywood 的研究表明，当衡量产出的成本较高时，计件工资率不太常见，这与理论预测一致[2]。如果测量产出的成本随着时间的增长而减少，如信息技术，那么更多的公司应该为业绩买单。

当工人潜在的雇主提供接近当前公司的价值时，公司更有可能支付绩效工资。当工人有替代高工资的工作时，对公司来说，向工人支付绩效工资是很重要的，否则将失去

① Lazear E P. Salaries and piece rates. Journal of Business，1986，59（3）：405-431

② Drago R，Heywood J S. The choice of payment schemes：australian establishment data. Industrial Relations a Journal of Economy and Society，1995，34（4）：507-531

这些工人。一个例子就是硅谷的跳槽[①]。在早些年，计算机编程技能通常是特定专用的（如 Oracle 或 Microsoft 公司）。随着硅谷的发展和市场的竞争，许多公司现在可以利用曾经企业特有的技能，这造成员工流动性提高。员工的流动性与更少的企业特定技能是一致的。这也意味着，在新环境下，工人的工资应该更加多变。

这一见解对吸引和留住工人是有影响的。拥有特定人力资本的员工会发现，目前的生产率可能比另一份潜在雇主提供的工作上的生产率要高得多，但企业不太可能以产出为基础支付工资。当工人年轻时，在获得大量特定的人力资本之前，也更有可能发现个人表现。因此，对员工进行分类的最佳时间是在他们年轻的时候。作为一个推论，公司里的高级职员绩效不太可能被测量。由于这个原因，在职业生涯的早期阶段将会产生合作。

工人质量分布的尾部越低，绩效工资就越有可能是最佳的。较低的尾部意味着淘汰低质量工人的价值上升。

上面强调了在绩效薪酬和固定工资之间的选择是如何导致员工选择和分类的。相反，我们忽略了绩效工资可以促使人们更加努力工作的可能性。当然，经济学家也强调，一些人在有实际回报的情况下可能会更加努力工作。相对于他们的产出有很高的负效用的工人将会避开那些支付绩效工资的公司。员工是异质的——那些看重内在动机而非外在报酬的人，会被薪水或工资所吸引，而不是每个人都能享受作为对冲基金经理的风险和回报。

绩效薪酬鼓励更多努力的可能性，引发了一些关于如何谨慎地确定因果关系的问题。例如，对冲基金经理赚的钱比商业银行家多。由于对冲基金经理的收入中有很大一部分是在激励薪酬中支付的，因此，一个不谨慎的人力资源经理可能会得出结论，绩效工资可以让员工更有生产力。然而，为商业银行家制订一个绩效付酬计划可能只会带来非常有限的结果。

为什么会这样呢？首先，那些最擅长出售贷款的人需要时间胜任工作。因此，转移到基于佣金的贷款管理系统，员工在短时间内生产率的提高可能性比较小。其次，衡量商业银行家的业绩可能会很棘手。例如，根据贷款数量设置薪酬的银行可能会发现贷款违约率增加，如果这些违约数只发生在未来几年后，商业银行可能会发现，仅仅支付工资就会更好。最后，贷款职员可能永远不会像投资银行家那样富有成效，因为成功的投资银行家比商业银行家创造了更高的生产率。为了保持投资银行的高生产率，公司必须雇用更多有才华的人作为投资银行家，并付给他们更多报酬。如果人力资源经理不考虑这样的选择效果，实施激励薪酬计划的收益可能远低于预期。

绩效工资被用来诱导工人选择合适的工作。例如，Lazear 提供了一个安装挡风玻璃的公司的例子，当公司从小时工资转换到计件工资时，平均每天的工作效率从安装两个挡风玻璃增加到了三个，其中一些增长来自于对业绩的奖励[②]。

① Fallick B, Fleischman C A, Rebitzer J B. Job-hopping in silicon valley: some evidence concerning the microfoundations of a high-technology cluster. Review of Economics and Statistics, 2006, 88（3）: 472-481

② Lazear E P. Performance pay and productivity. American Economic Review, 2000, 90（5）: 1346-1361

　　许多其他的研究发现绩效工资带来了绩效收益和选择效应。Shearer 在一家树木种植公司进行了一项实验，结果显示，当工人的报酬从固定工资改为计件工资时，生产率会提高 20%左右①。Freeman 和 Kleiner 确实发现，当从计件工资转换到计时薪酬时，生产率会下降，但利润率会上升，因为绩效工资会降低其他目标②。在对各行各业的公司进行的调查中，Parent 记录了一种激励效应的存在，即采用计件工资时男性会更加努力地工作③。

　　因此，绩效工资和计时工资之间的选择取决于对不同就业环境的经济效率的关注，包括衡量成本的水平和将工人选拔给特定雇主的价值。

三、工资的分散性

　　薪酬选择的另一个因素是，在公司内部，公司对个人的薪酬模式是否应该比个人业绩的差异要小。没有基于个体产出系统的数据，因此没有人知道薪酬是否比公司内部的产出更容易被压缩。然而，在公司内部的管理人员和人力资源专业人士确实有一种感觉，即薪酬比产出更容易被压缩，而且经常会问这样一个问题：薪酬应该如何压缩？

　　使用压缩性的薪酬结构的主要目的是使薪酬更加公平。人们似乎确实重视公平或公平待遇④。然而，公平是一个棘手的概念。是否公平地向所有工人支付同样数量的工资，或者公平地要求工人按照他们的产出来支付工资呢？如果输出结果来自于能力的内在差异而不是努力的选择呢？如果被赋予的能力被视为天赋，那么企业应该忽略这些差异吗？如果一些公司确实忽视了先天能力的差异，那么在竞争激烈的市场中，那些以能力为基础的其他公司是否能吸引到最能干的工人，从而降低公司相对于被压缩的工资成本吗？

　　有很多理由相信，某种程度的薪酬压缩是一个有效的市场结果。例如，也许更大程度的公平或公平产生更高的生产力，也许是通过更强大的团队合作。这种取舍在各公司之间会有所不同。例如，在有更多基于团队工作的公司中，薪酬应该更容易被压缩。

　　在锦标赛模式中，工人们可以使自己看起来很好，也可以让对手看起来很糟糕。当工资或其他形式的奖励建立在相对的绩效上时，工人们试图超越他们的竞争对手时，合作就会受挫。为了减少这种情况的发生，支付压缩成为最优合同的一部分。一般来说，薪酬压缩降低了从事破坏或其他非合作行为的动机，这些行为是由囚犯的"囚徒困境"

　　① Shearer B. Piece rates, fixed wages and incentives: evidence from a field experiment. Review of Economic Studies, 2010, 71（2）: 513-534

　　② Freeman R B, Kleiner M M. The last American shoe manufacturers: decreasing productivity and increasing profits in the shift from piece rates to continuous flow production. Industrial Relations a Journal of Economy and Society, 2005, 44（2）: 307-330

　　③ Daniel Parent. Methods of pay and earnings: a longitudinal analysis. Industrial and Labor Relations Review, 1999, 53（1）: 71-86

　　④ Baron J N, Kreps D M. Strategic Human Resources: Frameworks for General Managers. New York: John Wiley, 1999

式收益结构①所引起的。

如果采用分散性工资结构，那么随着在公司中表现得越来越好，相关的收益也会越来越高，游说老板的积极性也会越来越高。支付压缩性的工资结构可以减轻这些影响。

最后，薪酬可能会被压缩，因为让公司为员工投保不确定的结果是有效的，如在工作中运气不好或在销售下降时运气不好。这种保险的一个困难是它会产生严重的道德风险问题。如果工人们知道他们将被保险以应付生产率降低的结果，那么他们努力工作的动机就会减少。

要测试企业工资压缩是否与产出相关，这是很困难的。如果一些公司压缩薪酬，高技能员工就应该离开那些公司。最终，有压缩工资的公司将完全由平均或低于平均水平的工人组成。Lazear 和 Shaw 并没有发现高工资企业中提供压缩工资之后的劳动力流动率提高。但同样，我们所提供的数据无法衡量能力，因此有压缩薪酬的公司可能已经缺乏高技能的员工了。

四、工资水平

公司会付给员工多少薪水？雇员的工资等于雇员劳动的边际产量，但是公司和员工如何确定员工的边际产量呢？他们怎么知道什么是合理的支付？对于一些经验丰富的员工来说，公司和员工对合理的工资有一个相当好的想法。但是，当一名员工进入劳动力市场时，公司必须依赖于可观察到的特征，如个人的教育、面试的表现以及测试的表现。随着时间的推移，公司会更多地了解员工的技能，调整工作和薪酬。

Farber 和 Gibbons 建立了这个学习过程[2]。考虑一个进入劳动力市场的人，公司雇用他的期望生产率（y_{it}）：

$$y_{it} = F(\alpha_i, X_{it})$$

其中，α_i 表示工人 i 的才能；X 表示工人可以观察到的特征变量集。因为工人和雇主都不知道劳动者的确切能力值 α，开始的工资都是依据变量 X。然而，随着时间的推移，公司会逐渐观察到生产率 y_{it} 的噪声信号，会重新评估员工能力 α。Farber 和 Gibbons[1]在薪酬与 X 的相关性上得出了雇主学习的经验启示，以及薪酬与企业在招聘时不能观察到的特征的关系。随着雇主对于雇员能力的了解，雇主给予雇员工资支付的水平将接近于劳动者的边际产量价值。

竞争的劳动力市场不要求工人在任何给定的时间内赚取预期的边际产量价值。公司可能会在多个时期内制定隐性合同，作为促进长期关系、提供激励或更有效地分担风险的手段。Lazear 专注于长期雇佣关系和激励理念。他指出，如果公司在工人的职业生涯早期付给工人的报酬少于工人的边际产量，职业生涯后期获得的工资将会超过工人的边际产量价值，那么公司就可以通过固定工资来提供激励[3]。一个人在公司工作了一段时间

---

① Lazear E P. Pay equality and industrial politics. Journal of Political Economy，1989，97（3）：561-580

② Farber H S，Gibbons R. Learning and wage dynamics. Quarterly Journal of Economics，1996，111（4）：1007-1047

③ Lazear E P. Why is there mandatory retirement？Social Science Electronic Publishing，1979，87（6）：1261-1284

后，他会有良好的表现，以避免被解雇从而享受公司后期给予的高工资，这就把工人和公司联系在了一起，也可能会鼓励企业发展特定的人力资本。在这个模型中，年长的员工"薪酬过高"，需要通过强制退休政策或适当的养老金计划让他离开公司。

Harris 和 Holmstrom 认为在工人风险厌恶的情况下，公司对工人的能力学习了解，工人的工资将随着职业而改变。在他们的模型中，工人们会获得额外的报酬以补偿那些对他们能力的认识的负面冲击[1]。在均衡中，个人的工资从来没有减少，工资的增长速度也快于生产率。Frank[2]提供了另一种解释，解释为什么工人不能得到边际产量价值，为什么工资通常被认为比生产效率更低。他认为，如果工人们关心他们在公司内的相对工资，那么高技能工人将愿意接受低于他们生产率但位于等级顶端的工资。

公司内部的调查显示，实际工资的变动很大程度上是由人们所持有的工作驱动的。也就是说，个体工作的工资带宽相当窄。随着时间的推移，人们逐渐适应适当薪酬方案的学习过程似乎主要是为了找到合适的工作，而不是为从事类似工作的不同人找到合适的报酬。这可以在 Lazear 研究的公司中看到[3]。

五、混合薪酬

在大多数市场中，消费者会支付一定数量的现金以换取商品或服务。在一些劳动力市场，如临时帮助等交易就采用这种形式，但大多数人出售劳务以换取一系列现金和其他补偿。从广义上来说，"其他薪酬"可以包括标准的非现金福利，如医疗保险、退休福利、雇主赞助的儿童保育和"便利设施"，还包括一个大的或装修精美的办公室，受伤或死亡的风险低，或者一份由许多有趣的任务组成的工作，等等。如果所有公司有相同的成本结构，所有员工有相同的喜好，以及对于同一商品雇员和雇主都支付统一的采购价格，那么雇员将通过金钱和最适合自己需要的福利来完成交换。

然而，要么是由于税收激励等制度特征，要么是由于规模经济，企业在提供相对于工人的福利或设施方面往往具有比较优势。此外，一些公司比其他公司更擅长提供福利，而在价值方面则不同。例如，一家餐馆比一家生产滚珠轴承的公司更能给员工提供膳食，而有些员工则更看重雇主提供的食物，有些员工则不然。

由这些形式的差异得出两个重要结论。首先，公司提供一种将现金和其他东西混合在一起的薪酬方案通常是有效的。其次，通过劳动者与具有比较优势的公司匹配，雇佣关系的总体经济价值可以得到加强。

Rosen 的经典著作作为工作差异化奠定了理论基础[4]，并且 Rosen 提供了一种直观的讨

① Harris M，Holmstrom B. A theory of wage dynamics. Review of Economic Studies，1982，49（3）：315-333
② Frank R H. Interdependent preferences and the competitive wage structure. Rand Journal of Economics，1984，15（4）：510-520
③ Lazear E P. The job as a concept. Hoover Institution，Stanford University，1992
④ Rosen S. Hedonic prices and implicit markets：product differentiation in pure competition. Journal of Political Economy，1974，82（1）：34-55

论,即劳动力市场的补偿性工资理论是如何出现的[1]。Rosen[1]展示了考虑工作特征的货币价值的市场均衡价格形成过程。例如,假设我们想确定一个公司中工作的有趣性的货币价值,将 X 定义为对员工来说是新工作的任务的比例。假设这些数据是关于工资和每天新工作任务的比例的。考虑下面的回归:

$$工作 j 的工资 = a + bX_j$$

其中, j 表示某一岗位的名称;系数 b 揭示了市场在工作中具有灵活性的价值,反映了市场价值,而不一定是某个人的品位。相对而言,重视新任务的员工可以通过在提供许多新任务的公司工作来赚取租金,而那些能够以相对较低的成本为员工提供新任务的公司可以通过提供相对较高的新任务来赚取租金。

有一种实证文献试图检验工资与非货币福利之间的关系,并确定各种福利和便利条件的"价格"。然而,由于无法观察到的能力的影响,这些分析非常具有挑战性。考虑到两个人在观察上是等价的(即同样的年龄、受教育程度等),但有一个人有更多的技能是雇主可以观察到但计量经济学家无法观察到的。更高技能的员工将能够获得更高的总报酬。然而,由于对现金补偿的递减税,以及收入效应通常会使高收入工人的工作场所设施(相对于现金补偿)的边际效用更高,更高能力的工人将会以工作场所的形式接受一些额外的补偿。Ehrenberg 发现,养老金和工资是呈正相关的(当两者之间应该有权衡的时候),大量的研究表明,工资与福利呈正相关[2]。这并不意味着享乐工资理论或补偿工资差异的概念是错误的,而仅仅意味着衡量这些差异的市场价格是困难的。

未来的研究至少有三种潜在的方法可以解决不可观测的能力带来的挑战。首先,如果有一些变量与一个人在工作中获得的福利相关,但与这个人的收入潜力没有关系,那么 IV 可以用来确定工资和福利权衡。Olson 使用丈夫的工会身份和公司规模,作为一个来衡量已婚妇女是否有雇主提供医疗保险的工具,估计出已婚妇女会接受 20% 的薪水减少,以换取医疗保险[3]。虽然这种方法在看医疗保险时很有用,但其他好处的价值不太可能足够高,以至于不能精确估计工资和利益的权衡。其次,假设员工对于不同雇主的价值相同,那么,对同一个雇员提供的多份工作的详细信息可以估计工资与好的工作特征之间的折中和权衡。Stern 采用这种方法,对科学家工作的报酬和好的工作特点进行调查,发现科学家愿意接受实质性的工资削减以保证好的研究项目[4]。然而,这种方法的弱点是样本规模小,而且受访者对工作的回忆可能有重大的测量误差,所以潜在的估计结果不是很准确。最后,考虑到福利是人力资源政策的重要组成部分,一家大公司可能愿意与经济学家合作,设计在工人间随机分布的实验。大公司有很多位于不同地理位置的分公司,并且以提供慷慨的福利(如星巴克或全食超市)而闻名。实验室实验也可能有助于

[1] Rosen S. Authority, control, and the distribution of earnings. Bell Journal of Economics, 1982, 13(2): 311-323

[2] Ehrenberg R G. Retirement system characteristics and compensating wage differentials in the public sector. Industrial and Labor Relations Review, 1980, 33(4): 470-483

[3] Olson C A. Do workers accept lower wages in exchange for health benefits? Journal of Labor Economics, 2002, 20(2): 91-114

[4] Stern S. Do scientists pay to be scientists? Management Science, 2004, 50(6): 835-853

了解人们是如何看待与现金有关的利益的，但这种环境的短期性和相对较低的利害关系可能是一个重要的限制。

第六节　收入分配差距的衡量与分解

一、收入分配差距的衡量

（一）方差和变异系数

衡量劳动者收入分配差距，可以采用方差和变异系数。如果大部分收入值都集中在平均工资附近，那么劳动者收入分配相对平均，收入分配差距比较小。方差的大小也恰当地表示劳动者工资距离劳动者平均工资的离散型，其中方差可以表达为

$$方差 = \frac{\sum_i (I_i - \bar{I})^2}{n}$$

如果劳动者收入分配完全平均，那么每个劳动者的收入水平均与劳动者平均收入水平相同，那么方差为零；如果劳动者的工资水平差距较大，那么劳动者与平均工资的距离相对较远，方差相对比较大，如图 5-11 所示。

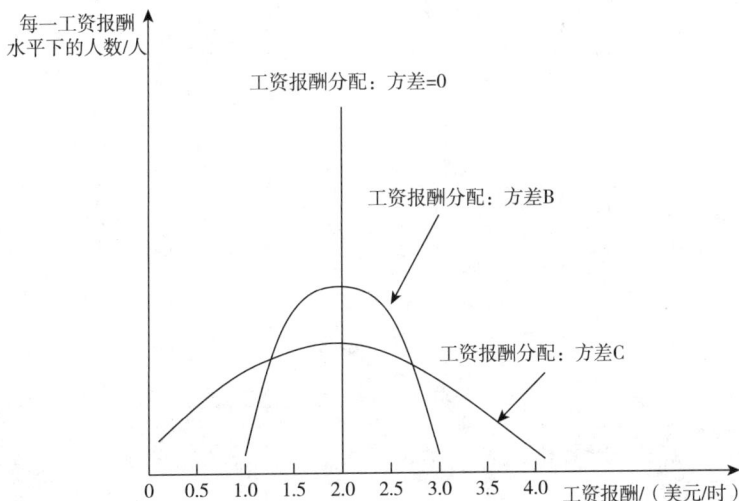

图 5-11　收入分配钟形图

方差 B < 方差 C

同样，变异系数也反映了劳动者收入差距的大小情况，其表达式为

$$CV = \frac{\sqrt{\sum_i (I_i - \bar{I})^2 / n}}{\bar{I}}$$

其中，I_i 为总人口中的第 i 个人所获得的收入；n 为总人口数；$\bar{I}$ 为总人口的平均收入。方差只能反映收入差距的绝对水平，而不能反映收入差距的相对水平。可以用变异系数来反映相对收入差距，变异系数通常以标准差与均值之比表示。

（二）洛伦兹曲线和基尼系数

1. 洛伦兹曲线

洛伦兹曲线描绘的是累计百分比家庭所得到的收入占整个社会收入的比重，它可以反映社会收入分配不均的程度。

2. 基尼系数

基尼系数（Gini coefficient）是测量收入分配不平等程度的一种统计指标，由意大利经济学家基尼（Gini Corrado，1884~1965 年）根据洛伦兹曲线的基本研究方法提出。洛伦兹曲线是表示社会收入或财产分配不平等程度的曲线。图 5-12 中横轴 OP 表示累计人口百分比；纵轴 OI 表示累计收入百分比；对角线 OQ 是绝对平均线，表示占总人数某一百分比的人口恰好拥有相同比例的社会收入；折线 OPQ 是绝对不平均曲线，表示某一社会成员拥有全部的社会收入，而其他所有人的收入为零。在现实生活中，收入分配的分布曲线 OdQ 即洛伦兹曲线，介于绝对平均线和绝对不平均曲线之间，是一条向上弯曲的曲线，其弯曲的程度越大，表明收入分配就越是不平等。

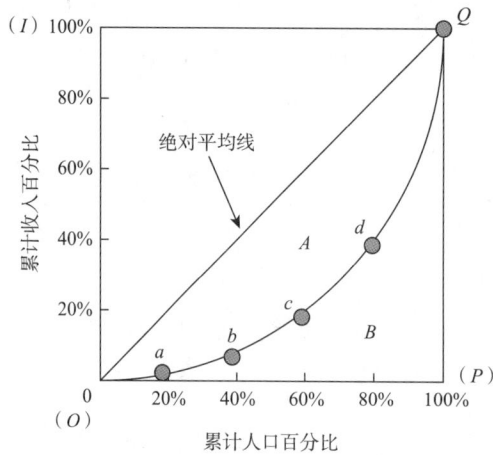

图 5-12　洛伦兹曲线

如果直线 OQ 与 OdQ 曲线形成的面积为 A，OdQ 与折线 OPQ 形成的面积为 B，那么，A 的面积除以 $A+B$ 的面积，所得的比率称为洛伦兹系数或基尼系数。基尼系数介于 0~1，0 表示收入分配绝对平均，1 表示收入分配绝对不平均。在 0~1，基尼系数越小，表示收入的不平等程度越小：

$$基尼系数=A/(A+B)$$

基尼系数=0，收入分配完全平均；基尼系数=1，收入被一个人独占，即绝对不平均。按照国际通常标准，基尼系数在 0.3 以下为最佳的平均状态，在 0.3~0.4 为正常状态，超过 0.4 就算警戒状态，达到 0.6 则属社会动乱随时发生的危险状态。

3. 差别倍数（极值比）

差别倍数指个人或家庭的最高收入与最低收入之间的比例，反映居民收入极值之间的相对差距。

衡量收入分配差距的方法还有收入等分法，即先将收入数据由高到低排列，再分为五个等分或十个等分；然后，将处于每个十分位或五分位上的收入数据进行对比，或者对个人或家庭收入的最大和最小的十分位数或五分位数进行比较。

4. 库兹涅茨曲线

美国经济学家库兹涅茨在 1955 年提出了一个增长过程中收入分配变化规律的假说：在经济增长的早期阶段，收入分配不平等程度趋于上升；到经济增长的后期阶段，收入分配不平等程度趋于下降。这就是著名的库兹涅茨"倒 U 形曲线"。也就是说，在经济发展的初期，收入分配先有利于高收入阶层，从而表现出收入差距扩大的现象。但随着经济进一步发展，当各部门劳动生产率和收益差距缩小后，收入分配就趋于平均化了。由此得出的相应政策建议是，在经济发展过程中应首先鼓励富人进行储蓄和投资，而任何旨在缩小收入差距的再分配政策只会抑制经济增长，最终仍然损害穷人的利益。

（1）假设处于不同发展水平的国家相当于一国处在不同发展阶段，利用当代同一时期不同发展水平（不同发展阶段）的国别资料进行分析。横截面经验性检验，广泛地支持了倒 U 假说。

（2）从纵向时序论证来看，发达国家基本都支持倒 U 假说。对于发展中国家和地区高的经济增长率，并非以社会收入分配不平等程度的扩大和恶化作为条件，如伊朗和韩国；低的国民生产总值增长率与社会收入分配不平等改善也没有必然的联系，如印度、秘鲁、菲律宾、斯里兰卡、萨尔瓦多等国。

二、要素来源的水平分解[①]

个体或家庭总收入是不同类型收入来源的总和。改革开放以后，农村家庭的收入中既有农业收入，又有非农收入。随着资本市场的发展，居民收入中除工资性收入以外，还包括股票利息和房屋租金等财产性收入。不同类型收入通常和参与生产的要素相对应，如工资性收入与劳动要素相对应，财产性收入与资本要素相对应。假设 Y_i 为第 i $(i=1,2,3,\cdots,n)$ 户家庭的总收入；Y_{ik} 为该家庭从要素来源 $k(k=1,2,3,\cdots,K)$ 获取的收入，因此，n 户家庭总收入的分布为 $Y=(Y_1,Y_2,Y_3,\cdots,Y_n)$，其中要素来源 k 的分项收入分布为

① 周明海. 收入不平等的要素来源分解. 劳动经济研究，2015（2）：95-123

$Y_k = (Y_{1k}, Y_{2k}, \cdots, Y_{nk})$。假设各种要素来源互不相容，且各要素来源之和为总收入，由此可知：$Y = \sum_{k=1}^{K} Y_k$，即为了考察各种不同类型的收入来源对收入不平等程度的贡献，可以按照收入不平等的要素来源进行分解。一般地，总收入不平等指数用 $I(Y)$ 表示，那么收入不平等要素来源分解的一般框架可以表示为

$$I(Y) = \sum_{k=1}^{K} S_k(Y_k, Y)$$

其中，$S_k(Y_k, Y)$ 代表要素来源 k 对总收入不平等的贡献，它是要素来源分项收入 Y_k 和总收入 Y 的函数，且满足要素分解的四个特征，即连续性、对称性、独立性与一致性[1]。

（一）基尼系数的要素来源分解

对基尼系数的要素来源分解较其他不平等指数出现更早。最早是将总收入的基尼系数分解为各要素分项集中率的加权平均，即

$$G(Y) = \sum_{k=1}^{K} \frac{\mu_k}{\mu} C(Y_k / Y)$$

其中，$G(Y)$ 表示总收入的基尼系数；μ_k 为要素来源 k 的收入平均值；μ 为总收入的均值；μ_k / μ 为要素来源 k 占总收入的比重；$C(Y_k / Y)$ 为要素来源 k 的集中率。要素来源 k 的集中率与该要素基尼系数 $G(Y)$ 的计算公式几乎一样。唯一的差别在于基尼系数需按照要素来源 k 的大小进行排序计算得到，而集中率则按照总收入的大小进行排序计算得到。因此，一些文献把集中率称为"伪基尼"，由于集中率暗含了要素来源 k 与总收入排序的相关性，因此可以进一步将集中率表示为

$$G(Y) = \sum_{k=1}^{K} \frac{\mu_k}{\mu} G(Y_k) R(Y, Y_k)$$

其中，排序相关性比率可以表示为要素来源 Y_k 与总收入排序 $r(Y)$ 及自身收入排序 $r(Y_k)$ 的相关系数或者协方差之比[2]，即

$$R(Y, Y_k) = \frac{cor[Y_k, r(Y)]}{cor[Y_k, r(Y_k)]} = \frac{cov[Y_k, r(Y)]}{cov[Y_k, r(Y_k)]}$$

其中，$r(\bullet)$ 为总收入 Y 或者要素来源 Y_k 的排序函数；$cor[\bullet]$ 为相关性函数；$cov[\bullet]$ 为协方差函数，Lerman 和 Yitzhaki 使用累积分布函数 $F(\bullet)$ 替换排序函数 $r(\bullet)$ 构造上述相关性比率，并将其称为基尼相关性（Gini correlation）[3]：

$$R(Y, Y_k) = \frac{cov[Y_k, F(Y)]}{cov[Y_k, F(Y_k)]}$$

[1] Shorrocks A F. Inequality decomposition by factor components. Econometrica，1982，50（1）：193-211

[2] Fields G S. Income inequality in urban colombia：a decomposition analysis. Review of Income and Wealth，1979，25（3）：327-341；Pyatt G，Chen C，Fei J. The distribution of income by factor components. Quarterly Journal of Economics，1980，95（3）：451-473

[3] Lerman R I，Yitzhaki S. Income inequality effects by income source：a new approach and applications to the United States. Review of Economics & Statistics，1985，67（1）：151-156

事实上，累积分布函数和排序函数呈正比例关系，因而由两者构成的排序相关性比率也是等价的。正如公式 $G(Y) = \sum_{k=1}^{k} \dfrac{\mu_k}{\mu} G(Y_k) R(Y, Y_k)$ 所示，把要素来源 k 对总收入不平等的贡献可分解为三项的乘积，即要素收入份额 $\dfrac{\mu_k}{\mu}$，要素基尼系数 $G(Y_k)$，要素排序相关比 $R(Y, Y_k)$，第一部分可以解释为要素间的功能性收入分配关系；第二部分可以看作要素内部的规模性收入分配关系；第三部分体现了要素分项与总收入的排序相关关系。Shorrocks[1]将上述分解称为基尼系数的自然分解（natural decomposition）。

（二）方差的要素来源分解

基尼系数的分解法则只适用于基尼系数本身。为了构建不依赖于特定不平等指标的分解法则，Shorrocks[1]通过构建一系列基本公理，给出了要素来源分解的一般框架，并称其为要素来源的自然分解。该分解法则将要素来源 k 对总不平等的贡献 $S_k(Y_k, Y)$ 视为要素分项收入的加权平均：

$$S_k(Y_k, Y) = \sum_{i=1}^{n} \alpha_i(Y) Y_{ik}$$

其中，权重 α_i 为总收入 Y 的函数，以方差 σ^2 分解为例，要素来源 k 的贡献可以表示为

$$S_k(\sigma^2) = \frac{1}{n} \sum_{i=1}^{n} (Y_i - \mu) Y_{ik} = \mathrm{cov}(Y_k, Y)$$

因此，要素来源 k 的贡献等于其与总收入的协方差，可以从一两个角度考虑上述方差分解公式，要素来源 k 的贡献也可以被看作要素来源 k 的方差及其与其他要素来源 j 的交互项之和，即

$$S_k(\sigma^2) = \frac{1}{n} \sum_{j=1, j \neq k}^{k} \rho_{jk} \sigma(Y_j) \sigma(Y_k) = \mathrm{cov}(Y_k, Y)$$

其中，ρ_{jk} 为要素来源 j 和要素来源 k 的相关系数；$\sigma(\bullet)$ 为要素来源 j 或 k 的标准差，Shorrocks[1]认为，自然分解法则的含义是，要素来源 k 的贡献既包括该要素本身的方差，也包括与该要素相关的要素间协方差的一半。由于不平等指标本身可表示为总收入的加权平均，该要素来源 k 对总不平等的贡献百分比可以表示为

$$s(Y_k, Y) = \frac{S_k(Y_k, Y)}{I(Y)} = \frac{\sum_{i=1}^{n} \alpha_i(Y) Y_{ik}}{\sum_{i=1}^{n} \alpha_i(Y) Y_i}$$

Shorrocks[1]研究发现，将上述公式用于方差 σ^2、变异系数 CV 等不平等指数时，分解结果相同，要素来源 k 的贡献比例可以表示为要素来源 k 和总收入的协方差与总收入方差的比例：

① Shorrocks A F. Inequality decomposition by factor components. Econometrica, 1982, 50（1）：193-211

$$s(Y_k, Y) = \frac{\mathrm{cov}(Y_k, Y)}{\sigma^2(Y)}$$

（三）泰尔指数的要素来源分解

上述自然分解规则也可应用于广义熵指数中的泰尔指数 T_1 和泰尔指数 T_0。其对应基于自然分解的要素来源 k 的贡献比例为

$$s(T_1) = \frac{\sum_{i=1}^{n} \ln(\mu / Y_i)(Y_{ik} / Y_i)}{\sum_{i=1}^{n} \ln(\mu / Y_i)}$$

尽管泰尔指数的分解并不如方差和基尼系数的分解结果直观和易于解释，但泰尔指数的分解结果具备额外属性，Morduch 和 Sicular 称其为"一致可加性"[1]，Paul 则称其为"负性"[2]。他们都认为，当要素来源 k 为正值且在所有家庭平均分配时，该要素来源对不平等的贡献应为负值。方差和基尼系数的分解并不满足这一特性，而是将这样的要素来源贡献视为零。由于泰尔指数的分解具有可以反映平均分配要素来源的负贡献这一特性，上述两篇文献均建议采用泰尔指数的要素来源分解。

第七节　团队规模与激励

一、团队、员工交互和人力资源实践

成功的人力资源管理并不仅仅是给每个人适当的激励并让其孤立地去工作。如果是这样，公司就没有存在的必要了。也许公司最大的价值在于，它为人们提供了一种机制，使他们能够一起工作，并利用了他们的技能和兴趣的互补优势。有证据表明，将员工聚集到团队或团队中可以获得好的效果。

Hamilton 等研究了一家服装制造商，该公司从单个的奖励系统转变为基于群体的奖励。工人们在做电器开关这种产品时被赋予了一定的自由裁量权。尽管最有效率的员工在这一转变中损失最大，但整体而言，生产率提高了（并保持了更高的水平），这表明合作在这家公司是有价值的。对于更多的异构团队来说，获得的收益要更大，并且团队成员对其他人生产力的影响要比那些能力较弱的团队成员更大[3]。然而，并不是所有的制造商都从转向团队的转变中获得了如此积极的结果。

① Morduch J，Sicular T. Rethinking inequality decomposition，with evidence from rural China. Economic Journal，2002，112（476）：93-106

② Paul S. Income sources effects on inequality. Journal of Development Economics，2004，73（1）：435-451

③ Hamilton B H，Nickerson J A，Owan H. Team incentives and worker heterogeneity：an empirical analysis of the impact of teams productivity and participation. Social Science Electronic Publishing，2003，111（3）：465-497

Boning 等研究了钢铁行业的团队生产。在他们的样本中，大多数公司都有某种基于群体的激励机制，但只有某一些公司将员工组织成合作团队。他们发现使用团队的公司的生产率更高，而这种效应在产品和生产过程更加复杂的情况下尤其大，激励薪酬也与这些公司的高生产率有关[①]。

这些基于群体的生产力的好处是什么？在某些情况下，团队小组帮助人们更好地解决问题，并有助于不同技能的利用。Mas 和 Moretti 展示了超市职员如何受到其他职员的工作效率的影响，他们发现高生产率的职员提高了同事的生产力[②]。就像 Nickerson 等[③]研究的一样，当工人们在技能上更多样化时，他们会发现更大的生产力。同时，社会和同伴压力在其中也是非常重要的影响因素，因为高效的检查者对同伴的影响更大，他们可以在工作的时候看到他们。同样，Ichino 和 Maggi 的研究表明，旷工和不当行为对意大利银行的同行产生了影响[④]。

除了这些实地研究，Falk 和 Ichino 在实验环境中发现了值得注意的同伴效应。实验对象被给予了一项普通的任务（填满信封），没有任何经济奖励。当人们在同一个房间里工作的时候，平均工作效率要高于单独工作的人。生产效率最低的工人受到的影响最大，因此他们增加的产出超过了生产效率最高的工人的产量的减少量[⑤]。所有这些研究结果综合表明，在很多情况下，人们更喜欢在团体工作，人们在团体工作感到一些压力，以至于跟上他们周围人的努力，和/或最具生产力的工人在别人压力作用下更加努力工作。

二、创业团队的规模和努力——伙伴关系中搭便车和同伴压力的后果

创业团队一般规模比较小，其成员构成一般不足 3 人。所以问题就出现了，为什么会是这样的规模。Backes-Gellner 和 Weren 指出，创始人选择他们的创业团队的规模，以节约团队的努力成本[⑥]。经济理论认为，一方面，拥有公司的人选择有效的工作水平来最大化其公司的价值[⑦]。另一方面，与其他团队一样，伙伴关系也可能面临搭便车问题，因为合作伙伴使用利润共享计划，而每个合作伙伴只会收到额外的努力带来的好处的 $1/N$，这就给搭便车创造了机会。然而，Kandel 和 Lazear 认为，搭便车可以消除同伴压力带来的正面影响，也就是说一个合作伙伴搭便车的行为可以提高其他合作伙伴的个人努力的

① Boning B，Ichniowski C，Shaw K. Opportunity counts：teams and the effectiveness of production incentives. Journal of Labor Economics，2007，25（4）：613-650

② Mas A，Moretti E. Peers at work. American Economic Review，2009，99（1）：112-145

③ Hamilton B H，Nickerson J A，Owan H. Team incentives and worker heterogeneity：an empirical analysis of the impact of teams productivity and participation. Journal of Political Economy，2003，111（3）：465-497

④ Ichino A，Maggi G. Work environment and individual background：explaining regional shirking differentials in a large Italian firm. Quarterly Journal of Economics，2000，115（3）：1057-1090

⑤ Falk A，Ichino A. Clean evidence on peer effects. Journal of Labor Economics，2006，24（1）：39-57

⑥ Backes-Gellner U，Werner A. Entrepreneurial signaling：success factor for innovative start-ups. Social Science Electronic Publishing，2003，29（55）：173-190

⑦ Jensen M，Meckling W. The theory of the firm：managerial behaviour，agency costs and ownership structure. Social Science Electronic Publishing，1976，3（4）：305-360

成本[1]，减少同伴压力产生的积极影响。Mohnen 和 Werner[2]认为，在搭便车和同伴压力的共同作用下，合作伙伴的数量是一个重要的问题，因为搭便车程度不仅取决于团队的规模 N，还取决于同伴的压力效应。个体的努力程度随着团队中搭便车程度的增大而下降，随着合作伙伴压力的增加而上升。

在一个规模相对较小的团队中努力应该是较高的。搭便车和同伴压力存在着联合效应。在所有权团队的规模上有一些典型的模式，如医疗实践团队规模通常比较小，而咨询公司团队规模通常比较大。相比之下，新成立的公司里，团队规模通常都是非常小的。经验分析表明，金钱和工作时间限制是创业公司的两个主要问题。这两个问题随着合作伙伴数量的增加都很容易解决。然而，团队问题会随着团队规模的增加而出现。团队中的人事冲突往往与工作时间存在着密切的关系。尽管团队创业公司有一些明显的优势，但他们的生存能力并不比个人的组织会高。这主要是人事冲突造成的。然而，这些人事冲突不足以解释创业公司合伙人数量和建立伙伴关系之间的巨大差异。

Mohnen 和 Werner[2]认为创始人团队的特点是团队成员之间有特定的沟通结构，以及紧密和稳定的个人关系。创始人在服务行业通常并排在一个或几个办公室工作；在制造行业他们可能开始在一个车库，或者一个巨大的大厅或小型实验室里。由于这种亲密的空间和经常需要不断采取快速的决策，他们不断地保持密切的个人接触。Mohnen 和 Werner[2]在这一特点的基础上建立起创业团队，并根据创业团队的规模分析其对同伴压力的影响，以及同伴压力和搭便车的联合效应。通常人们认为同伴压力的强度取决于团队中使用的监控技术。与许多已建立的伙伴关系不同，初创企业的特点是密切的人际关系和频繁的互动，这反过来又会导致一种强大的同伴压力效应，这种压力会随着同伴的增加而大幅增加。他们的目标是分析同伴的压力和搭便车对创业团队的影响，特别是团队规模对努力的影响。Kandel 和 Lazear[1]认为搭便车可以与同伴的压力抵消。同伴压力的水平是外生的，不依赖于团队人员数量 N。

Mohnen 和 Werner[2]认为同伴压力取决于团队人员数量 N。因此，努力取决于团队人员数量 N，和分析同伴压力一样，分析最简单的单个人企业的搭便车问题，即搭便车效应和同伴压力效应均不存在。然后，他们会观察一个有两个或两个以上的合作伙伴的企业，即两者的影响都是存在的并且存在相互影响，结果为每个合作伙伴都带来了最佳的努力。由于缺乏具体的假设，考虑到初创企业的典型情况，不清楚同伴压力是否能够控制搭便车。

Mohnen 和 Werner[2]引入了一些创业假设，构造了搭便车和同伴压力效应对创业团队成员努力效果的影响。他们根据对 790 个初创企业的实证研究来检验他们的理论意义。他们使用几个计量经济学模型来分析努力和团队规模之间的关系。他们使用的是公司创始人在他的初创公司工作的每周工作时间作为一个独立的变量。模型中主要的解释变量是创业团队的规模，即创建新企业的合作伙伴的数量。结果清楚表明团队规模和个人努力之间有明显的凹性关系，即努力随着创始人数量的增加而增加，但是当创始人数量增

① Kandel E，Lazear E P. Peer pressure and partnership. Journal of Political Economy，2015，100（4）：801-817

② Mohnen A，Werner A. Team size and effort in start-up teams-another consequence of free-riding and peer pressure in partnerships. Working Paper，2004

加到一定程度之后，会随着创始人的增加而减少。经验表明个人的努力水平在三个人时达到最佳。

最后，Kandel 和 Lazear[1]指出，搭便车和同伴压力对合作的努力程度有一个平衡性的影响。然而，这两种影响的大小并不清楚，对个人努力的整体影响也不清楚。Mohnen 和 Werner[2]假设这两种效果的大小取决于团队的大小，并构建一个模型来分析创业团队中的搭便车和同伴压力的联合效应。他们表示，在初创团队中，考虑到特定的相互监视技术，在工作中应该有一个最佳的团队规模。与许多建立起来的伙伴关系不同，初创公司的特点是密切的人际关系和频繁的互动，这反过来会导致一种强大的同伴压力效应，且这种同伴压力效应随着合作伙伴的增加而增加，但很快就会与规模扩大造成的搭便车效应所抵消。他们检验模型基于初创团队的大数据集，发现初创人的个人努力与团队规模密切相关，努力程度随着团队人员数量 N 的变化呈现凹型，能清楚地识别平均有三个团队成员时个人努力程度最大。

三、团队生产激励

在许多公司，团队合作已经越来越成为一种工作方式。为什么现在有这么多工作场所使用团队？团队可以耗费时间来组织和协调，团队明显缓慢的进度几乎是众所周知的。而且，管理者和团队成员总是担心搭便车的问题——懒惰的人会在一些团队成员的努力下搭便车。那么为什么公司要使用团队呢？团队应该如何管理？哪些类型的公司会从团队中获益可能最多？

公司使用团队的一个原因是团队生产比单独工作的员工更有生产力。例如，假设目标是开发一种新产品。如何组织员工来实现这一目标？在图 5-13 和图 5-14 中，描述了两种不同的情况。假设生产一种产品需要设计和操作两种技能。空间中的一个点反映了每个人在这两种需要的技能中所拥有的知识的数量。

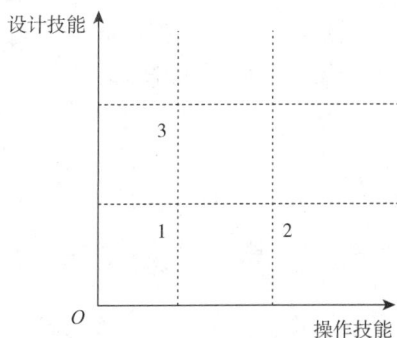

图 5-13 团队合作模式

① Kandel E，Lazear E P. Peer pressure and partnership. Journal of Political Economy，2015，100（4）：801-817

② Mohnen A，Werner A. Team size and effort in start-up teams another consequence of free-riding and peer pressure in partnerships. Working Paper，2004

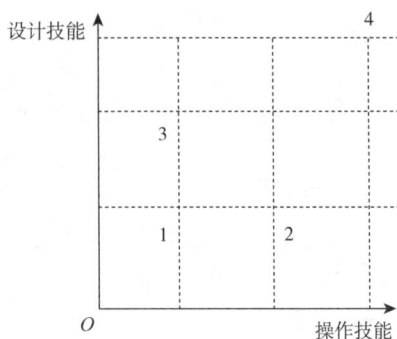

图 5-14　层级组织模式

在图 5-13 中，个人 2 在操作技能上很强大，但在设计技能上相对较弱。个人 3 在设计上很强大，但在操作上却很弱。如果个人 2 需要考虑设计，个人 3 是一个很好的被咨询对象。如果个人 3 需要考虑操作，那么个人 2 是一个很好的被咨询对象。如果技能像图 5-13 那样分布，那么团队交流似乎是最好的，因为每个人在这两种技能中都有绝对优势。有了团队，就好像每个成员都能访问个人 2 的良好操作技能和个人 3 的良好设计技能，而不仅仅是他们自己的这些技能的天赋。还要注意，个人 1 没有任何专业领域，但可能足够便宜，故雇用这个人是值得的。

假设情况如图 5-14 所示。现在，个人 4 在设计和操作上都有绝对优势。如果个人 2 有一个关于设计的问题，个人 4 是一个比个人 3 更好的资源。如果个人 3 对操作有疑问，个人 4 是比个人 2 更好的资源。这个设置更适合于层次结构的组织，在那里个人 4 是所有去咨询的主管。

公司什么时候选择团队和层级？如果像 4 型这样的人在这两种技能上都拥有绝对优势，那么他们就会更加昂贵，因为他们很少，公司会选择团队。哪种类型的公司可能愿意为在图 5-13 中显示的一维专家付费？也许新技术更有可能与由专家组成的公司联系在一起，因为在新技术中，信息的快速发展使得任何一个人在任何事情上都很难拥有绝对优势。随着技术的成熟，非常有才华的人可能会随着时间的推移，以多种技能获取知识，从而使分层结构更加自然。新技术也确实与引进团队合作的公司有关[①]。

团队合作模式介绍了不同员工之间互补的重要性。当设计专家与操作专家合作时，他们生产的新产品设计比两个人单独生产的产品更好。换句话说，工人的投入会以乘法的方式进行交互，因此，每个工人的边际产品都是通过与另一个具有不同技能的工人相结合来提高的。

Lazear 认为能够使团队具有协作价值的特征包括以下几个。第一个特征是"合作"，在图 5-13 中尤为明显，即当个人拥有不同的技能或不同的信息时，团队互动的收益会更大。第二个特征是相关性，即团队成员的技能不应该仅仅是互补的，更应该是相关的。第三个特征是团队合作是需要沟通的，这可能涉及彼此的共同术语和个人知识。随着时

---

① Bloom N，van Reenen J. Measuring and explaining management practices across firms and countries. Quarterly Journal of Economics，2007，122（4）：1351-1408

间的推移，沟通成本可能会随着个人学会说对方的语言而减少①。

各种各样的经验证据表明，团队合作可以更有成效，原因在于上面描述的生产力的来源。在 Hamilton 等的支持下，团队中的工人互补模型得到了支持，该模型发现，服装工厂采用团队平均生产力增加了 14%，而更多的异质团队比具有同样能力的团队更有生产力。沟通在团队中也很重要②。在一项对 700 名钢铁厂工人的研究中，与团队合作的工厂里的工人与所有同行和监工的沟通比在等级制度的工厂里要高得多③。考虑到团队协作所需的交流增加，团队在沟通成本较低时效率更高。使用团队最多的公司是那些有复杂问题需要解决的公司。例如，在一项关于钢铁生产的研究中，Boning、Ichniowski 和 Shaw 的研究表明，团队系统会产生最大的收益，而且更有可能被用于制造复杂问题的钢铁厂，因为它们的产品是复杂的。

团队配置主要是被强调成员之间技能的互补。尽管技能互补在其他学科中有着广泛的定义，但在经济科学中主要利用绝对和比较优势来对其进行界定。例如，一个成员在某种技能上仅仅具有绝对优势是不够的，还必须了解不同类型的个体之间技能差异，或者通过不同类型的个体之间的均衡工资差异，来了解其技能的相对优势。

① Lazear E P. Globalization and the market for teammates. NBER Working Papers，1998，109（454）：15-40

② Hamilton B H，Nickerson J A，Owan H. Team incentives and worker heterogeneity：an empirical analysis of the impact of teams productivity and participation. Social Science Electronic Publishing，2003，111（3）：465-497

③ Ichniowski C，Shaw K. Connective capital：building problem-solving networks within firms. Unpublished Paper，2004

第六章

劳动力市场歧视

第一节　劳动力市场歧视与分类

一、歧视的概念

歧视是可以衡量的劳动力市场行为结果，如工资、就业水平、晋升机会等。歧视概念应该略去偶然性的随机误差，它只包含有规则而不相互排斥的差异。歧视的概念提出了一个区分引起工资差异的劳动力市场歧视与前市场差别的方法。例如，由于具有某一标志（如性别）的群体，平均生产率水平与其他群体不同所产生的差异，在性质上可归结为前市场差别；如果生产率水平相同，仅仅由于某一标志（如性别）而产生的报酬或工作机会的差异，可以作为劳动力市场歧视的证据。通常，劳动力市场歧视是指具有相同能力、教育程度和培训经历并最终表现出相同生产率的劳动者，由于一些非经济的个人特征引起的在就业、职业选择、晋升、工资水平、接受培训等方面受到的不公正待遇。

二、歧视的类型

从内容上来看，歧视包括工资歧视、就业歧视、职业歧视、人力资本投资歧视等：①工资歧视是指从事相同工作，女性（黑人）获得的工资比男性（白人）工人低，更确切地说是由生产率差别以外的考虑引起的工资差别。②就业歧视是指在其他条件相同的情况下，妇女和少数民族劳动者承受着不适当的失业比重，尤其是黑人长期面临着最后被雇佣、最先被解雇的风险。③职业歧视是指妇女或黑人被武断地限制在某些职业之外，即使他们完全有相同能力胜任这些职业。相反，他们经常被排挤到层次过低的一些职业中。④人力资本投资歧视是指妇女或黑人劳动者很少能获得提高生产率的正规教育和在职培训的机会。例如，黑人和白人相比，获得的教育数量和质量都较少。其中，人力资本投资歧视属于前市场歧视。

第二节　劳动力市场歧视理论

一、个人偏见模型

（一）雇主歧视

雇主对雇员的歧视势必造成受歧视者的生产率遭到雇主的贬低。在雇主歧视（employer discrimination）的情况下，如果工资水平相同，受歧视者必须具有更高的生产率；如果生产率相同，受歧视者必须接受更低的工资水平。结果是同一工资水平上，受歧视者就业的可能性更小。在完全竞争的条件下，由于雇主的雇佣和给出的工资偏离了利润最大化原则和目标的组合，所以，有歧视的雇主要为自己的歧视付出代价，即未能达到利润最大化。在分析雇主歧视时，可以从两个角度来分析，即单个雇主的角度和整个市场的角度。

首先，在单个雇主歧视的角度下，如图 6-1 所示，假设雇主的边际收益曲线为 MRP，其中被歧视的群体假设为妇女和少数民族成员，雇主对其歧视程度假设为 d，那么被歧视群体的劳动生产率就会被贬低 d。在图 6-1 中，横轴代表被歧视群体的雇佣量，纵轴代表雇主给被歧视群体的工资。在完全竞争条件下，企业利润最大化时，应该满足劳动力的边际收益等于劳动力的边际成本，所以，在完全竞争和不存在歧视条件下，假设劳动力市场的均衡工资是 w_b，那么雇主雇佣的劳动雇佣量应该为 N_0。然而由于雇主对该群体存在歧视，那么他们就会贬低劳动者的生产率，由于其存在着歧视为 d，被雇佣的劳动者生产率被贬低为 d，即变为 $w_a = w_b - d$。所以，在不存在歧视的情况下，也就是劳动者的实际边际生产率为 w_a，那么对于雇主而言，其收益应该为面积 AEG，劳动者的收益为面积 EGN_1O，然而，实际情况是雇主仅仅获得的净收益为面积 $AEFB$，其由于歧视造成的损失为面积 BGF，劳动者由于歧视造成的损失是面积 $ECBF$，所以，雇主歧视对雇员和其本身都造成了经济损失。

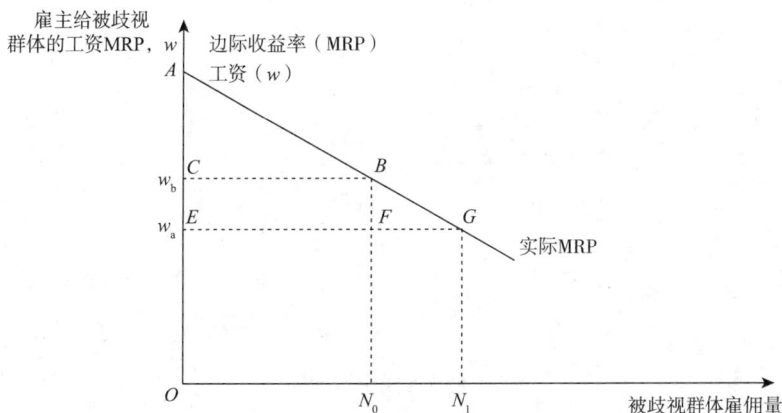

图 6-1　单个雇主歧视模型

从整个劳动力市场来考察歧视,则意味着并不是所有的雇主对劳动者都会产生歧视,一部分雇主不会有歧视,另一部分雇主则会有歧视,且歧视的程度并不相同。所以,假设不存在歧视的雇主给受歧视者群体的相对工资水平是 1,那么受到歧视的群体首先到没有歧视的雇主那里寻找工作,如果不存在歧视的雇主需求得到满足之后,还有受歧视的群体没有得到雇用,那么这些受歧视的劳动者将被迫到歧视程度较轻的雇主那里搜寻工作,随着受歧视群体的劳动者供给量的增多,那么最终受到歧视的劳动者最后被迫接受更低的工资,这意味着劳动者受到的歧视更为严重。如图 6-2 所示,当受到歧视的女性群体劳动者供给为 S_1 时,L_1 个劳动力被雇用,获得的相对于男性的工资水平是 1,即没有受到歧视,如果受到歧视的女性群体劳动者的供给增加到 S_2 时,受到歧视的劳动者得到的工资是 2/3,说明女性劳动者受到的歧视程度是 1/3,劳动者此时的均衡雇佣量为 L_2。在雇主歧视的数量和歧视状况不变的情况下,这就意味着受到歧视的群体劳动力供给越大,受到歧视的劳动者群体受到的工资歧视越严重。

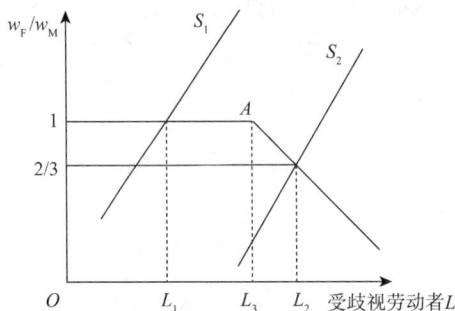

图 6-2　受歧视劳动者供给的影响

另外,在保证雇主歧视的程度和受歧视群体的供给不变的情况下,没有歧视雇主对劳动力需求量也会影响到整个市场的歧视程度。如图 6-3 所示,如果劳动力市场中没有歧视的雇主增加,或者需求的劳动力数量增加,那么劳动力供给和需求的均衡点由 L_1 增加到 L_2,均衡的相对工资也会上升,说明被歧视群体由于劳动力市场中非歧视性雇主劳动力需求数量的增加而降低了整个市场对受歧视群体的工资歧视程度。

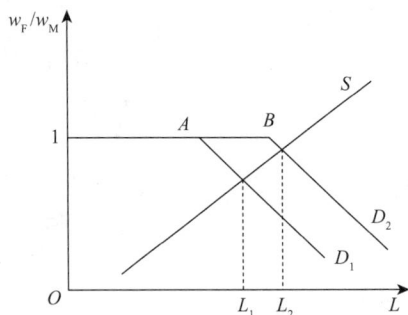

图 6-3　无歧视雇主增加的影响

在劳动力市场中,歧视性雇主对于受歧视群体的歧视程度也会发生相应的变化。在劳动力市场中非歧视性雇主对劳动者需求的数量保持不变的情况下，假设原来的歧视性雇主对劳动力需求不变，只是他们对该群体的歧视程度减轻，那么劳动需求曲线中歧视部分斜向下部分就会更加平缓。如图 6-4 所示，在供给保持不变的情况下，均衡点由 A 到 B 的劳动力需求的数量就会增加，同时，被歧视性的群体相对工资就会上升，最终导致整个市场的劳动力歧视性工资下降。

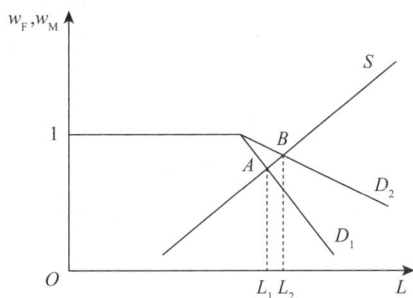

图 6-4　歧视减小的影响

（二）雇员的歧视

雇员的歧视（employee discrimination）促使雇主减少对受歧视群体的雇佣，或者降低他们的工资，有歧视的雇员也要为自己的歧视付出代价。如果雇主非歧视，理论上似乎能够消除其影响，但是在受歧视群体占少数的情况下，歧视性雇员是生产的主要群体。在这种情况下雇主往往无法只雇用不受歧视的雇员，否则他们的生产成本太高。所以为了使得歧视性雇员和被歧视性雇员在一起工作，雇主对员工进行雇用时会提高受欢迎雇员的工资，降低受歧视雇员的工资，这样使得受到歧视的雇员受到损失。但是，这就导致雇主雇佣规模小于不存在雇员歧视情况下的雇佣规模，所以，雇主也会由于偏离利润最大化而受到损失。

（三）顾客的歧视

受歧视的群体在有顾客歧视的领域想就业，就必须接受更低的工资或具有更高的劳动生产率；持有偏见的顾客要为自己的偏见付出相应的代价。在顾客存在歧视的情况下，雇主会按照顾客的需求进行雇佣，这就导致了雇主只能雇用特定的劳动力，大大减少了有效的劳动力供给，进而导致雇主劳动成本上升，劳动成本上升进而导致了成本上升。雇主会通过上升商品价格将上升的成本转移给消费者，从而使得顾客为其歧视付出代价。然而在现实中，企业无法将上升的成本通过价格全部转移给消费者，只能部分转移给消费者，从而顾客的歧视（customer discrimination）也会使得雇主在一定程度上受到损失。

二、统计性歧视

企业需要对求职者的个人特征做出评价。但是雇员的个体特征很难判断，且收集个体特征信息的成本非常高。所以当企业试图对这些求职者的潜在生产率进行估价时，可以利用这些求职者所属的群体所具有的某些一般性信息来帮助自己完成这一工作。如果这些群体特征成为企业雇佣决策的组成要素，那么即使是在不存在个人偏见的情况下，统计性歧视也有可能会出现。

把群体信息作为个人信息的一种补充，有可能把群体特征强加给那些虽然属于某一群体，但其自身群体特征并不十分明显的个人身上。这样产生的歧视就称为统计性歧视，也就是用群体资料判断个人特征时产生的歧视。从本质上来讲，统计性歧视是信息不完全和获取信息的成本造成的，然而获取劳动者群体特征的信息相对比较容易，用群体的特征来代替群体中的个体特征就会大大降低企业甄选员工的成本。

然而与生产率有关的可观察性的个人特征并不能对求职者个人的实际生产率做出完全的预测，如果雇主根据这些可观察性的个人特征进行甄选，则可能造成歧视，这就是所谓的甄选问题。

统计性歧视模型的一个重要含义是：同一群体中的每一成员之间的相似性越差，运用群体信息作为甄选工具所带来的成本就越高。因此，那些使用不正确甄选工具的企业会比那些使用正确工具的企业所获得的利润少。这样，随着相关人口群体内部的不可衡量的差别越来越大，民族或性别群体的群体信息被使用的可能性就会越来越小，统计性歧视也就会随之逐渐消失。

三、双重劳动力市场理论

双重劳动力市场理论认为劳动力市场存在着市场的分割，即二元劳动力市场论者将整体的劳动力市场看成是被分割开的两大非竞争性部门，即主要部门和从属部门。其中主要部门的特征是可以给员工提供相对较高的工资率、较为稳定的就业、良好的工作环境以及进一步发展的机会。从属部门只能给员工提供较低的工资率、不稳定的就业以及较差的工作条件，并且根本没有职业发展机会，在这一部门中，教育和经验的收益被认为接近于零。被归入从属部门中的工人也被打上不稳定、不受欢迎的标签，一般认为他们获得主要部门工作的希望是极其渺茫的。

从历史上看，大部分妇女和少数民族成员都是在从属部门中就业的，而这导致了一种长期延续下来的对他们的歧视。妇女和少数民族成员之所以成为被歧视的对象，主要是因为他们（作为一个群体）的工作经历总是不稳定的，而这种工作经历的不稳定性本身又是他们无法进入主要劳动力市场的原因。

该理论关于歧视的描述并没有真正解释引起妇女和少数民族成员被界定到从属部门工作上去的原因。马克思主义理论认为：非竞争性部门存在的原因少部分地归咎于资本家努力将劳动者分离开来，以免他们组织起来形成一种反对资本主义制度的力量。新古典理论认为，两大劳动力部门以及工人被分配到这两大部门之中的情况的出现，是对不同类型的工人进行监督时付出的成本差别造成的。

四、与搜寻成本有关的买方独家歧视理论

（一）问题的提出

市场拥挤与二元劳动力市场对歧视所做的解释是以下述假设为前提的：工人是被"安排"到相应的职业群体中去的，他们若想从这些职业群体向其他职业群体流动，会受到严格限制。以上解释没有说明这种安排是怎样做出的和为什么要做出这种安排，买方独家垄断模型从歧视导致搜寻成本上升的角度对此进行了解释。

（二）模型描述

买方独家垄断歧视模型是以所有雇员都存在搜寻工作的成本假设为前提的。假如在劳动力市场中女性群体受到歧视，那么她们工作搜寻中的难度就会变大，工作搜寻成本也会相对较高；与女性相比较，如果男性没有受到歧视，则他们工作搜寻难度相对较小，工作搜寻成本相对较低。

由于男性群体工作搜寻成本较低，只要企业稍微减一点工资必然导致大量男性工人离开企业，而稍微增加一点工资，就会从其他厂商吸引过来许多求职者，故这一群体工人的劳动供给曲线 S_M 弹性较大。这意味着与之相联系的劳动边际成本曲线 MC_{LM} 也较为平坦，如图 6-5（a）所示。利润最大化雇主将会从这一群体中雇用 E_M 个工人，并向他们支付 w_M 的工资率，这一工资水平稍微低于 MRP_L。

由于女性群体在劳动力市场中受到歧视，她们的工作搜寻难度和成本都要明显大于男性群体，这就意味着女性群体有相对陡峭的劳动供给曲线 S_F 和更为陡峭的劳动边际成本曲线 MC_{LF}，如图 6-5（b）所示，劳动边际收益产品与工资率之间存在较大的差距。根据比较可知，尽管两大群体工人具有相同的生产率，但具有较高搜寻成本的女性群体却得到了明显偏低的工资（$w_M > w_F$）。

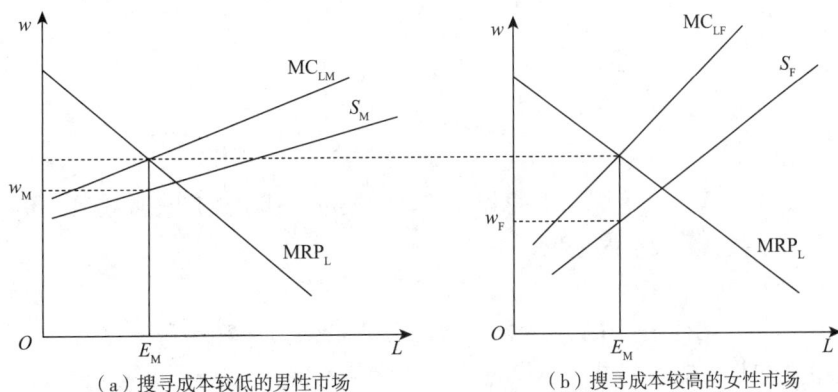

图 6-5　搜寻成本对工资的影响

相对男性而言，如果歧视提高了妇女的搜寻成本，使得女性劳动力去寻求另外一种就业机会的可能性更小，那么女性的"工作匹配"质量就会比男性更差一些。

■ 第三节　对各种歧视类型的衡量方法

一、性别的工资歧视衡量方法

（一）方法和不足

对于衡量性别的工资歧视，首先要分别收集与男性雇员和女性雇员有关的信息。这些信息中主要是有关生产率特征的信息。利用统计方法估计每一种特征对于女性和男性工资报酬的贡献程度；在此基础上，估计如果女性的生产率特征与男性完全相同，那么女性的各项特征应当获得多少工资报酬。具体办法是，将女性从每一种生产率特征中所获得的工资报酬与男性所拥有的这些生产率特征的平均工资报酬水平相乘。最后，将计算出的女性的假设平均工资报酬水平与男性的实际平均工资报酬水平相比较。这种歧视测量方法也存在着较多的不足之处。例如，并非所有可以衡量的潜在生产率特征都被包括在上面的那种数据组合中。又如，有些重要的生产率特征可能根本无法被衡量出来。再如，即使在男性和女性的可观察生产率特征相同的情况下存在着一些差别，我们也不能将这些差别完全认定为劳动力市场歧视的结果，因为这种差别是劳动者在劳动力市场中资源选择的结果。

（二）基于线性模型的 Oaxaca-Blinder 分解方法[①]

分别给出两组 A 与 B，两组的工资的对数分别为 Y_A、Y_B，以及影响工资的控制变量。假如将男性和女性的工资作为收入的变量，还有教育、工作经验等作为控制变量。那么在对影响工资的其他变量进行控制的基础上，两组 A 与 B 的平均期望工资 $E(Y_A)$、$E(Y_B)$ 的差异 R：

$$R = E(Y_A) - E(Y_B) \tag{6-1}$$

根据明瑟方程，建立工资方程式，即

$$Y_\ell = X'_\ell \beta_\ell + \varepsilon_\ell, E(\varepsilon_\ell) = 0, \quad \ell \in \{A, B\} \tag{6-2}$$

其中，X 为一个包含影响工资水平的各种变量的矢量，其中也包含常数项；β 表示截距或者各种变量系数；ε 表示误差项。

假设 $E(\beta_\ell) = \beta_\ell$，$E(\varepsilon_\ell) = 0$，那么：

$$E(Y_\ell) = E(X'_\ell \beta_\ell + \varepsilon_\ell) = E(X'_\ell \beta_\ell) + E(\varepsilon_\ell) = E(X_\ell)' \beta_\ell$$

所以，两组平均收入的差异可以表示为

$$R = E(Y_A) - E(Y_B) = E(X_A)' \beta_A - E(X_B)' \beta_B \tag{6-3}$$

为了分解两组收入差距的具体来源，式（6-3）可以修改为

① Jann B. A STATA implementation of the blinder-oaxaca decomposition. Eth Zurich Sociology Working Papers，2008

$$R = [E(X_A) - E(X_B)]'\beta_B + E(X_B)'(\beta_A - \beta_B) + [E(X_A) - E(X_B)]'(\beta_A - \beta_B) \quad （6-4）$$

第一部分 $E = [E(X_A) - E(X_B)]'\beta_B$ 意味着差异部分主要是两组的资源禀赋不同造成的（禀赋效应），即按照 B 组回报计算的禀赋效应回报差距。第二部分 $C = E(X_B)'(\beta_A - \beta_B)$ 是按照 B 组禀赋计算的，是各种变量的回报系数不同造成的（包括截距上的差异），即系数效应。第三部分 $I = [E(X_A) - E(X_B)]'(\beta_A - \beta_B)$ 测量了差异的贡献系数（包括截距上的差异），是资源禀赋和回报系数差异交互效应造成的，即交叉效应。

式（6-4）是从 B 组的反事实出发来进行的分解。即假设 B 组具有与 A 组一样的回报，第一部分是由于其资源禀赋差距与 A 组产生的差异；第二部是由于其回报系数较低产生的差异；第三部分是由于回报系数差异带来的资源禀赋差异综合形成的差异。同样，可以假设 A 组具有与 B 组一样的回报，那么式（6-4）可以分解为

$$R = [E(X_A) - E(X_B)]'\beta_A + E(X_A)'(\beta_A - \beta_B) - [E(X_A) - E(X_B)](\beta_A - \beta_B) \quad （6-5）$$

现在"禀赋效应"是按照 A 组的回报系数计算出来的，即按照 A 组的回报系数计算由于禀赋不同产生的差异，第二部分是按照 A 组的禀赋计算的由于回报系数的差异而带来的差异；所以不同的分解方法，其最终的分解结论是不一样的。如果 B 组是女性，通常女性的资源禀赋低于男性，且回报系数也低于男性，则通过式（6-4）计算出来的歧视程度，即 $E = [E(X_A) - E(X_B)]'\beta_B$ 要低于 $E(X_A)'(\beta_A - \beta_B)$ 的歧视程度。

另一种分解在歧视类的文章中比较突出的是非歧视系数变量的概念，用来预测收入的差异。β^* 作为非歧视系数变量：

$$R = [E(X_A) - E(X_B)]'\beta^* + E(X_A)'(\beta_A - \beta^*) + E(X_B)'(\beta^* - \beta_B) \quad （6-6）$$

我们现在有一个"两重"分解的公式：

$$R = Q + U$$

第一部分为 $Q = [E(X_A) - E(X_B)]'\beta^*$ 是由于资源禀赋不同带来的差异，可以解释为禀赋效应；第二部分为 $U = E(X_A)'(\beta_A - \beta^*) + E(X_B)'(\beta^* - \beta_B)$ 是"不能解释"的部分。后一部分经常会导致歧视出现，但重要的是它抓住了未观察到的变量中潜在的影响差异的因素，即一部分是被偏爱产生的差异，另一部分是被歧视产生的差异。在式（6-6）中未解释的部分是需要进一步分解的。让 $\beta_A = \beta^* + \delta_A$，$\beta_B = \beta^* + \delta_B$。其中，$\delta_A$ 与 δ_B 作为小组特有的歧视参数向量（积极或消极的歧视，这取决于符号）。U 可以表示为

$$U = E(X_A)'\delta_A - E(X_B)'\delta_B \quad （6-7）$$

差异中无法解释的那部分可以分为 $U_A = E(X_A)'\delta_A$，它测量了 A 组对歧视的影响，另一部分 $U_B = -E(X_B)'\delta_B$ 测量了歧视 B 组对歧视的影响[①]。然而，这种解释取决于假设没有相关的未观察到的预测。

把 $\hat{\beta}_B$ 和 $\hat{\beta}_A$ 当作 β_A 和 β_B 最小二乘估计，是从两个类属特异性的样本中分别获得的。另外，使用小组平均值 $\overline{X}_A$ 和 $\overline{X}_B$ 作为 $E(X_A)$ 和 $E(X_B)$ 的估计值。基于这些估计，式（6-4）和式（6-5）可以计算为

$$\hat{R} = \overline{Y}_A - \overline{Y}_B = (\overline{X}_A - \overline{X}_B)'\hat{\beta}_B + \overline{X}_B'(\hat{\beta}_A - \hat{\beta}_B) + (\overline{X}_A - \overline{X}_B)'(\hat{\beta}_A - \hat{\beta}_B) \quad （6-8）$$

---

① U_A 和 U_B 解释意思相反。A 的积极意义是 U_A 反映了 A 组的积极地歧视；B 的意义是暗示了 B 组的消极地歧视。

和

$$\hat{R} = \overline{Y}_A - \overline{Y}_B = (\overline{X}_A - \overline{X}_B)'\hat{\beta}_A + \overline{X}_A'(\hat{\beta}_A - \hat{\beta}_B) + (\overline{X}_A - \overline{X}_B)'(\hat{\beta}_A - \hat{\beta}_B) \quad （6-9）$$

对双重分解式（6-6）的测量是比较多见的，很多文章对此也做了较多的研究，因为这需要估计未知的非歧视参数 β^*。文献中已经提到了一些建议。例如，假设歧视只是指向一个团体，所以 $\beta^* = \beta_A$ 或者 $\beta^* = \beta_B$。假设小组 A 男性等于小组 B 的女性。如果工资歧视只针对女性，那么这对男性就没有（积极地）歧视，那么我们就用 $\hat{\beta}_A$ 作为 β^* 的估计量，式（6-6）就写成了：

$$\hat{R} = (\overline{X}_A - \overline{X}_B)'\hat{\beta}_A + \overline{X}_B'(\hat{\beta}_A - \hat{\beta}_B) \quad （6-10）$$

同样，如果对女性没有歧视，只对男性有歧视，那么就可以分解为

$$\hat{R} = (\overline{X}_A - \overline{X}_B)'\hat{\beta}_B + \overline{X}_A'(\hat{\beta}_A - \hat{\beta}_B) \quad （6-11）$$

通常，这是没有特殊的原因去假设一组或者另一组的系数是非歧视的。更多的是，经济学家会低估一组而高估另一组（如 Cotton[1]）。Reimers[2]建议去使用两个小组的平均系数作为非歧视参数向量：

$$\hat{\beta}^* = 0.5\hat{\beta}_A + 0.5\hat{\beta}_B \quad （6-12）$$

同样，Cotton[1]建议通过小组的规模 n_A 和 n_B 来增加权重：

$$\hat{\beta}^* = \frac{n_A}{n_A + n_B}\hat{\beta}_A + \frac{n_B}{n_A + n_B}\hat{\beta}_B \quad （6-13）$$

进一步，依据派生性理论，Neumark[3]倡导使用两组的组合回归产生的系数作为 β^* 的估计值。

正如 Oaxaca 和 Ransom[4]等指出，式（6-6）的分解同样可以写为

$$R = [E(X_A) - E(X_B)]'[W\beta_A + (I - W)\beta_B] + [(I - W)'E(X_A) + W'E(X_B)]'(\beta_A - \beta_B) \quad （6-14）$$

其中，W 为相对权数的矩阵，作为 A 组的系数；I 为单位矩阵。当 $W = I$ 时就是相当于 $\beta^* = \beta_A$。同样地，$W = 0.5I$ 时就相当于 $\beta^* = 0.5\beta_A + 0.5\beta_B$。另外，Oaxaca 和 Ransom[4]指出 $\hat{W} = \Omega = (X_A'X_A + X_B'X_B)^{-1}X_A'X_A$，$X$ 为观察值的矩阵，相当于使用两组的联合模型作为参考系数[5]。Neumark[3]和 Oaxaca 和 Ransom[4]提出一个疑问：这可能错误地将差异中一些不能解释的成分转换成可以解释的成分，尽管这似乎在文献中并没有得到太多的关

① Cotton J. On the decomposition of wage differentials. Review of Economics and Statistics，1988，70（2）：236-243

② Reimers C W. Labor market discrimination against hispanic and black men. Review of Economics and Statistics，1983，65（4）：570-579

③ Neumark D. Employers' discriminatory behavior and the estimation of wage discrimination. Journal of Human Resources，1988，23（3）：279-295

④ Oaxaca R L，Ransom M R. Calculation of approximate variances for wage decomposition differential. Journal of Economic and Social Measurement，1998，24（1）：55-61

⑤ 另一种结论是 $W = \text{diag}(\beta - \beta_B) \cdot \text{diag}(\beta_A - \beta_B)^{-1}$，$\beta$ 为来自于组合模型的系数。尽管分解的结果是相同的，但是这种方法产生的权数是与 Oaxaca 和 Ransom 的 Ω 是完全不同的。W 为用来描述一个对角矩阵；Ω 为非对角矩阵的非零元素并且还是不对称的。

注[①]。假设一个记录工资（w）的简单的模型，教育（Z）在不同性别中的差异 α_M 和 α_F 导致了歧视。模型为

$$\ln w = \alpha_M + \gamma Z + \varepsilon, \quad \text{if} \quad \text{male}$$
$$\ln w = \alpha_F + \gamma Z + \varepsilon, \quad \text{if} \quad \text{female"}$$

（6-15）

令 $\alpha_M = \alpha$ 和 $\alpha_F = \alpha + \delta$，$\delta$ 为歧视系数。那么模型还可以表示为

$$\ln w = \alpha + \gamma Z + \delta F + \varepsilon$$

（6-16）

其中，F 为女性的指标。假设 $\gamma > 0$（在教育和工资之间的积极关系）并且 $\delta < 0$（对女性歧视）。如果我们现在使用来自于组合模型中的 γ^*

$$\ln w = \alpha^* + \gamma^* Z + \varepsilon^*$$

（6-17）

跟随着这个理论省略掉了的变量（见 Gujarati[②]），再分解式（6-6）的解释部分中的歧视：

$$Q = [E(Z_M) - E(Z_F)]\gamma^* = [E(Z_M) - E(Z_F)]\left(\gamma + \delta \frac{\text{cov}(Z,G)}{\text{var}(Z)}\right)$$

（6-18）

其中，$\text{var}(Z)$ 作为 Z 的方差；$\text{cov}(Z,G)$ 作为 Z 和 G 的协方差。如果男性的平均受教育程度高于女性，那么 Z 和 G 之间的方差是负的，就夸大了分解公式的解释部分（给定 $\gamma > 0$ 和 $\delta < 0$）。从本质上讲，男女工资的差异是通过性别解释的。

由于剩余组的差异会进入组合模型的斜率中，为了避免分解结果的失真，笔者建议将组合模型中的一组指标作为附加的共同变量。

很多的实证研究者对美国的劳动力进行了研究，大致可以通过宗族、性别、教育、行业等进行研究。这些群体在不同的劳动力市场上具有不同的工作条件、晋升机会、工资以及市场机制。

正统经济学家认为雇主会以利润最大化为原则来评估工人的个人特征，并预测劳动力市场的差异会逐渐地减少直至消失。但是不同群体之间的劳动力市场差异并没有消失，所以正统经济学并没有解释也没有预测出这种市场差异。

为什么劳动力市场分割会继续存在？为什么群体的特征在劳动力市场上这么重要？笔者首先总结了劳动力市场的分割理论，其次分析了市场分割的原因，最后指出了其政治含义，并认为市场分割是外生性的产物，而不是市场本身的产物。

（三）基于选择性偏差的 heckman 模型 Oaxaca-Blinder 分解方法[③]

为了说明性别的工资差别，需要引入工资决定方程和就业方程。假设在 j 群体中个体 i 的就业和工资方程可以表示为

$$L_{ij}^* = H_{ij}'\gamma_j + \varepsilon_{ij}$$
$$Y_{ij} = X_{ij}'\beta_j + u_{ij}$$

① Fortin N M. Greed, altuism, and the gender wage gap. 2006

② Gujarati D N. Basic Econometrics. 4. New York：McGraw-Hill, 2003

③ Neuman S, Oaxaca R L. Wage decompositions with selectivity-corrected wage equations：a methodological note. Journal of Economic Inequality, 2004, 2（1）：3-10

其中，L_{ij}^* 为一个潜变量；H_{ij}' 表示决定就业与否的重要因素向量；Y_{ij} 表示市场的工资对数变量；X_{ij}' 决定市场工资率的因素向量；γ_j、β_j 表示响应的参数；ε_{ij}、u_{ij} 表示干扰项，且二者符合条件 $(0,0,\sigma_{u_j},\sigma_{\varepsilon_j},\rho_j)$。就业方程的表达式为

$$\text{prob}(L_{ij}^* > 0) = \text{prob}(\varepsilon_{ij} > -H_{ij}'\gamma_j) = \Phi(H_{ij}'\gamma_j)$$

其中，$\Phi(\bullet)$ 表示 CDF 标准正态函数，对于满足 $L_{ij}^* > 0$ 的所有的观测样本工资都可以被观测到，因此：

$$E(Y_{ij}|L_{ij}^* > 0) = X_{ij}'\beta_j + E(u_{ij}|\varepsilon_{ij} > -H_{ij}'\gamma_j)$$
$$= X_{ij}'\beta_j + \theta_j\lambda_{ij}$$

其中，$\theta_j = \rho_j\sigma_{uj}$，$\lambda_{ij} = \phi(H_{ij}'\gamma_j)/\Phi(H_{ij}'\gamma_j)$，$\phi(\bullet)$ 表示标准正态分布密度函数，个体就业估计方程可以表示为

$$Y_{ij}|L_{ij}^* > 0 = X_{ij}'\beta_j + \theta_j\lambda_{ij} + \text{error}$$

在存在着选择性偏差情况下关注男性和女性的工资歧视问题，那么正确的分解方程式应该为

$$\bar{Y}_m - \bar{Y}_f = \bar{X}'(\hat{\beta}_m - \hat{\beta}_f) + (\bar{X}_m - \bar{X}_f)\hat{\beta}_m + (\hat{\theta}_m\hat{\lambda}_m - \hat{\theta}_f\hat{\lambda}_f) \quad (6\text{-}19)$$

其中，$\bar{Y}$ 表示预测的平均对数工资；$\bar{X}'$ 表示工资决定向量；$\hat{\beta}$ 表示工资决定变量的回报系数估计；$\hat{\theta}$ 表示 $\rho\sigma_u$ 的估计；$\hat{\lambda}$ 表示逆米尔斯比率估计的平均值。对于存在选择性偏差项 $\hat{\theta}_m\hat{\lambda}_m - \hat{\theta}_f\hat{\lambda}_f$，只采用两项方式进行分解，就会存在选择性偏差的分解误差，如：

$$(\bar{Y}_m - \bar{Y}_f) - (\hat{\theta}_m\hat{\lambda}_m - \hat{\theta}_f\hat{\lambda}_f) = \bar{X}_f'(\hat{\beta}_m - \hat{\beta}_f) + (\bar{X}_m - \bar{X}_f)\hat{\beta}_m$$

所以，性别的工资歧视中，也要对选择性偏差项进行分解，即哪些是因为歧视而产生的选择性偏差，哪些不是因为歧视而产生的选择性偏差。有些女性会由于受到歧视而不参加工作，有些是由于偏好等而选择不进入劳动力市场，这些因素都要加以考虑。

$$\bar{E}(u_m|\varepsilon_m > -H_m'\gamma_m) - \bar{E}(u_f|\varepsilon_f > -H_f'\gamma_f) = \hat{\theta}_m\hat{\lambda}_m - \hat{\theta}_f\hat{\lambda}_f$$
$$= \hat{\theta}_m(\hat{\lambda}_f^0 - \hat{\lambda}_f) + \hat{\theta}_m(\hat{\lambda}_m - \hat{\lambda}_f^0) + (\hat{\theta}_m - \hat{\theta}_f)\hat{\lambda}_f$$

其中，$\hat{\lambda}_f^0 = \sum_1^{N1f}\hat{\lambda}_{if}^0/N_{if}$，$\hat{\lambda}_{if}^0 = \phi(H_{if}'\gamma_m)/\Phi(H_{if}'\gamma_m)$；$\hat{\lambda}_f^0$ 表示如果是女性面临着和男性一样的选择时女性的逆米尔斯比率；$\hat{\theta}_m(\hat{\lambda}_f^0 - \hat{\lambda}_f)$ 表示根据男性和女性工资回报方程式进行选择造成的差异，这部分可以归结为歧视；$\hat{\theta}_m(\hat{\lambda}_m - \hat{\lambda}_f^0)$ 表示由于就业决定而产生的性别工资差异，这部分可以归结为资源禀赋效应；$(\hat{\theta}_m - \hat{\theta}_f)\hat{\lambda}_f$ 表示选择性偏差。所以，此时，工资歧视方程式可以表达为

$$(\bar{Y}_m - \bar{Y}_f) = \bar{X}'(\hat{\beta}_m - \hat{\beta}_f) + \hat{\theta}_m(\hat{\lambda}_f^0 - \hat{\lambda}_f)$$
$$+ (\bar{X}_m - \bar{X}_f)\hat{\beta}_m + \hat{\theta}_m(\hat{\lambda}_m - \hat{\lambda}_f^0)$$
$$+ (\hat{\theta}_m - \hat{\theta}_f)\hat{\lambda}_f$$

其中，$\hat{\theta}_j = \hat{\rho}_j\hat{\sigma}_{uj}$，那么：

$$\hat{\theta}_m - \hat{\theta}_f = \hat{\rho}_m(\hat{\sigma}_{u_m} - \hat{\sigma}_{u_f}) + (\hat{\rho}_m - \hat{\rho}_f)\hat{\sigma}_{u_f}$$
$$= (\hat{\rho}_m - \hat{\rho}_f)\hat{\sigma}_{u_m} + \hat{\rho}_f(\hat{\sigma}_{u_m} - \hat{\sigma}_{u_f})$$

（四）解决虚拟变量的工资分解方法

在工会企业与非工会企业中劳动者的工资差异方面，很多学者往往将其分为可解释部分和不可解释部分，进而将不可解释部分归结为工会的工资溢价，并没有从单个变量来研究可解释部分和不可解释部分，单个变量的贡献或某一类变量的贡献也应该是我们关注的焦点。例如，通过对单变量的考察，可以发现工会和非工会企业劳动者的工资差异在多大程度上可以归结为教育的贡献，或者在多大程度上是由于经验的不同造成的。同样，通过对于单变量的考察，也可以获知不可解释部分在多大程度上与教育回报率相关或者与工作经验的回报率相关。

识别单个变量对可解释部分的贡献是比较简单的，因为工资差异中可解释部分是通过单个变量的贡献分别相加而成的，即

$$\hat{\text{explain}} = (\bar{X}_u - \bar{X}_n)'\hat{\beta}_u = (\bar{X}_{1u} - \bar{X}_{1n})\hat{\beta}_{1u} + (\bar{X}_{2u} - \bar{X}_{2n})\hat{\beta}_{2u} + \cdots + (\bar{X}_{iu} - \bar{X}_{in})\hat{\beta}_{iu}$$
（6-20）

其中，$\bar{X}_1$，$\bar{X}_2$…表示单个解释变量的平均值；$\hat{\beta}_1$、$\hat{\beta}_2$…表示与解释变量相对应的系数。第一个被加项反映了由于 $\bar{X}_1$ 的群体性差异而形成的贡献值，第二个被加项表示由于 $\bar{X}_2$ 的群体性差异而形成的贡献值，依次类推。

同样，单个变量对于不可解释部分的贡献可以表达为

$$\hat{\text{unexplain}} = X_n'(\hat{\beta}_u - \hat{\beta}_n) = X_{1n}'(\hat{\beta}_{1u} - \hat{\beta}_{1n}) + X_{2n}'(\hat{\beta}_{2u} - \hat{\beta}_{2n}) + \cdots + X_{in}'(\hat{\beta}_{iu} - \hat{\beta}_{in})$$
（6-21）

在对可观察变量的不可解释部分进行分解时，与可解释部分的分解不同，如果存在着哑变量或离散变量，那么他们的回归系数会随着设定基准哑变量而变化，所以这些哑变量系数对不可解释部分来说是变化的，它取决于所选定的基准哑变量[①]。为了不失一般性，假设只有一个解释变量的简单模型为

$$Y_e = \beta_{0e} + \beta_{1e}Z_e + \xi_e, \quad \xi_e \in \{u, n\}$$
（6-22）
不可解释部分可以分解为

$$\hat{\text{unexplain}} = (\hat{\beta}_{0u} - \hat{\beta}_{0n}) + (\hat{\beta}_{1u} - \hat{\beta}_{1n})_{1u}\bar{Z}_n$$
（6-23）
其中，第一个被加项是不可解释部分中的一部分，它是"组成员"造成的；第二个被加项是 Z 的属性的回报率不同而造成的。假设 Z 的 0 点通过加上一个常数 a 而发生变化，那么这种变换效应对于分解结果产生的影响是

$$\hat{\text{unexplain}} = [(\hat{\beta}_{0u} - a\hat{\beta}_{1u}) - (\hat{\beta}_{0u} - a\hat{\beta}_{1u})] + (\hat{\beta}_{1u} - \hat{\beta}_{1n})(\bar{Z}_n + a)$$
（6-24）
很显然，这种转换改变了分解结果。其中，$a(\hat{\beta}_{1u} - \hat{\beta}_{1n})$ 这部分就会由于两个群体之间的

① Jones F L, Kelley J. Decomposing differences between groups-a cautionary note on measuring discrimination. Sociological Methodes & Research, 1984, 12（3）: 323-343

斜率系数不同而从"组成员"部分分离出来。结论就是不可解释部分的单变量分解结果仅仅对于有自然零点的变量有意义。

一个相关的问题就是很多文献关注分类变量的分解结果往往取决于所选择的删失基准变量。分类变量的效应往往在回归方程式中通过构建 0~1 变量来预测，在回归中往往会有一个分类变量的值被删失来作为基准类以避免共线性问题的出现。很显然，对于 0~1 变量的分解结果往往取决于所选择的基准类，因为相对于基准类来说其他类别的系数是不一样的。如果基准类别改变了，那么分解的结果也会发生变化。

对于可解释部分来说，分类变量的问题并不是很明显，因为单个预测变量的贡献之和，即类别变量总体贡献不会受到所选择的基准类别的影响。对不可解释部分，就会在"组成员"部分（截距的差异）和斜率系数的差异之间进行取舍。对于不可解释部分，如果改变了基准类，不但会改变单个哑变量的结果，还会改变整体该类别变量的贡献值。

这种问题由 Gardeazabal 和 Ugidos[1]、Yun[2]进行了解决。他们的方法就是把类别变量的系数加总后设定为零。

假设：

$$Y = \beta_0 + \beta_1 D_1 + \cdots + \beta_{k-1} D_{k-1} + \xi \qquad （6-25）$$

其中，β_0 表示截距；$D_j (j = 1, 2, \cdots, k-1)$ 这些哑变量表示某一个类别变量有 k 类，同样，模型（6-25）可以表达为

$$Y = \beta_0 + \beta_1 D_1 + \beta_2 D_2 + \cdots + \beta_{k-1} D_{k-1} + \beta_k D_k + \xi \qquad （6-26）$$

其中，β_k 被约束为零。那么：

$$c = (\beta_1 + \beta_2 + \cdots + \beta_k) / k \qquad （6-27）$$

并且定义 $\tilde{\beta}_0 = \beta_0 + c$ $\tilde{\beta}_j = \beta_j - c$，$j = 1, 2, \cdots, k$，那么：

$$Y = \tilde{\beta}_0 + \tilde{\beta}_1 D_1 + \cdots + \tilde{\beta}_{k-1} D_{k-1} + \tilde{\beta}_k D_k + \xi, \quad \sum_1^k \tilde{\beta}_j = 0 \qquad （6-28）$$

所以，模型（6-28）的变形在数学上和没有变形的模型是等价的，两个模型最终会产生相同的预测值。这种方法也同样可以运用在分类变量和连续变量的交叉项中。

（五）工资歧视的逆转分析方法

假设，Y_j 表示过程的结果变量，如收入、收益或者第 j 个人的工资，X_j 表示第 j 个人的生产力特征矢量，生产力特征假设是外生的，独立于 Y，也不是经济歧视的特定形式，如果该人在男性中，$Z_j = 1$，如果是女性，那么 $Z_j = 0$，e_j 表示随机扰动项。其中 A 和 B 为参数，假设收入结果模型与群体、特征变量之间的关系为

$$Y = X'B + AZ + e \qquad （6-29）$$

① Gardeazabal J, Ugidos A. More on identification in detailed wage decompositions. Review of Economics and Statistics, 2004, 86（4）: 1034-1036

② Yun M S. Hypothesis tests when decomposing differences in the first moment. Journal of Economic and Social Measurement, 2005, 30（4）: 295-304

该模型主要运用于短期，即保持影响生产力要素的变量不变，且他们对歧视过程来说是外生变量。例如，如果生活的区域是一个外生变量，区域不同生活成本就不同，对相应的影响结果的变量进行了很好的控制；但是如果生活的区域是内生的，即生活的区域是歧视造成的，那么区域就不是一个合适的控制变量。

如果在模型中发现 A 大于零，那么说明对女性存在着歧视，相反，如果 A 等于零，则说明两个群体不存在被歧视的现象。在模型中，Z 所代表的两个群体中向雇主提供的劳动本质上是相同的，以不变的 X 为条件，我们可以得到劳动力市场的歧视为

$$D = (\hat{Y}|X, Z=1) - (\hat{Y}|X, Z=0)$$

其中，$\hat{Y}$ 是以 X 为条件的 Y 的预期值，所以在上述线性和附加模型中 $D = A$。

（六）工资歧视的逆回归分析方法

通常意义上，在衡量性别工资歧视的问题上，一般男性的劳动生产力比女性劳动生产力要高，如果直接回归，即控制了观察到的生产力影响因素后，可能会出现高估性别工资歧视程度的现象。很多学者通常采用逆回归（reverse regression，RR 回归）的方法。一组生产力变量并不能较为准确地将劳动者的生产力计量出来，即存在着明显的偏差问题，很多时候劳动者的生产力是无法观察出来的，所以在研究劳动者的工资歧视问题上，还必须假设一个理想的变量，即劳动者的"真实生产力"变量 X^*，那么劳动者的工资 w 往往是其真实生产力 X^* 的函数，所以，在研究劳动力市场工资歧视时可以假设以下模型：

$$w = X^* + AZ + v \quad \text{对男性而言} Z=1，\text{且对女性而言} Z=0 \quad （6-30）$$
$$X^* = GZ + u，\quad G > 0 \quad （6-31）$$
$$X = X^* + e \quad （6-32）$$

式（6-30）中表示工资是真实生产力 X^* 的函数，这是计量经济学者所观察不到的。假设 X^* 是保持不变的，那么 $A=0$ 意味着劳动力市场中对女性不存在着歧视，如果 $A>0$ 说明劳动力市场中存在着性别歧视；式（6-31）中表明男性的劳动生产率比女性劳动者的生产率高；式（6-32）表明 X 是 X^* 的可能有错的衡量。关于误差项的一般假设是 u、v、e 是相互独立的，而且 v、e 独立于 X^* 和 Z，且 u 独立于 Z。

假设对劳动者的工资采用下面的式子进行回归，即

$$w = BX + CZ + v' \quad （6-33）$$

那么从式（6-30）~式（6-32）可知，G 是真实关系 A 的向上偏差估计量。假设 $A=0$，G 将大于零，这就意味着对妇女有歧视，而事实上是没有的。在式（6-33）中 X^* 变量被忽略掉了。所以，在式（6-31）中 X^* 是与性别系统相关的。在式（6-33）中的 Z 的正值除了表示男性，还代表了更大的真实劳动生产率，即 X^*。

采用式（6-33）估算，其中的计量问题是 X 和 Z 具有相关性，一般对于 X 变量的期望值 EX 和性别 Z 有着密切的相关关系，即男性（$Z=1$）的 X 变量期望值大于女性（$Z=0$）的 X 变量期望值。所以这样做计量是不正确的。另外，还存在着两个问题，第一，X 中的变量是否是合适的生产力的控制变量，即他们对雇主行为而言是否为外生

变量；第二，有没有与性别系统相关的生产力变量被忽略。所以式（6-33）仅仅表达了可观察的关系，还应该将上述两个问题一起进行考察与分析。

所以，可以先计算 X^*，根据式（6-30）~式（6-33），所有的 X^* 具有多项指标，所以，设代表性的指标为 X_j，所以，j 指标的 RR 为

$$\hat{X}_j = c_j + d_j w + f_j Z$$

计算出所有的代表性指标后，按照回归方法，将所有的代表性指标代入 $w = X^* + AZ + v$，就可以得到关于工资的歧视程度，即 $A^* = -f_j / d_j$ 即在反回归模型中，X 是由 w 和 Z 计算得到的。

二、行业歧视的衡量方法[①]

（一）Brown 分解方法

男性和女性的工资对数平均数差异不仅仅取决于男性和女性在各个行业中的工资水平，还取决于男性和女性在各个行业中的分布概率。所以，男性与女性的工资对数平均值的差异可以表示为

$$\overline{w}_m - \overline{w}_f = \sum_j (p_j^m \overline{w}_j^m - p_j^f \overline{w}_j^f) = \sum_j p_j^f(\overline{w}_j^m - \overline{w}_j^f) + \sum_j \overline{w}_j^m(p_j^f - p_j^f)$$

$\overline{w}_m$、$\overline{w}_f$ 表示男性和女性工资对数的平均数；$\overline{w}_j^m$、$\overline{w}_j^f$ 表示第 j 个行业中男性和女性对数的平均数，即男性和女性在各个部门中平均工资的对数；p_j^m、p_j^f 表示男性和女性进入第 j 个行业中的概率；所以，$\sum_j p_j^f(\overline{w}_j^m - \overline{w}_j^f)$ 表示行业内的性别工资差距，$\sum_j \overline{w}_j^m(p_j^f - p_j^f)$ 表示行业间的性别工资差距。行业内和行业间的工资差距还可以进一步分解为

$$\sum_j p_j^f(\overline{w}_j^m - \overline{w}_j^f) = \sum_j p_j^f(\overline{x}_j^m \beta_j^m - \overline{x}_j^f \beta_j^f)$$
$$= \sum_j p_j^f(\overline{x}_j^m - \overline{x}_j^f)\beta_j^m + \sum_j p_j^f \overline{x}_j^f(\beta_j^m - \beta_j^f)$$
$$\sum_j \overline{w}_j^m(p_j^f - p_j^f) = \sum_j \overline{w}_j^m(p_j^f - \tilde{p}_j^f) + \sum_j \overline{w}_j^m(\tilde{p}_j^f - p_j^f)$$

其中，$\tilde{p}_j^f$ 表示如果女性获得跟男性同样的待遇而在各个部门中的就业概率。所以，男性和女性的工资差距方程式可以分解为

$$\overline{w}_m - \overline{w}_f = \sum_j (p_j^m \overline{w}_j^m - p_j^f \overline{w}_j^f) = \sum_j p_j^f(\overline{w}_j^m - \overline{w}_j^f) + \sum_j \overline{w}_j^m(p_j^f - p_j^f)$$
$$= \sum_j p_j^f(\overline{x}_j^m - \overline{x}_j^f)\beta_j^m + \sum_j p_j^f \overline{x}_j^f(\beta_j^m - \beta_j^f) + \sum_j \overline{w}_j^m(p_j^f - \tilde{p}_j^f) + \sum_j \overline{w}_j^m(\tilde{p}_j^f - p_j^f)$$

其中，$\sum_j p_j^f(\overline{x}_j^m - \overline{x}_j^f)\beta_j^m$ 表示部门内工资差异可以解释部分；$\sum_j p_j^f \overline{x}_j^f(\beta_j^m - \beta_j^f)$ 表示部门内工资差异不能被解释部分；$\sum_j \overline{w}_j^m(p_j^f - \tilde{p}_j^f)$ 表示部门间工资差异可以解释部分；

---

① 参见葛玉好. 中国城镇地区性别工资差距研究. 北京：中国经济出版社，2011：144-146

$\sum_j \bar{w}_j^m (\tilde{p}_j^f - p_j^f)$ 表示男性和女性部门间工资差距不可解释部分。所以，工资歧视由行业内部的工资歧视和行业之间的工资歧视组成。

（二）Appleton 分解

假设 $\bar{w}_m$、$\bar{w}_f$ 表示男性和女性工资对数的平均数；$\bar{w}_j^m$、$\bar{w}_j^f$ 表示第 j 个行业中男性和女性对数的平均数，即男性和女性在各个部门中平均工资的对数；p_j^m、p_j^f 表示男性和女性进入第 j 个行业中的概率；$\bar{p}_j^*$ 表示无歧视情况下个人 i 在行业 j 中就业的平均概率。那么男性和女性工资对数的平均数之差可以表示为

$$\bar{w}_m - \bar{w}_f = \sum_j \bar{p}_j^* (\bar{w}_j^m - \bar{w}_j^f) + \sum_j \bar{w}_j^m (p_j^m - \bar{p}_j^*) + \sum_j \bar{w}_j^f (\bar{p}_j^* - p_j^f)$$

其中，男性或女性进入 j 部门的概率 p_j^i 可以采用下式计算：

$$p_j^i = \exp(\gamma_j^m q_i) / \sum_j \exp(\gamma_j^m q_i), \quad 如果 i 为男性$$

$$p_j^i = \exp(\gamma_j^f q_i) / \sum_j \exp(\gamma_j^f q_i), \quad 如果 i 为女性$$

其中，根据多元 logit 回归估计出 γ_j^f、γ_j^m，令

$$\gamma_j^* = \Omega \gamma_j^m + (1 - \Omega) \gamma_j^f$$

如果不存在歧视的话，劳动者 i 在行业 j 中就业的概率由 γ_j^* 决定，即

$$p_j^{i*} = \exp(\gamma_j^* q_i) / \sum_j \exp(\gamma_j^* q_i)$$

其中，当 i=m 时，$\bar{p}_j^{m*}$ 表示劳动者 i 为男性样本在 j 行业工作概率的平均值；当 i=f 时，$\bar{p}_j^{f*}$ 表示劳动者 i 为女性样本在 j 行业工作概率的平均值；当不分男性样本和女性样本时，$\bar{p}_j^*$ 表示全部样本在 j 行业工作概率的平均值。那么：

$$\begin{aligned}
\bar{w}_m - \bar{w}_f &= \sum_j \bar{p}_j^* (\bar{w}_j^m - \bar{w}_j^f) + \sum_j \bar{w}_j^m (p_j^m - \bar{p}_j^*) + \sum_j \bar{w}_j^f (\bar{p}_j^* - p_j^f) \\
&= \sum_j \bar{p}_j^* (\bar{x}_j^m - \bar{x}_j^f) \beta_j + \sum_j \bar{p}_j^* \bar{x}_j^m (\beta_j^m - \beta_j) \\
&\quad + \sum_j \bar{p}_j^* \bar{x}_j^f (\beta_j - \beta_j^f) + \sum_j \bar{w}_j^m (p_j^{m*} - \bar{p}_j^*) \\
&\quad + \sum_j \bar{w}_j^f (\bar{p}_j^* - \bar{p}_j^{f*}) + \sum_j \bar{w}_j^m (\bar{p}_j^m - \bar{p}_j^{m*}) \\
&\quad + \sum_j \bar{w}_j^f (\bar{p}_j^{f*} - \bar{p}_j^f)
\end{aligned}$$

其中，$\beta_j = \dfrac{n_m}{n_m + n_f} \beta_j^m + \dfrac{n_f}{n_m + n_f} \beta_j^f$；$\sum_j \bar{p}_j^* (\bar{x}_j^m - \bar{x}_j^f) \beta_j$ 表示个人特征差异导致的工资差距；$\sum_j \bar{p}_j^* \bar{x}_j^m (\beta_j^m - \beta_j)$ 表示行业内男性的优惠；$\sum_j \bar{w}_j^f (p_j^{f*} - \bar{p}_j^*)$ 表示行业内对女性的惩罚；$\sum_j \bar{w}_j^m (p_j^{m*} - \bar{p}_j^*)$ 表示男性具有较优技能因素所导致行业间差距；$\sum_j \bar{w}_j^f (\bar{p}_j^* - \bar{p}_j^{f*})$ 表示女性具有较差技能因素所导致的行业间差距；$\sum_j \bar{w}_j^m (\bar{p}_j^m - \bar{p}_j^{m*})$ 表示行业间对男性的优惠；$\sum_j \bar{w}_j^f (\bar{p}_j^{f*} - \bar{p}_j^f)$ 表示行业间对女性的惩罚。

三、职业歧视的衡量方法

（一）职业歧视的概念

当某一人口群体内部的职业分布与另外一人口群体内部的职业分布极为不同时，则存在着职业隔离；在现实中存在着"男性职业"和"女性职业"的现象。应注意，职业隔离并非必然是对职业歧视的一种反映。产生职业隔离的原因可能是歧视，也有可能不是歧视。需要区分前市场差别和劳动力市场歧视对劳动力市场的影响（参见前述）。

（二）有关差异指数法的衡量

假如某一性别的工人留在他们现在的工作岗位上，那么为了使得两种性别的工人在各种职业中的分布是相同的，另外一种性别的工人中有多少比例的人将不得不改变职业。如果所有的职业都是完全隔离的，这一指数为100%；而如果女性和男性在各种职业中的分布都是相同的，则这一指数为零。

职业隔离和工资歧视的共同作用可能将妇女的工资降低15%~20%。然而，并非所有的性别职业隔离都是劳动力市场歧视的结果，至少某些职业隔离是由个人在进入劳动市场之前所形成的偏好或者是进入劳动市场之后在需要进行家庭决策的情况下做出选择的结果。

■ 第四节　雇佣当中的统计性歧视与其经济性

美国出台的《1964年民权法案》第七章规定了平等就业法案，法院一般根据公司雇佣的被保护群体的比例和其他公司进行比较来判别是否存在就业歧视。下面从经济理论的角度来评述了影响雇佣比例的一些因素，分析了法院裁决关于公司政策方面所考虑的这些因素的影响程度，指出了在判别歧视方面仍未能解决的问题和领域。为了说明由于一些经济因素导致的差别影响，首先通过一个决定公司录用情况的经济模型来分析[①]。

一、经济模型

一旦雇员开始搜寻工作，那么雇员和工作的匹配特征就会受到雇员行为和雇主政策的影响，所以笔者首先分析了人力资本投资决定。

工作搜寻和培训所发生的成本包括雇员上学费用，以及培训时期被支付较低的工资、

---

① 本部分内容参见：Ehrenberg R G, Smith R S. Economic and statistical analysis of discrimination in hiring. NBER Working Papers，1983

辞职成本、搜寻成本等。这些投资成本代表了职业和地区流动的壁垒，但并非全部流动成本。如果雇主期望从改变职业、住所的员工雇用中获得一个长期收益回报的话，员工的产出必须抵消当初因为雇用流动员工而产生的交易成本。

人力资本理论有两个重要的含义：第一，并不是所有的工人都能找到合适的工作。地区间的直接和间接成本都会随着距离工作地点的距离而改变，因此对于国家和地区的劳动力市场并不是所有的雇员都感兴趣。具有配偶的求职者面临的流动成本比较高，同样，失业的工人接受一个特定工作的成本比拥有工作的人成本要低。另外，人力资本的长期投资收益随着年龄的增大而降低，所以他们的流动率较低。劳动力市场上的年龄分布也随着种族、性别等的不同而不同。第二，如果净回报比较高的话，那么会提高市场的参与率。通常雇主要雇用外地的工人，那么就必须支付较高的工资。同样，当长期净收益较高的话，雇员也会改变职业。因此，特定职业或地区的劳动力市场中雇佣比例恰恰是假设劳动力数量是固定的，忽略了劳动力市场中工人的流动，使得对歧视的判断出现偏差。

二、雇主的政策

参与率和人力资本投资决策在于市场的激励，这种激励超越了雇主的控制范围。然而，单个雇主的政策对于其职位申请者的数量和质量有着重要的影响。

（一）招募的地区范围

公司提供一个较高的工资水平，那么就会吸引较多的职位申请者。这种高工资可以抵消距离公司较远的成本，以及扩大公司招募的地区范围。

（二）申请者的质量

公司的工资政策也会影响到申请者的质量，低工资报酬会降低公司职位的合格申请者的数量。高工资意味着高的生产率，高工资可以吸引来高质量的求职者。另外一个影响雇佣质量的是公司的招募策略。高工资可以使公司获得高能力的求职者。低工资使公司获得低能力的求职者，雇佣后再进行培训，即高工资和高培训两种策略之间可以相互替代。

（三）申请者的种族和性别构成

公司的其他方面会影响到申请者的种族、性别构成。歧视就是其中之一，除此之外还有职业梯、福利、工厂的位置。一些工厂为维持内部劳动力市场，所以新的进入者就会承担比较低的责任，获得比较低的报酬，但是之后就会获得一个比较连续性的内部晋升机会。雇主会搜寻超过进入标准的雇员，雇主在搜寻过程中，那些长期在企业中工作的员工或者索要报酬明显较低的员工对雇主来说有明显的吸引力。

由于求职者的种族和性别、财富和文化的不同，可能会影响到他们对于这些计划的看法，同时，这些因素反过来又会影响到他们最终被雇佣的概率。

福利也会影响到种族和性别的申请者的比例。福利的一大特点是延期支付，这样可以减免税收，所以高工资的那些人会对于福利的估价较高，而低工资的人对于福利的估价就会较低。因此，低工资，高福利的薪酬包使得少数民族的申请者较少，已婚妇女可能会受到医疗保险的覆盖，同样受到吸引的人数也会较少。

最后，公司的位置决定也会影响到种族和性别的构成。当公司的位置在居民区，那么就会吸引妇女；当公司位于少数民族聚居区，那么就会吸引更多的少数民族求职者。

三、概念框架的操作

（一）公司位置所在的劳动力市场范围界定

早期的审判案例是强调公司劳动力市场的地理边界的范围，如州、县等。然而，这样广泛的界定忽略了公司所在的区域位置。因为申请者在申请工作的时候会考虑交通成本以及时间成本，公司所在的位置会影响到潜在的求职者。高的薪酬政策会吸引更多的远处的求职者前来应聘，因此，相关的劳动力市场的地理位置是具有公司针对性概念的，依赖于公司的位置和公司的薪酬政策。

同时，以前的案例判别标准都是按照人口比例来判别，后来采用公司和地区之间距离的远近作为雇佣比例的判别标准，雇佣权重或比例随着距离的增加而降低。

目前，法院忽略了这样的事实：不同的种族和性别的申请者，交通距离的远近意愿是不一样的。大量证据证明女性更倾向于离她们较近的工作地点，非白人更倾向于近距离寻找工作。这些不同反映了自愿性的劳动力供给，表明每个地区的录取比例会因为性别和种族等劳动者的自我选择而出现差异。

在其他条件相同的情况下，高技术和高薪酬的工人，他们的交通成本可能相对就不重要了，他们搜寻的劳动力市场范围也会扩大。然而法院对于全国性的劳动力市场的录取比例要求是相同的，不会因为地区不同而发生变化。搜寻高技术工作的雇员和提供相应岗位的雇主搜寻范围如果是全国性的，那么全国性的市场搜寻并不意味各个地区的录取机会是均等的，因为在小的城市里，给高技术工人配偶提供工作的机会较少，同时，不同州之间的劳动力流动也是随着距离的远近而变化的。然而，法院采取全国性的高技术职业雇员录取比例来评判就忽略了这些考虑。

（二）潜在求职者的申请池

最早的法院判决采用人口比例标准来评判录取比例，很快就意识到了人口特征的问题。例如，年龄结构，老年人和小孩是没有办法参加劳动的。所以后来采用了劳动力数据而不是采用人口数据，尽管这样，很多棘手的问题仍然存在。当地的劳动力的存量并不等于公司潜在求职申请者的流量。首先，劳动力包含就业和失业，不同的群体对于雇主提供的就业反映是不一样的。很显然，就业者和失业者并不能给予相同的权重来计算企业的录取数量，因为不同种族、不同性别失业率也是不一样的，所以还存在着很多棘手问题。

其次，计算申请池的时候，法院总是按照劳动力市场的总存量来计算。然而，自愿离职的概率随着年龄的增长而下降，所以在计算招聘申请池时，应该给予年轻人较大的比例或权重。另外，计算申请池时，应该比较雇佣比例和申请比例，而不应该利用劳动力市场的存量来对比申请池。如果受到保护的那部分群体录用比例超过了他们对于所有人的比例，那么就应该提高受保护群体的录取标准。

最后，公司的薪酬政策也会影响到少数民族或女性的潜在申请池；在保持总薪酬不变的情况下，提供高工资低福利政策的公司会相应的吸引更多的少数民族和女性申请者。现在法院尚没有意识到公司的这种非歧视性的薪酬政策会影响到潜在的性别和种族等的申请池的比例。

四、政策问题

雇用雇员可以被看作两阶段过程，第一个阶段是申请，第二个阶段是雇员从申请者中被录取。下面从这两个方面检查了法律政策的相关问题。

（一）选择标准

美国最高法院规定了歧视诉讼的一般原则，即原告有确凿的证据证明雇主的选择机制对种族或性别的差别产生了严重影响。一旦法院立案，被告者必须提供证据证明商业性的实践导致的不同的影响是商业经营所必需的。如果在总体选择比例和种族或性别比例差异显著的情况下，美国法院也会强调歧视性的有效性检验，所以统计这种差别影响的方法非常重要。

界定差别影响的统计性问题是如何衡量雇佣比例不同的显著性。在一些领域中，美国法院有统计显著性的标准，这种统计性显著程度一般界定为 0.05 的显著度，或者 2~3 个标准差范围之外。这种方法在有些情况下很难对差别影响进行举证，因为可能由于雇主偏离的比例比较小，或者是由于其雇佣的群体比较小。当样本规模比较小的情况下，统计上的显著性是很难得到的。这种武断的标准受到很大的争议，所以这种差别影响的结果只能通过选择的标准是否与工作相关来进行评判。因此，法院不可避免地要对公司的雇佣标准进行判断，通过检查雇佣结果，而避开雇佣过程的评估，对于法院来说是非常困难的。

（二）实际的和潜在的申请池

一个雇主采用了非歧视性的雇佣标准来对待求职者，那么可能实际上雇主所用的招聘方法会产生歧视。所以，法院有时候不愿意采用公司的实际申请池来评估选择程序的公平性，而是采用潜在的申请池来评估其所遇到的情况。

如果可以获得公司的实际职位申请池，那么法院就可以利用这些数据而不是潜在的申请池，因为实际申请池被保护阶层的样本代表性要等于或高于潜在的申请池。如果实际申请池的数据被招聘程序、招聘实践等扭曲，那么就会采用潜在的申请池。实际申请池如果低于预期的值，那么公司就必须说明自己的招聘程序、公司政策等都是出于经营的商业目的考虑的，而非歧视。这也就使得法院不能仅仅只通过看差别结果来判断，还要采用谈判公司的政策或程序来判断差别影响是否为歧视。

法院根据公司的政策来判断是否存在歧视，那么就会产生一个问题。假设有两个工厂在同一个郊区并且相邻，一个公司采用高工资的政策来吸引城市中心的黑人来工作，另一个公司采用低工资，那么法院能够命令低工资的公司来提高他们的工资吗？位于城市中心的高工资公司来吸引郊区的黑人能够被要求使用低工资吗？法院对于公司的福利也能做类似的要求吗？法院有权力对公司雇佣标准的商业标准的必须性做出裁决，那么从这个权力逻辑推广来看，法院可以将这种权力推广到薪酬水平、福利包等政策方面，而这严重地影响到了市场的作用。

第七章

失　业

第一节　失业概念与度量

一、失业的概念

根据国际劳工组织的定义，失业是指在某个年龄以上，在特定的考察期内没有工作而有工作能力并且正在寻找工作的人，即构成失业的三个必备条件：①一定年龄（如16岁）以上有工作能力；②没有工作（如刚毕业、被解雇等）；③正在寻找工作。根据市场经济国家接受的定义，统计时被确定有工作能力但没有工作，且此前在四周内寻找过工作但没有找到工作的人，包括暂时解雇等待恢复工作的人、正等待到新工作岗位报到时间达30天的人。根据美国的定义，16岁以上非制度限制，不在工作但有工作能力且：①过去四周内进行过某种求职活动；②暂时被解雇并等待重返工作；③一直在寻找工作但暂时养病；④30天内等待到新工作岗位报到的人。

二、失业的度量问题

失业所造成的经济成本经常被低估。首先，失业人群中不包括丧失信心的工人。丧失信心的工人就是指那些想得到工作，在过去的一年中找过工作但没有在近四周内寻找工作的人，或者是由于缺乏工作机会或只是由于个人因素如年龄、种族及缺乏技能而找不到工作的人。其次，就业者中潜在的失业者或就业不足者。（隐性失业者）失业所造成的经济成本也经常被高估。例如，失业率不能反映潜在的就业者，失业中存在着大量的隐性就业者；有的人实际是自愿离开工作，但还是会对向他们调查的社会保险机构表示正在寻找工作，试图获得失业救济、医疗保险等保障福利，因此产生高失业率问题。劳动力人口统计构成发生变化。例如，青少年与妇女频繁地进出劳动力市场，这两个群体所占比重的增长导致所测量的失业率上升，从而夸大了经济不景气的程度。

第二节　失业的类型及其成因

一、摩擦性失业

摩擦性失业主要是指在信息不完全的条件下，寻找工作的劳动者与有职位空缺的雇主在相互搜寻过程中形成的一种失业。在劳动力供求平衡的条件下，这种失业仍然存在，它是劳动力市场内在动态性的必然产物。摩擦性失业影响的行业广，涉及的人数多，期限较短，但难以消除。对单个工人而言，如果短期失业使他能进行更大范围的工作搜寻，那失业就是一项值得的投资；对整个经济而言，如果劳动力流动过程是为了在地区和企业间进行合理有效的劳动力分配，一定量的摩擦失业是必要的。摩擦性失业主要是由于劳动力市场的动态属性，形成信息不完全，也可能是现行经济制度的影响（如社会保障制度）等造成的。

工作搜寻理论对摩擦性失业和自愿性失业现象做出了解释，分析了决定某一经济中的摩擦性失业水平是进入和退出劳动力市场的人员流量和失业者找到并接受工作的速度和影响这种速度的因素。

（一）保留工资模型（麦柯尔模型）

保留工资模型假设求职者常常按先后顺序做出工作搜寻决策，当遇到第一份超过其最低可接受工资的工作时，求职者就会接受该份工作。该最低可接受工资往往指求职者考虑从事某一工作时愿意接受的最低工资。求职者以前工作所获得的工资水平、习惯的生活消费水平以及朋友或熟人的工作状况等因素会影响该求职者的最低可接受工资。这是麦柯尔模型的关键值的概念。由于工作机会和工人特征的信息是不完全的，为实现工作与工人技能的匹配，必须付出一定的时间和精力。所以，该模型假设：①不同雇主有不同的雇佣标准；②一个雇佣标准对应一个工资标准；③工资是工作要求的最低技能水平的增函数。这样，劳动力市场上存在一个与所有空缺岗位相对应的雇主出价工资分布（图7-1）。

如图7-1所示，w_R为最低可接受工资，低于w_R的工作将会被求职者拒绝。只要保留工资（w_R）没有确定在与市场所提供的最低工资相等的水平上，找到工作的概率就会小于1；由于$w_R<w_K$，如果这些人找到工作，那么他们实际处于非充分就业状态，这种就业不充分是信息不对称的一种成本，这也造成同质的劳动者可能获得不同的工资；如果失业者的成本下降，那么w_R将上升。所以失业救济金越高，劳动者的保留工资就会相应地提高，最终使得劳动者的搜寻的劳动时间延长。

搜寻的时间长度取决于最低可接受工资水平与企业提供的工资分布频率之间的联系。当经济处于萧条时期，企业所提供的工资会普遍下降使得工资分布频率曲线向左移动，在保持其原有的最低可接受工资不变的情况下，搜寻时间就会延长。

工资的分布

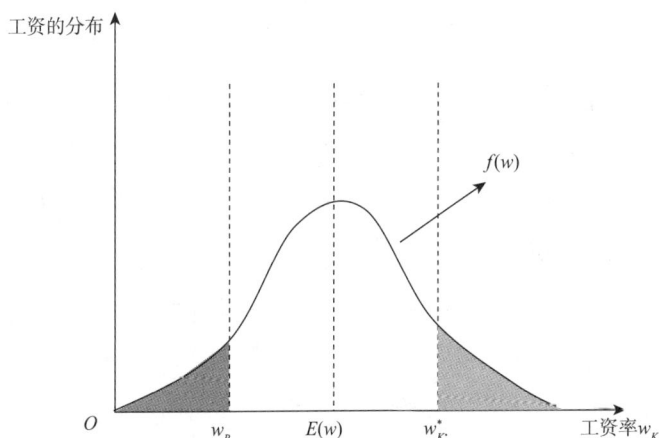

图 7-1 工资分布钟形图

所以，求职者 A 用可接受工资 w_R 作为标准做出接受或拒绝某项工作的决策，并预期在某一确定时间会得到一份满意的工作。如果该时间后求职者 A 没有找到工作，这种不一致将会导致工作搜寻者降低 $f(w)$ 的估计值和最低的可接受工资。当可接受工资降低到某一点时，就会找到可接受的工作，但这种搜寻过程要比如果一开始就正确估计 $f(w)$ 时所用的时间长得多。

工作搜寻在本质上是一种人力资本投资，即工人在劳动力市场上流动以改善他们的状况。它解释了在劳动力市场中个人搜寻工作所需时间的不一致性和一些劳动力群体的失业率高于另一些群体的原因。也表明任何减少失业成本的因素（如失业补偿金）都会增加工作搜寻时间和失业期限，因为增加了保留工资。对经济周期中失业的反周期运动提供了解释，随着经济周期上升或下降，工资频率分布曲线 $f(w)$ 将向右或向左移动，失业人数或失业的持续时间都将变化。

（二）斯蒂格勒模型——求职时间长短的决定（工作搜寻最佳次数的决定）

斯蒂格勒模型是按照工作搜寻最优次数的决策，遵循边际收益法则。当边际收益等于边际成本时，就达到了工作搜寻的最优次数。

搜寻理论认为，人们对信息的搜寻是有成本的。阿罗[①]认为，信息就是指根据条件概率原则有效地改变概率的任何观察结果。广义上讲，任何事件或事物都包含或传递信息。搜寻就是决策者将样本空间中的选择对象转变成选择空间中的选择对象的活动。搜寻成本则是指搜寻活动本身所要花费的费用，这种费用有时指搜寻活动所需要的开销，有时也可以指等待下一次机会所付出的代价，即如果这次搜寻获得的高工资并不被接受，那么它就成为下次搜寻的成本，所以随着搜寻次数的增多，搜寻的边际成本逐渐地增加。

① Arrow K J. The genesis of dynamic systems governed by metzler matrices//Mathematical Economics and Game Theory. Berlin: Springer Berlin Heidelberg, 1977: 629-644

　　既然存在搜寻成本，那么，对搜寻者而言，他所面临的选择就是"搜寻"或"停止搜寻"。如果搜寻者决定"停止搜寻"，就意味着他在已有的机会集合中选择一项行动，搜寻过程结束；如果搜寻者决定"搜寻"，就意味着他继续搜寻新的选择对象。

　　必须指出的是，随着搜寻次数的增加，搜寻的边际收益总是下降的。当搜寻活动使搜寻的预期边际收益等于边际成本时，搜寻活动才会停止，如图 7-2 所示。

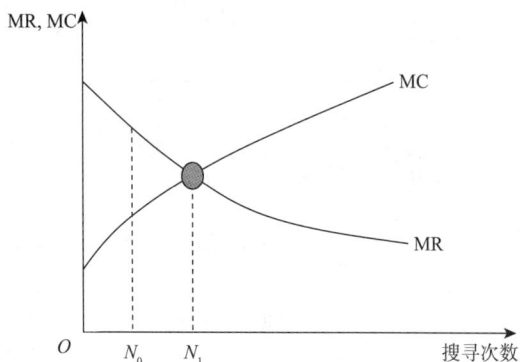

图 7-2　搜寻均衡

二、结构性失业

　　结构性失业往往是劳动者技能和其他结构与现有的就业岗位要求结构错位造成的失业，其是与岗位空缺并存的现象。具体可以有多种表现形式，具体体现为技能结构不平衡；文化结构不平衡；区域结构不平衡；年龄结构不平衡；等等。这种结构性失业往往与产业兴衰，经济发达地区的转移有关；具有群体性特征；持续的时间一般较长。一般是经济结构变化与劳动力结构变化不匹配以及求职者与工作空缺地理位置不匹配等造成的。

三、需求不足性失业

　　需求不足性失业是在国民经济萧条时期，由于需求乏力，难以创造足够的就业所引起的失业。它受经济周期影响，一旦发生可能会存在于所有部门。需求不足引起的失业往往与经济周期和工资具有刚性有关。

　　在劳动力市场中工资是刚性的，失业不能通过工资的灵活调整得以消除。与刚性工资相联系的失业与工作搜寻理论中的失业的性质不同，后者不是因为工作总量不足，而是劳动力市场的动态属性以及信息不对称所造成的；前者则是工资具有刚性，工作总量不足所造成的。由于刚性工资引起的失业是与经济活动的周期性波动联系在一起的，其主要解释是由经济周期性波动而产生的失业，如图 7-3 所示。那么为什么工资会有刚性？往往有很多种理论来对工资刚性进行解释。

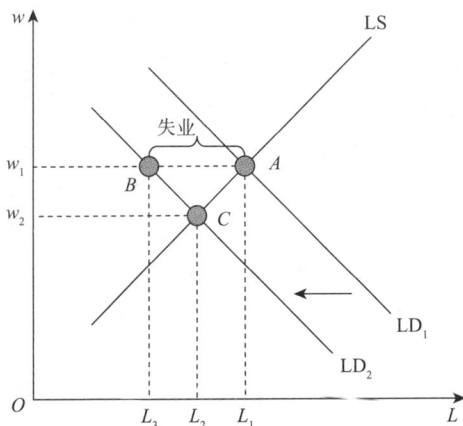

图 7-3　由工资刚性引起的失业

（一）隐含合同理论

隐含合同理论（implicit contract theory），即企业是利润最大化者，员工是风险规避者；保持一个不随宏观经济波动的工资水平，满足员工规避风险的目的，又能被企业所接受。企业降低工资，首先离职的是优秀员工。所以企业一般出于利润最大化考虑，先解雇资历浅的员工。

该理论根据"内部工人"和"外部工人"理论来解释工资下降的刚性。内部工人一般是指工会会员，他们拥有保持就业的较强的谈判力量。外部工人是指那些非工会会员，这些非工会会员可能处于失业状态，他们没有能力来影响有利于他们的谈判过程。因此，工会会员对于工资提高提出的要求一般是不会考虑外部工人的就业的，因此没有道理要求他们因为较高失业的存在而降低工资要求。然而，如果就业率下降，可能会提高内部工人的失业风险，从而也会降低相应的工资要求以确保他们处于就业状态[1]。同时厂商可能预料到，以低于现行的工资水平雇用外部工人，现有工人会与那些被视为"偷取"工作的新来者不合作[2]。在生产过程中，工作场所的合作是很重要的，因而这种不合作会使产出和利润受到影响。此外，即使厂商愿意雇用外部工人，这些圈外工人也不愿意提供低于现行工资水平的劳动，因为他们惧怕现有在职工人的骚扰。这样，外部工人可能倾向于等待总需求的增长而重新获得就业。

（二）效率工资模型

效率工资模型（efficiency-wage model），即在劳动市场信息不对称条件下，雇主把工资提高到高于市场出清水平，从而诱使职工努力工作。当地区失业率很低的时候，雇主需要进行严格的监督，提高监督成本，以规避道德风险问题；如果当地的失业率很高，那么由于大量失业工人的存在，劳动者的工作安全感较低，他们为了提高自己的工作安

① Hunter L. Unemployment and industrial relations. British Journal of Industrial Relations, 1988, 26（2）: 202-228
② 麦克南 C R，布鲁 S L，麦克菲逊 D A. 当代劳动经济学. 刘文，赵成美，连海霞译. 北京：人民邮政出版社，2003

全性，会尽量减少道德风险，提高自己的努力程度，这时雇主就可以减少监督，节省大量的监督费用。但是很多时候当地的失业率相对比较低，对劳动者的威胁相对也较低，这时候就促使雇主提高工资，将工资提高到市场出清工资之上，这时劳动者偷懒的机会成本就会增大，劳动者出于自身目标的考虑，也会降低自己的偷懒程度。所以，在失业率较低的地区，雇主倾向于实行效率工资。这就造成了失业率和工资率之间的反相关。即工资率越高，失业率越低的现象。然而，采用古典经济学解释，如果劳动者的工资越高，那么企业需要的劳动力数量也就越小，此时会造成较高的失业率，即失业率与工资率之间呈正相关关系。所以，工资率与失业率之间的关系采用不同的工资理论可以得出不同的结论，如图 7-4 所示。

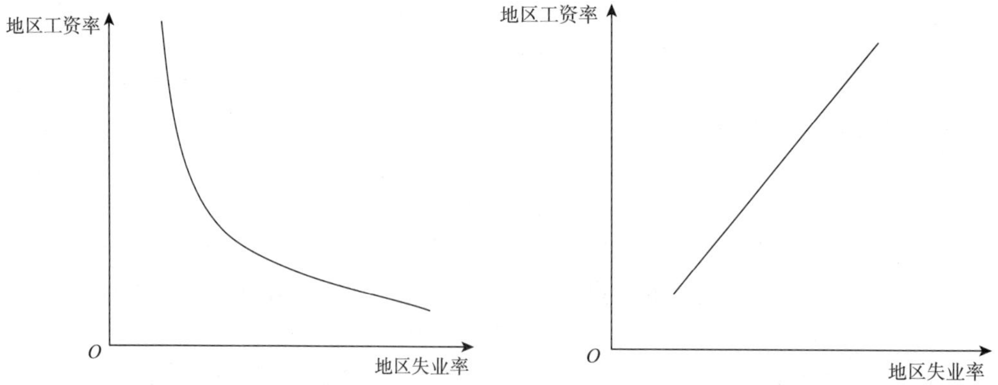

图 7-4　不同理论下工资率与失业率关系

（三）其他原因

工资的刚性还与工会和最低工资规定有关。工会会员的工资水平是工会组织的一个重要的目标，即他们会在保持就业率不受影响的情况下尽量提高工资水平，所以工会的存在是工资刚性的一个重要体现。另外，最低工资标准也是工资刚性的一种表现，它是法律规定的不得低于某一工资标准的强制要求，即表现为法定刚性。另外，工资刚性也与政府的转移项目相关。例如，当政府的工资水平过低时，政府可以通过税收征收一定财政收入，通过政府的转移支付形式支付给劳动者，以保证劳动者的正常生活和消费。再者，工资刚性也与劳动者的各种心理有关，即劳动者宁愿接受物价的普遍上涨，也不会接受工资的普遍下跌。从雇主方面来讲，雇主也不愿意降低工资。降低了工资，劳动者的流动会提高，从而增加了企业的人力资本投资的风险，也使得企业因有经验的员工的流失而产生效率损失等。

四、各类失业间的区别——贝弗里奇曲线

贝弗里奇曲线是反映劳动力市场中失业率与岗位空缺率之间存在负相关关系的曲

线，有时也被称为 UV 曲线。它与菲利普斯曲线却有着明显的区别，菲利普斯曲线主要用于失业和劳动力市场问题的总量分析，而 UV 曲线在分析失业和劳动力市场结构性问题上有着独到的作用。其中最重要的用途是作为一种实用工具将失业分解为不同的类型——由于需求不足引起的周期性失业和由于匹配低效率引起的结构性失业与摩擦性失业，UV 曲线通过对失业率与岗位空缺率共同运动趋势的分析能够提供更多的关于当前经济的经济周期波动与劳动力市场运作效率的信息。

图 7-5 中纵轴表示经济中职位空缺的数目；横轴表示失业人数；45°角的直线表示职位空缺数目与失业人数相等的线，一般意义上的充分就业；45°线以上的点表示劳动的需求过大；45°线以下的点表示劳动的供给过大；在 45°度线上的点表示充分就业的点，但仍然存在一定数目的摩擦性失业和结构性失业；如图 7-5 中的 J 点，存在着 U_1 的失业人数；K 点，存在着 U_2 的失业人数。所以，UV 曲线是一条向右下方倾斜的曲线，如 B_1，该曲线表明在任一给定的劳动力市场结构下，职位空缺数目与失业人数是怎样在经济周期中变化的，即从任一充分就业状态，如 J 点开始，在经济上升时期，整个经济状态在曲线 B_1 上移至 L 点，L 点的劳动需求大于劳动供给，说明职位空缺相对于失业过量；在经济衰退时，J 点向右下方的移动，如移到 M 点，M 点的失业率为 U_2；如果整个经济是充分就业的（J 点），那么失业率应该在 U_1 点。因此，U_2-U_1 的差值就是测量的周期性失业量，其他的失业余值可归结于摩擦性失业和结构性失业。如果劳动力市场效率下降，信息不对称加剧，那么 UV 曲线 B_1 将会移到 B_2，摩擦性失业和结构性失业将增加。

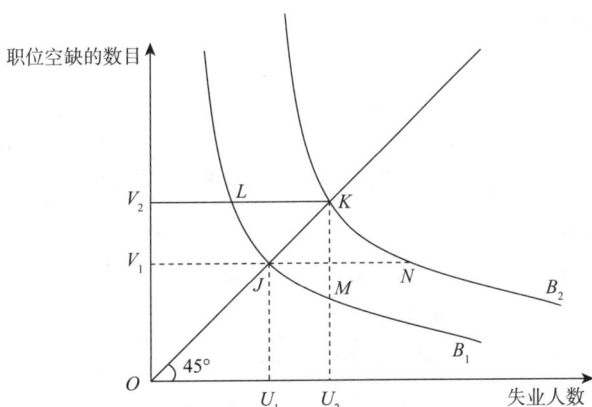

图 7-5　贝弗里奇曲线

若失业率随时间推移而增加，如何识别其原因？从点 J 到 M 点的移动表示周期性中失业人数的增加是失业者的增加而不是职位空缺的减少造成的。从 J 点向 K 点的移动表示摩擦性失业或结构性失业的增加是职位空缺和失业人数的增加造成的。

如何确定该移动是摩擦性失业还是结构性失业造成的？一种方法是可以考察职位空缺与失业人数的分散度。在多个行业和地区中的职位空缺和失业人数的大范围上升将表明是摩擦性失业；而一个地区的职位空缺集中，另一个地区的失业集中则表示是结构性失业。另外一种方法是看失业持续时间的统计情况，经历长时间失业人数的比例上升就意味着结构性失业问题将变得更严重一些。另外，J 点向 N 点移动表示可能来自需求不足和结构性失业的共同作用。

■ 第三节　失业的影响

政府的经济目标是降低失业率和通货膨胀率，提高国民经济产出。但是通货膨胀率和失业率之间是一个跷跷板关系，降低失业率往往会提高通货膨胀率；降低通货膨胀率，就会提高失业率。通常意义上，如果有一个适当的通货膨胀率，也就意味着产品的价格上升，然而往往成本的上升具有一个滞后性，尤其是人工成本。工资具有一定的黏性，导致企业有利可图，最终会促使企业扩大生产规模，提高对劳动者的雇用，进而提高就业率，降低失业率，最终也提高了国民经济产出。如果通货膨胀率太低，尤其是发生通货紧缩，就会导致产品的物价下跌，导致企业无利可图，最终导致企业缩小生产规模，减少对劳动力的雇佣量，进而提高了失业率。所以，通货膨胀率和失业率之间存在着反相关关系。另外，通货膨胀率的上升，意味着物价的全面上涨，此时劳动者的工资也会随之上涨，经济学家将反映失业率变化与通货膨胀率变化关系的方程叫菲利普斯曲线。

一、菲利普斯曲线

（一）短期菲利普斯曲线

经验数据表明，通货膨胀率和失业率之间存在着替代关系。失业往往是由于没有预期到的通货膨胀引起的，如果预期到了通货膨胀，则不会对经济产生较大的影响，对失业也没有明显的影响。所以，失业率的变动往往与没有预期到的通货膨胀率有关。所以，短期的短期菲利普斯曲线可以表达为

$$\pi = \pi^{\mathrm{e}} - b \cdot (u - u_{\mathrm{n}})$$

其中，π 为通货膨胀率；π^{e} 为预期通货膨胀率；b 为参数；u 为失业率；u_{n} 为自然失业率。假定在短期预期的通货膨胀率为常数 e，那么

$$\pi = e - b \cdot (u - u_{\mathrm{n}})$$

短期菲利普斯曲线是一条向右下方倾斜的曲线。用纵轴代表通货膨胀率，横轴代表失业率，如图 7-6 所示。

短期菲利普斯曲线表明，失业率与通货膨胀率存在替代关系。降低失业率是以通货膨胀率上升为代价的，反之则反之。所以，政府可以找到一个组合点，将失业率与通货膨胀率都控制在目标范围以内。当失业率较高时，可以通过扩张性财政政策与货币政策扩大有效需求，使失业率降低。同理，当通货膨胀率较高时，政府可以通过紧缩性财政与货币政策控制通货膨胀。

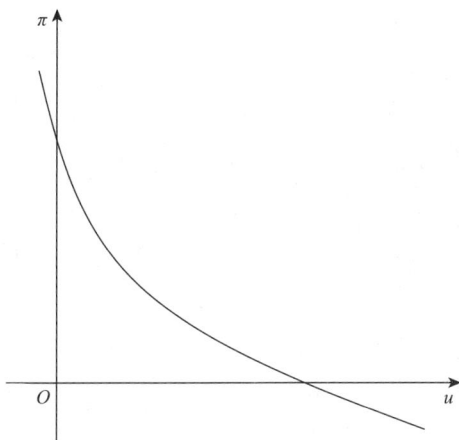

图 7-6 短期菲利普斯曲线

（二）理性预期与长期菲利普斯曲线

1. 理性预期概念

理性预期是在有效地利用一切信息的前提下，对经济变量做出的在长期说来最为准确的而又与所使用的经济理论、模型相一致的预期，其前提条件是完全信息、完全理性、市场出清。

2. 理性预期与长期菲利普斯曲线

在理性预期下，无论政府采取什么样的行动，人们都不可能被蒙骗，实际通货膨胀会被准确预期。从菲利普斯方程中看有 $\pi = \pi^e - b \cdot (u - u_n)$，当 $\pi = \pi^e$ 时，$u = u_n$，失业率将不会发生任何改变，产出水平将保持在充分就业水平上。如图 7-7 所示，长期菲利普斯曲线表明，在理性预期下，政府的总需求管理政策是无效的。

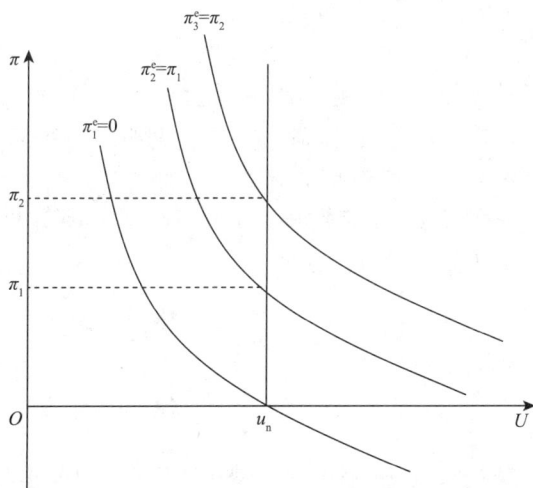

图 7-7 长期菲利普斯曲线

（三）菲利普斯曲线与总供给曲线

1. 从总供给曲线到菲利普斯曲线

从短期总供给曲线可以得出，价格变化与产出变化是正相关的。所以价格越高，产出水平越高。由于就业与产出是正相关的，所以失业率变化与产出变化负相关，价格变化与失业率变化也是负相关的。故可以通过价格与产出的正相关关系（短期总供给曲线）推导出通货膨胀率与失业率的负相关关系（短期菲利普斯曲线）。关于上述原理，可以通过代数式和图形推导出来。同理，可以通过长期总供给曲线推导出长期菲利普斯方程。

2. 从菲利普斯曲线到总供给曲线

菲利普斯曲线表明了通货膨胀与失业率之间的反方向变化关系，即价格上升越快，失业率越低。那么，当价格上升越快时，就业率就越高，而就业率变化与产出水平的变化高度正相关，所以价格变化与产出变化高度正相关，这正是短期总供给曲线所表达的关系：

$$\pi_t = \alpha\pi^e - \beta(u_t - u_t^*) + \gamma s_t + e_t$$

其中，π^e 表示预期通货膨胀；s_t 表示可能对通货膨胀产生影响的预期之外的因素；e_t 表示随机扰动项。通常将自然失业率设为上一期的失业率的函数[①] $u_t^* = m + \eta u_{t-1}$，其中，m 为常数；系数 $\eta \in [0,1]$，它代表失业回滞的程度，即自然失业率受到上一期失业率影响的程度。那么：

$$\pi_t = \beta m + \alpha\pi^e - \beta u_t - \beta\eta u_{t-1} + \gamma s_t + e_t$$

二、奥肯定律

美国经济学家奥肯（Okun）对美国经验数据进行分析，发现增长率与失业率变动之间存在规则性联系或数量关系：失业率变动 = $-1/2 \times$（实际 GDP 增长率 -3%）。实际 GDP 增长率为 3% 时失业率不变；实际 GDP 增长率高于 3% 时，失业率下降幅度等于增长率超过 3% 部分的一半；增长率低于 3% 时，失业率上升幅度等于增长率不足 3% 部分的一半。例如，当经济增长率为 5% 时，失业率会下降 1 个百分点，即（5%–3%）/2。失业率与增长率之间这一数量关系，被称为奥肯定律（Okun's law）。

① Brunello G. Hysteresis and the Japanese unemployment problem: a preliminary investigation. Oxford Economic Papers, 1990, 42（3）: 483-500; Song F M, Wu Y R. Hysteresis in unemployment: evidence from 48 u.s. states. Economic Inquiry, 1997, 35（2）, 235-243

第四节 积极劳动力市场政策评估内容

一、积极劳动力市场政策对于劳动力市场功能的影响

（一）对于就业和失业的直接影响

第一，劳动力市场政策是为了促进劳动力市场中雇主和雇员之间的匹配。例如，通过培训项目来提高雇主所要求的工人的技能；通过就业服务政策来给求职者提供更好的空缺职位信息提高搜寻效率。第二，评估这些项目时要考虑锁定效应（locking-in effects）——这些项目的参与者没有更多的时间来搜寻常规性的工作，这种锁定效应会降低找工作的激励。第三，从宏观方面来讲，这些培训项目对于降低劳动者的抱怨非常有用，但是可能不会降低实际的失业率。第四，积极的劳动力市场政策会提高劳动力的参与率，通过提供新的就业机会来使那些失去信心的工人等进入劳动力市场中来，从而提高劳动力市场规模。这样会产生两个作用：一方面，由于劳动力的需求没有受到太大的影响，雇主还是雇用以前一样的工人数，这样会使失业率上升；另一方面，劳动力供给相对于需求的上升，导致劳动力市场竞争更加激烈，产生"拥挤效应"，从而使得工资率下降。

（二）间接影响

第一，当工人处于闲置状态时，他们的生产力会逐渐下降或恶化。积极劳动力市场通过培训或者工作创造项目等，来提高或维持失业工人的生产力。生产力的上升可能对就业产生两个方面的影响：雇主通过雇用额外的劳动力来扩大产出（由于单位劳动力成本降低），但是他们也可能由于生产同样的产出需要更好的工人，雇用更少的劳动力。第二，积极的劳动力市场政策可以使当局者了解劳动者是否真正的在搜寻工作。这样就会减少声称失业者的人数。第三，积极劳动力市场政策也可能有税收影响。通过提高就业，他们可以提高税基，从而使得失业福利的总成本等降低，当然这会导致税率的降低。相反，公司会在每一个税后工资水平下雇用更多的工人，因为将支付更少的税前工资。

二、评估的实施

（一）评估者

政府的机构既有内部的又有外部的，但外部的评估机构对政策的评估更为客观和真

实，对评估结果也更负责，因为它更客观[1]。内部评估可能倾向于关注利益的政党掌权，而外部评估可能更能够遵循一个独立的基准。但是在实践中，不是所有的国家都使用独立的顾问来系统地评估积极劳动力市场计划。例如，法国过去 30 多年的政策评估项目都是由劳动部门的有关机构评估的。笔者认为内部评估应该做到以下几个方面：①为了使评估更加可靠，评估的透明性非常重要。例如，负责评估的政府机构或部门能够将评估结果提供给外部研究人员，并向公众公布；外部机构也可以承担一部分评估过程。②项目目标应该非常明确。这是有效评估的必要条件，同时，对提高内部评估效率也是非常必要的。在这种明确目标的指导下，公众和研究者等可以判断项目的成功性。

（二）评估的时间

第一，评估之前，要确定评估的项目是短期项目还是长期项目。在评估长期项目时，需要采用时间序列数据来进行评估。第二，还要鉴别项目的实施阶段。如果评估的时间太早，评估效果就会出现错误，政策需要一些时间才能够发挥作用。

（三）数据要求

第一，当被调查人被问及过去发生的事件时，他们可能忘记了或者记得不是很清楚了或者会低估他们不愉快的一段经历（如失业），这种数据可能会产生"回应偏差"。处理这个问题的一个方法是访问其父母或者朋友等来进行交叉验证答案。第二，对于被调查人的想法和感受等问题很难进行询问。被调查人的回答和判断总是会出现不一致现象，所以要在不同的时间点来询问相同的问题。这些数据也可能会有"无相应"偏差。

三、主要技术

（一）宏观层面的定量分析

1. 准实验分析

（1）准实验分析通常是在项目实施之后一段时间来进行。它采用个体数据，这种数据的获得一般是通过管理记录、访谈或者两种渠道同时采用。在这种分析类型中，实验组包括项目参与者，控制组包括没有参与项目，但是有和参与者相同的个体特征的人。

（2）评估通常采用统计分析的形式，但是也包含对于结果的对比分析。在统计分析方面，结果是被解释变量（如完成项目后某时间点的收入），是由能够影响工资的个体外部变量（如行业、地区等）、个体特征（年龄、教育、工作经历等）以及一些能够代表是否参与项目的变量等变量集合来解释的。

---

① Fay R. Labour market and social policy. Occasional Papers No. 18，OECD，1996

2. 实验分析

在实验分析中，评估是基于实验的方法。随机抽取的样本形成，参与者的平均结果和非参与者的平均结果之间的差异被认为是项目的净效果。这两个群体是由以下方式形成的：填写项目选择标准的人被选择，即预选择，然后这些人中一些被随机选择为项目的参与者，而其他的一些人被拒绝。

实验分析采用参与实验的人的信息。这些数据通过行政或者通过访谈等方法收集。这些分析的时间点可能差异很大。两种理想化的特殊情形是：当一个新项目被引进时，或一个新项目将要结束时，一些实验评估在项目执行时也会被采用。

（二）成本分析

通过货币的形式，计算项目的成本和收益。它采用两个可替代事件的对比方式来评估项目对于这两个组不同的影响。可替代的一个组别是一种反事实情况，即它代表项目或者政策没有发生情况下的情形。收益包括项目对于参与者的净影响（通过与非参与者进行对比），同时也包括其他的一些经济福利的上升（如犯罪率的下降等），成本包括项目的净支出。这种技术可以运用在事前分析，也可以运用在事后分析。

评估者在进行评估之前，首先应该确定哪些影响应该被评估，然后确定这些影响如何衡量，以及如何加总。这种方法的主要要求是要明确项目的主要目的，以及要考虑项目的所有可能性的影响（也包括外部效应），项目的目标群体也要进行明确的界定[①]。

（三）定性分析

这种评估方法主要是考虑有关项目的相关人士的观点看法：受益人、实施项目和公司的管理人员等。数据可以通过调查和访谈等方法来收集。这些数据被用来评估不能通过定量数据来测量的影响。定量分析主要是在相关领域的专家基于经验来进行评估分析。

四、评估框架

（一）目标群评估法

尽管具体的项目评估本身非常有用，但是它也有很多缺陷：没有考虑具体项目与周围环境之间的相互作用（制度和其他的经济政策）和没有能够比较各种项目的效果。目标群评估法可以使评估者把这些问题都考虑进去，这种方法会比较针对具体人群的不同劳动力市场项目的结果，以及在一定的环境下来评估项目。这种目标群体包括在劳动力市场中遭受具体困难的人和在搜寻工作中有权利获得额外帮助的人。

---

① Nas T. Cost-benefit analysis：theory and application，1996

（二）政策形成阶段

为了提高评估报告的质量，评估者和政策制定者之间的反馈是非常关键的。这就意味着评估者提供建议，而政府予以考虑。政府实践的透明度等对于评估的稳定性非常重要，所以评估最好在这一阶段。在这个阶段可以使评估者获得有利于分析的数据，可以从反馈的程度开始评估。评估者可以检验政策制定者对于个体的不同需求及变化的经济条件的反应。他们会发现目标群体的需求是否得到了准确的识别。项目所有可能的影响都要进行识别。

（三）政策执行阶段

政策执行阶段是关键性的阶段，对于政策的成功和失败起着重要的作用。除了针对性方法的一般要求外，下列因素也需要进行考虑。

首先，实施的质量本身需要考虑。政策是否成功依赖于提供给参与者的服务质量。质量维度经常没有被包含在评估中。这样评估的有用性依赖于具体的测量。有些项目（如就业服务）可能是以人数为目的的，所以他们的数量要求要比质量要求重要，然而，也有一些项目（如培训）只有当质量得到认可后才具有成效。同时，评估管理者是否有能力也是非常重要的，尽管这评估起来可能非常困难。

在实施阶段的评估要充分利用有关地方市场的一些信息。评估不可能独立于当地的市场水平，所以必须将当地官员收集的信息集中起来，并且运用在总体的评估中。下面的信息和评估高度相关。首先，项目必须解决当地的问题。其次，为了政策的成功实施，政策必须适合当地的情况。最后，项目的地方管理者也必须亲自和参与者打交道，这样就可以检验项目是否符合参与者的动机、能力以及利益等。

（四）政策影响阶段

影响评估的目的是明确项目的参与者是否改善了失业者或失业人群的状况。影响是多种的，但是评估都是聚焦在就业以及收入影响方面。后来一些学者认为对项目进行评估也需要包含一些定性分析。

一种考虑所有相关影响的方法是尽可能列出项目所有可能的影响。这些影响可能被划分为不同的类别，可将其归结为四类：对于参与者的直接的影响（就业和收入，福利的改善），社会影响（社会平等的改进，通过降低犯罪率等的社会环境的改善），财政影响（税收、政府支出的提高），劳动力市场的影响（工作和岗位的匹配，失业率的改变，工人生产力的改进，其他失业群体的改变）。好的评估也包含这些影响的时间分析，以及数据要求[①]。

---

① "积极劳动力市场评估"详细内容参见 Pierre G. A framework for active labour market policy evaluation. Employment and Training Papers，1999：1-30

第八章

工　会

一、罢工

罢工是工会谈判力量的一种重要手段，也是工会唯一的具有可认同主体的组织行为。但是罢工并不都是工会发起的，有些时候工人会自发地组织起来进行罢工。一些非官方的工会会员罢工直接地表达了工人的不满，但集体谈判是处理这些申诉的合理渠道。

罢工是劳动者为了将工会的要求强加给雇主或避免雇主向工会提出要求而采取的行为。传统意义上，停工可以分成罢工和闭厂，罢工是工人离开工作岗位，闭厂是雇主拒绝雇用工人，但是雇主很少会闭厂。在合同到期后，即使工会以罢工相威胁，雇主也可以选择终止合同，或者可以继续保持劳动关系，但是不受协议的约束。当工会举行罢工来抵制雇主协会中的某一个雇主时，其他的雇主可能选择闭厂来抵制工会相同的条款要求，这时就会发生闭厂。

罢工是劳动关系最明显和最剧烈的体现方式，罢工给那些英雄主义者们提供了劳工运动的机会。一般来讲，阻止罢工似乎是产业关系中的主要问题，产业和平也被认为是劳动关系的主要目标。经济学家很少考虑罢工的直接损失，他们较多地考虑达成的解决条款的后果。因为罢工使资源闲置几天或几个月，但是这些解决条款决定了资源被长期利用的方式。

评估罢工的成本具有很大的局限性。一方面，罢工引起间接的失业。例如，钢铁工人罢工由于缺少运输引起铁路工人下岗，由于原材料的短缺引起交通运输工人下岗，等等。另一方面，对于罢工的损失也有很重要的补偿。多数罢工导致生产在时间上和空间上被替代，而不是完全损失掉了。一项针对较大行业中的生产厂商的罢工所造成的损失可能完全被该行业的竞争对手的产出完全补偿。当整个行业面临着罢工威胁时，它将会提高整个行业产出的预期，如果罢工发生，在罢工发生后它将会生产出比正常水平更多的产出。如果发生罢工的行业是原材料的供应商，这些原材料的采购商在罢工发生过程中利用库存，最大限度地减少罢工对于最终产品产出的影响。在罢工结束后，再补充这些库存[①]。

在考虑罢工成本时，一些非经济的因素也应该被考虑在内，罢工可能会产生"宣泄效应"，这有助于清除长期形成的棘手问题。罢工可以使工人从日常单调的工作中获得缓解，获得在假期获得不了的激励，通常这些因素在罢工发生后会提高生产效率。当然，长期的罢工成本可能比这些罢工补偿收益更大。

如果把工会罢工中获得的工资增加和在罢工过程中损失的工资进行对比，结果表明工会的损失要比工会争取的协议中增加的收益要多。这样的计算误导了罢工的风险，这种风险部分和双方的长期战略有关。工会不是通过罢工，而是通过罢工威胁，不管是口头的还是暗含的威胁，都可以获得收益。如果工会总是没有罢工行动的话，这样的威胁力不能够持续，那么工会将会轻视其对手，把收益点设置到罢工避免点。一旦罢工开始，不管是错误估量还是故意设计，都不是理智的，而是涉及微妙的组织和个人权威的问题。工会会员很容易相信如果他们工会的持续不罢工是有风险的，一旦发生罢工，为了使今后的罢工威胁更具有可信性，他们不再评估每小时多少美分的问题了。通过理解双方的成本和收益的比较和平衡来对罢工进行完全理解的可能性不是很大。

在发生罢工期间，雇主试图不进行经营，那么罢工就成为一种消耗战。此时你会发现在一个因罢工而停工的工厂周围，一些纠察队员把整洁的标语倾斜在栅栏上和警察进行闲聊。同时，预先安排的维修人员保持设备处于良好的状态。有时候雇主还会向这些纠察队员提供咖啡和炸面饼圈。

一个有效的罢工对双方都会造成损失，这种性质依赖于罢工的范围。当雇主没有收益的时候，就必须持续地满足固定的索取。如果仅仅只有一个雇主陷入行业的罢工之中，那么他就会使得顾客和工人到竞争对手那里，从而失去顾客和工人，即使罢工结束的时候也不能够挽回损失的所有工人和顾客。顾客经常会转移到更加独立的供应商那里或者决定自己生产他们所需要的产品。同时，这些罢工者如果找不到其他的工作的话，他们就会损失自己的工资。

工会针对一个雇主的罢工战略，经常是使该雇主处于竞争性的劣势环境，但这种策略往往受到雇主们的联合抵制，这就会导致工会在整个行业内部举行总罢工。如果发生行业性的罢工，工会没有能力提供福利给所有的罢工者。来自罢工累积资金的福利或者来自其他工会的资助将被保留起来以应对那些艰难的阶段，罢工者找到其他工作的能力将会受到限制。然而，针对整个行业的罢工会引起大规模的失业，或者使向顾客提供的最终产品受到抵制。公众的压力或者政府的干预会使得双方问题得以解决。

工会赢得罢工的能力依赖于很多的因素。这些因素决定着工会提高工资的能力。当在罢工之前雇主不愿意退让的东西在罢工发生后工会获得了雇主的部分、大部分或者所有的让步，那么就可以说工会的罢工获得了成功。

如果产品的需求很充足或者利润很高，那么罢工对于雇主的伤害最大。如果需求不

---

① 对于分析钢铁工人在最终产品生产方面的罢工造成的成本分析比较出色的一本书可以参见 Livernash E R. Collective Bargaining in the Basic Steel Industry. Washington：D.C.US.Deparment of Labor，1961：Chapter 3

足，雇主由于罢工的损失可能就会较少，当罢工结束后，雇主的损失很容易得到弥补。因此，在经济萧条的行业罢工的频率较低。

决定工会赢得罢工的另一个决定因素是会员的技术和专业化。会员的技术和专业化程度越高，那么雇主利用罢工破坏者或者非罢工的监督雇员来代替罢工工人的难度就越大。

工会赢得罢工的能力未必和罢工的频率相联系。如果工会的力量强大，仅仅采用罢工威胁就可能解决问题。工会罢工的倾向也部分依赖于工会会员和工会领袖的理念和态度。一些国家的煤矿工人、季节性工人等罢工的频率较高。关于这种现象的研究表明孤立的矿工等和较大的雇主是造成这种现象的主要原因，尽管这些理解受到其他学者的质疑。

二、政府对于罢工的干预[①]

在罢工严重威胁到中立一方或者严重影响到公众的情况下，政府就会对罢工进行干预。如果罢工一方当考虑到不存在干预的情况下会获得自己的利益，那么另一方就会通过行为或者言论来促使干预的发生，即罢工的结果往往受到政府干预的影响。

政府干预罢工的方法可能有很多。在仲裁中，中立的人员或者中立的机构被任命来解决纠纷，这种中立的机构的结论对于双方都有约束力[②]。

仲裁的第一个缺点是因为仲裁者倾向于折中的方法，对这种仲裁的期望会鼓励双方采取或者维持极端的观点，减少自愿解决的可能性。频繁地使用仲裁，会使集体谈判受到削弱，如铁路行业。这些趋势有时被称为仲裁的"麻醉效应"（narcotic effect）。

仲裁对于产业关系新协议的纠纷第二个缺点是缺乏普遍接受的解决标准。在工资纠纷中，仲裁者倾向于采用折中方式来解决工资纠纷，部分原因是仲裁者更多的是考虑公正而不是效率。效率是劳动市场标准，如果雇主发现很难招聘到合适的雇员时就需要提高工资，当很多合格的工人处于失业状态那么就不需要提高工资。

也存在一些没有仲裁的政府干预，即调解。调解员尽力地帮助双方澄清他们的观点，如果他们协议破裂，帮助他们修复协议，形成新的折中。用一个著名的调解员的话来说："调解的必要功能是保持双方进行理智的讨论。"[③]尽管调解是一个正式的最弱的政府干预方式，但它经常是非常有帮助的，并且比那些强烈的干预方式更有用。

事实调查（fact-finding）处于调解和仲裁之间，和后者的不同在于它不强制要求双方接受调查报告。仲裁工作位于调查之后，事实调查报告经常公布于众，并且通过改变公众的观点来增强事实调查报告的力量。

事实调查委员会经常在解决国家紧急性纠纷中发挥作用。例如，铁路行业在《铁路

---

① 见 Kerr C, Slegel A. The interindustry propensity to strike//Komhauser A, Dubin R, Ross A. Industry Conflict. New York：McGraw-Hill Book Co，1954

② 这种讨论不适用于产生于理解目前协议的纠纷仲裁。

③ David L.Cole，government in the bargaining process：the role of mediation. Annals of American Academy of Political and Social Science，1961：50

劳工法案》中，紧急委员会可以对纠纷提出建议。然而，这些建议经常不被纠纷中的一方或者双方考虑。在那些没有受到《铁路劳工法案》覆盖的行业中，会根据《塔夫托-哈特莱法案》（Taft-Hartley Act）在紧急的情况下任命事实调查委员会。这种事实调查委员的任命会形成一个八十天的"冷静"阶段，在这段时期内罢工者必须回去工作。在《塔夫托-哈特莱法案》下，事实调查委员会可能没有提出解决条款。在 20 世纪 50 年代，在《塔夫托-哈特莱法案》中有大量的被列为紧急性事件的情况，但是到了 20 世纪 70 年代，该法案的这些条款就被淘汰了。

美国的事实调查委员会经常在解决主要的纠纷中失败，罢工经常会持续或者在事实调查进行报告后继续进行罢工。事实调查委员会成功调解纠纷主要是因为它们受到作为高层次调节者的政府机构的支持。也有人对于八十天的冷静期的价值提出质疑。罢工的解决压力分别来自雇员购买食物和其他必需品的需要和雇主运转企业的劳动需求，而冷静期恰恰延缓或推迟这些压力，从而使得双方获得有效解决实现的时间点延后。

很多人提议政府要强加一些成本给紧急性纠纷的双方从而使他们产生妥协的激励。如果那些照原有的协议被要求回到原来的岗位上工作的工人感到不满的话，在政府的控制下就可以通过查封以及军事行动等手段对工人施加成本压力。如果政府在查封期间在就业方面有一个友好的改变的话，那么政府就会对管理方施加强有力的压力来继续这些条款。如果政府将高成本强加给罢工的工会会员和雇主，如工会会费或者雇主的利润在查封期间将会归政府所有。然而，这种强加的成本将会由于双方的不平等而改变纠纷的结果。还没有任何一种不通过干预就可以加快纠纷的解决，使双方达成一致的办法。

其中一个获得比较多支持的计划方案被称为"最终报价仲裁"（final-offer arbitration），这需要仲裁者来不做修改地在管理方的最终报价以及工会的最后的要求之间做出选择。目的是迫使双方来接近彼此之间的差距，这种每一步的最后报价对于仲裁者来说都是合理的。一些地方政府采用最后报价策略来解决涉及警察以及消防人员的纠纷解决。

政府对于罢工的干预仍然停留在给出即兴或临时的解决方案，所以，政府对罢工干预的实质是造成最终的行动解决方案不确定性。罢工的双方如果达不成一致的话，相对于一个未知的具有更差可能性的解决方案来说，其可能会接受一个已知的解决方案。

在艰难的罢工形式情形下，解决罢工的关键的人物通常是被选举出来的政府官员——美国市长、州长或者总统。这些官员很少会允许通过投票、工会的运动或者管理方决定其角色本质，然而他们还没有充分地意识到他们自己会受到他们所处理的这些群体的政治力量的影响。基于这种原因，工会的政治力量也是除经济力量之外来控制罢工行为重要的力量来源①。

---

① 也可能是工会的政治影响组织力量的一个来源，而非是罢工。建筑行业工会会经常任命他们的会员为建筑检查员。对于需要职业许可的职业中，如管道工、电工和理发师，工会通常任命其会员为许可委员会委员。如果这种委员会拒绝许可那些有资格的工人，他们可以提高这些拥有职业资格的工人的工资。设定职业资格的标准高于所需要的保护公共健康和安全要求的职业标准也同样可以提高拥有职业资格工人的工资。

三、野猫罢工和怠工

野猫罢工是指违反协议或者没有经过上级工会的授权，通过一个没有经过当地工会授权的部门或单位或者是由国家工会授权的地方工会发起的罢工。很多野猫罢工，尤其是自发性的罢工，产生于对工会政策的不满，因此野猫罢工被认为是工会力量的来源。另外，工会也可能会默许纵容那些被正式否决的罢工。野猫罢工经常发生在新协议的协商期间，此时他们可能采用压力手段使问题获得更快地解决。

尽管非工会的自发性罢工目前很少，但工会发起的野猫罢工确实相当普遍，这种现象很奇怪，其中一个解释是对于工会举行的野猫罢工的惩罚比较轻。工会经常会同意雇主惩罚那些违反协议的罢工工人，但是他们经常反对对于这些工人的过度惩罚。当工人感觉到他们的健康或者安全受到了直接的威胁时，如果他们不能说服受到威胁的直接主管，野猫罢工就会发生。野猫罢工是他们唯一的力量来源，工会反对严酷地惩罚野猫罢工也是基于这种原因。

多数产业关系研究者都发现，近些年来野猫罢工的频率在不断地下降。部分原因是工会组织的成熟以及工会会员受到工会领导者控制的加强。另外部分由于管理方对更为严厉、更为一致化的惩罚手段的利用，因为管理方发现通过妥协来解决野猫罢工会促使工会在未来使用更为相似的手段[①]。

我们可以认为经过授权的罢工是工会的"重型火炮"，而野猫罢工以及怠工（slowdown）是工会的"小型武器"——适用于有限的活动和地方性的目标。怠工是暂时的工作节奏的松懈，主要是给管理方造成压力从而达成一些目标。工人仍然在工作岗位上，像往常一样在工作[②]。怠工相对于限制性产出而言是一种狭义的术语，这种方式可能是持久性的。持久性的限制产出的能力是力量开始的结果，但并不是额外力量的来源。怠工是一种有效的压力策略，如果管理方没有发现的话，故意延长工作可能是非常成功的。

怠工的发生主要是因为不满意工资，其在工会和非工会的企业中都存在。所有的怠工几乎都没有经过工会的授权，但是可能是工会策略上采取的一种默许。相对于野猫罢工而言，其优点是使得怠工的参与者免于受到惩罚。在运转良好的怠工中，管理方可以观察到产出的减少，但是不能够推演出引起行为微妙变化的原因，因此不能够认为个体参与了这种怠工。

四、消费者抵制和工会标签

消费者抵制和工会标签是一个硬币的两个方面。消费者抵制使得消费者不买非工会生产的产品，工会标签是鼓励同情的消费者选择工会条件下生产的产品，通常这些都是

① Slichter S H, Healy J J, Livernash E R. The Impact of Collective Bargaining on Management. Washington: D.C Brookings Institution, 1960: 663-669

② Hammett R S, Seidman J, London J. The slowdown as a union tactic. Journal of Political Economy, 1957, 65（2）: 126

工会力量比较弱小的武器。然而，消费者抵制有时候在工会会员比较集中的地方性的零售商方面非常有效。例如，联合农场（the united farm）工会组织加利福尼亚的葡萄园生产工人联合抵制非工会会员的产品。使用这种抵制是必要的，因为农场工人是不被包含在《国家劳动关系法案》之内的。

工会标签有助于组织像制衣业这样的产品的消费群体是体力工人的行业。这种行业工会的力量依赖于罢工的力量，工会标签相对于工会来说，对于消费者有更大的价值。

如果工会标签这项武器是非常有力量的，那么公众对于工会标签的态度是非常重要的。一方面，工人具有加入或者不加入工会的自由的原则，需要他们像不受管理方压力影响一样也不受消费者压力的影响。另一方面，为顾客的自由可以扩展到顾客应该了解其消费产品生产的劳动条件。基于这种观点，一块面包的工会标签和面包包装边角上"不含防腐剂"的标签一样，可能让购买者都产生浓厚的兴趣，也可能被完全忽略。

五、次级抵制

次级抵制是罢工或者是罢工威胁，次级抵制中，工会抱怨不是反对罢工的雇主，而是反对和这些雇主做生意的其他的一些人。例如，在零售行业中的工人可能拒绝经营发生罢工的制造商的产品。如果他们的雇主直接命令他们这样做，就会强迫其走出去从其他的供应商那里来进货。

次级抵制的使用现在受到法律的严厉限制。次级抵制是由一群相关利益的工人发起的，包括有组织的纠察、同情罢工、热货条款（hot cargo clauses）以及尊重由其他工会设立的纠察线等活动。所有这些机制现在在大多数情况下都是违法的。

可能最简单的次级抵制的形式是拒绝做罢工工厂的工作。因此如果模塑工工会罢工铸造工厂的一项工作，其他模塑工工会将会拒绝履行被罢工的雇主的工作。这种例子和零售商的例子不同，因为模塑工雇主之间的关系是水平的而非垂直性的。

雇主往往使用次级抵制和热货条款来组建工会。如果某一卡车雇员不能够组建工会的话，那么和其他卡车司机的工会协议中的热货条款将阻止他们从非工会的公司中转移货物或者将货物转移到非工会的公司中。因为这些协议通常会使非工会公司被淘汰，其雇员被迫改变他们的想法从而加入工会来维持他们的工作。如果某个雇主被认为是适合作为雇员选举谈判代理单位的话，工会会干预雇员的组织权。

有时候很难区分次级抵制和消费者抵制。如果纠察队在非工会的服务站打出督促顾客不要买的标语，这些标语可能对于顾客的影响很小。然而，工会运输队拒绝运输汽油等可能会迫使这些服务站关闭。次级抵制的定义不应该依据像纠察队的标语等这些外部因素，而是依赖于纠察的结果。尽管反对跨越纠察线的劳动运动是一种传统，但是还是有多数工会会员在这些问题上按照他们工会领导的指示来办事。如果运输队都拒绝跨越纠察线，可能会在当地与罢工工会之间要达成协议，继而可以概括出运输队作为一个组织参加了次级抵制。

水平型的次级抵制往往发生在主要的或次要的雇主那里，他们从事着相同或类似的活动，这种抵制的目的也很明显和清晰。一个工厂里的工资水平比较低，那么它就有着竞争优势。如果这个工厂有工会，那么工会就会寻求提高工资，如果没有工会，那么工厂就会组织工会。这种行动对于其他地方的工会会员也有着直接的福利，因为这样有助于保持目前的工作和工资水平，他们参与到抵制中来就可以用"自利"来解释了。

如果主要的和次要的雇主之间的关系是垂直的，抵制的目的就较为复杂了。抵制可能是完全出于同情，或者是一种工人之间的情感。如果工会寻求提高主要雇主的成本，抵制次要雇主的工人就会违背他们的自身经济利益。其雇主的高成本将会减少其销售以及其提供就业和提高工资的能力。抵制的这种行为可能受到以下多种因素的影响：①他们可能不理解高材料成本对于他们是有害的。②他们或他们的领导可能认为有一个比较大的工会或者比较大的劳动运动，短期的工作小时降低或工资水平上涨幅度的减少是值得的。③可能他们从工会的财政机制中得到的抚恤金比供应商付给他们的要多。

六、劳动供给的控制

控制劳动力的供给经常被认为是工会的力量来源，这种情况很多是指工会的垄断。控制劳动力供给的最有效的类型是控制某一个职业或者专业的培训人员的数量。通过限制人员的培训，工会可以有效地保护或提高其会员的收入。一个有力的证据是美国医疗协会曾经都有着类似的力量[①]，但是是否任何组织都会认为工会拥有这种类似的力量呢？这个问题令人怀疑。职业工会经常和雇主合作采用学徒制度，要求雇主提供就业岗位给这些学徒。然而，工会的学徒制度并不是培训技术行业中的所有的初级工人。很多工人都是在非工会企业中或小的社区的就业中获得的技能，随后他们可以在工会企业中就业，因为很少有工会拒绝那些没有在工会学徒制度中培训的雇员获得会员资格。虽然存在着这种供给的来源，工会不能通过学徒制度或过度延长学徒期限来有效地限制会员进入某一个职业中。

封闭性工厂（the closed shop）要求雇主仅仅雇用那些工会会员，这种工会被认为是控制劳动力供给，但是这种观点似乎排除了称职的非工会的劳动者。后面将会谈到工会利用其力量举行罢工拒绝雇主获得部分劳动力供给，以至于雇主被迫在只雇用工会会员或只雇用非工会会员两种极端的方式下进行选择。当然，如果在某一个职业中没有非工会工人，那么工会的罢工力量就会上升。

工会代表许可委员会就像医疗行业情况一样，这种许可早期都已经被认为是工会力量的来源。

---

① Friedman M, Kuznets S S. Income from Independent Professional Practice. New York：National Bureau of Economic Research，1945：8-21，118-137

■ 第二节 工会与工资、价格总水平

一、工资价格螺旋上升假设

第二次世界大战以来，关于通货膨胀的普遍观点是工资推动的价格上升。我们经历了工资推动和成本推动的通货膨胀，工会在这两种通货膨胀中都起着非常重要的作用。

这里的通货膨胀主要是指最终产品的主要物价指数不断地上升，这些指数中被大家所熟知的是劳工统计局的消费者价格指数，产品包括医疗、娱乐等消费服务。应该指出的是如果劳动和原材料效率的上升可以弥补成本上升，并且没有导致最终消费品价格的上升，那么工资水平或者原材料价格的上升，就不应该被认为是通货膨胀。

尽管我们对于价格水平的测量是很好的，并且在不断地改进，但是对于物价的测量并不完美。价格指数的构建涉及很多困难或者根本无法解决的问题，尤其是处理产品质量的改变方面。我们认为近些年来我们测量的价格的上升是产品质量的改进而造成的，如果价格指数能够充分地考虑到这些因素，那么通货膨胀将远远小于目前的指数水平。

工资价格螺旋曲线的假设是这样描述的：通货膨胀首先是工资的上升超过了整体经济中每个工人每小时的平均产出的上升而造成的；而工资的上升是工人通过其工会来提高其生活标准而引起的；但是工资的上升超过了生产率的增长，意味着产生较高的人工成本，这就会引起生产厂商试图提高产品的价格水平；这种方式使得工会提高生活标准的企图失败，工会再次对此做出反应进而要求工资水平的提高。这种无休止的螺旋就产生了，每一步都会引起下一步工资和价格的增长。

工资价格螺旋曲线假说一般会在通货膨胀期间发生，同时工资价格的螺旋曲线的概念是有效的以及可以描述的。然而，有人认为工资的上升对于推动通货膨胀并不像工资价格螺旋曲线所表述的那么明确。

工资价格的螺旋曲线假说最先是由那些经商的人士提倡和推动的。在第二次世界大战之前很多的经济学家认为通货膨胀是一种必然的货币现象，当充分就业，货币的数量增长超过经济产出时通货膨胀就发生了。后来一些经济学家开始接受工资价格螺旋曲线的假设。通常，他们对此进行修正使得该假设比上述的假设更复杂。他们认为由于价格水平的上升，货币数量上升的速度超过产出，或者在一定货币数量改变的情况下，该比率在不断地升高。如果这两种情况都没有发生，人们将没有能力支付生产厂商所要求的更高的价格，同时，成本的上升将对于工会部门的就业产生不利的影响，这将会切断螺旋曲线。螺旋曲线更为复杂的说法增加了一个过程：工资价格水平的上升会引起货币供应量的增加，或者货币流通速度的提高，或者货币部门开始提高货币的供应量来避免失业。这两种假设逻辑上是一致的。

二、工会和成本

有很多的证据来支持工会可以提高其会员的相对工资水平这种普遍的观点。然而，有些东西是不明显的，在高速的通货膨胀过程中，当集体谈判协议为了打破工人对工资上升的需求而僵化工资时，工会会丧失工资的相对优势，或者至少不能获得新一轮的工资水平的上涨。所以，工会的工资压力不是引起第二次世界大战期间快速通货膨胀的原因。尽管一些人认为工资设定机制促进了通货膨胀的过程，但是很少有经济学家认为这些通货膨胀是工资价格螺旋曲线引起的，通常人们认为引起战争期间通货膨胀的基本原因是战争导致的需求快速上升，政府通过从银行借款来购买物资。螺旋曲线假设较为复杂的版本适用于 20 世纪 50 年代和平时期的通货膨胀。

1967~1986 年，消费价格指数增加了三倍。这种价格指数的上升在这个时期是非常不平均的，1974 年超过 12%，1979~1980 年再次超过 12%，1986 年下降到 1.1%。为了理解工会对于价格上升的影响，我们从工会对于总体工资影响的定量的观点来考虑。这种观点不可避免地会比较粗略，但估计的大致方向是正确的。首先假设，工会的相对工资优势整体是通过工会工资水平的提高所引起的；在此期间非工会的工资没有出现上升或下降。刘易斯报告在 1967~1979 年工会的相对工资优势是 15%[①]，我们假设这个数字也适用于 1979~1986 年。在此期间工会会员的工资总量从 30% 下降到 20%，在此期间工会会员的工资总量占 25%。工资、津贴等占到总成本的 75%。在我们的假设下，工会的直接工资对于总成本的影响仅仅是 2.8%（ 0.15 × 0.25 × 0.75 ）。

这种计算本身没有多大的帮助，因为我们所解释的通货膨胀会随着时间的变化而上升，但是它却能够在某一个时间点上给我们提供一个关于工会影响的粗略评估。如果我们假设工会对于总体工资有影响，尽管这会降低经济产出，但是我们还是假定这种效应降低通货膨胀。在这种假设下，工会降低通货膨胀的一种方式是影响一直上升的成本。这看起来可能性似乎不大，然而工会会员在这个时期已经大幅度地衰减。尽管我们没有评估这个时期后面一段时间相对工资的影响，但看起来这种影响很有可能下降的比上升的更多。短期不管工资价格的螺旋曲线对于通货膨胀过程的影响多大，20 世纪 70 年代和 80 年代的影响比以前的影响小得多。

这部分的讨论不是证明工会不会引起通货膨胀，而是为了强调工会工资对于非工会工资影响的重要作用。如果工会对于工资的影响超过了工会的影响领域，并且成为影响整个经济动态过程的一部分，那么工会在通货膨胀中可能有着主要的作用。也有可能产生下面所要讨论的这种可能。

三、工会工资优势的传导功能

工会工资的增长会直接导致非工会会员工资的上升。例如，雇主在给工会工人提高工资的同时也会经常给非工会工人提高工资，这样才能表现得更加公平；同样，雇主在

---

① Lewis H G. Union Relative Wage Effects：A Survey. Chicago：University of Chicago Press，1986：9

给工会化的产业工人提高工资后，为了避免非工会化产业的工人参加工会，也会提高他们的工资水平。不确切地说，大量的非工会行业的雇主提高工人的工资是为了和工会化劳动力市场的工资水平的提高相匹配。

刚才我们所讨论的影响现在称为"威胁效应"。在工会开始组织一个新的领域，并且取得成效时，这个效应很重要。这种情况下，已经组织工会的可信性威胁可以延伸到很多没有组织工会的雇主那里。20 世纪 60 年代和 70 年代美国及其联邦政府都发生了这种类型的威胁。延伸到非工会的可信性威胁越广泛，工会的工资优势越有可能影响到总体的工资水平，而不是仅仅局限在他们的相对工资优势上。

总体上，一方面，在劳动力短缺的时期，我们更有理由相信工会会经常影响到非工会工资的改变，但是对于非工会工资改变的数量影响很小。另一方面，在劳动力供给富裕时期，只有那些提高工资的工会附近的非工会工人会从中获益，他们会由于非市场因素而获得工资的提高，否则的话他们是得不到工资的提高的。对于那些远离工会的非工会工人影响却是相反方向的，工会工资的上涨降低了工会和工会附近的非工会工人就业的增长，这将会提高非工会部门的劳动力的供给或劳动力的富裕，因此，会降低总体非工会部门工资的上涨。

在没有工会组织或者在预期的将来也不会有工会组织的经济领域中，工会的影响必须通过劳动力市场才能实现。这包括农业、国内服务业以及其他的低技术服务职位，这些职位的工资水平远远低于其他经济职位工资水平，所以当可以获得其他工作时，这些职位的劳动者就有动力离开他们原来的工作。某种程度上，工会限制了行业就业的增长，减少了低收入部门劳动力的外流以及降低了该部门劳动者的回报。从资源分配的角度来说工会降低了而不是提高了劳动者的总体收入水平。

如果工会工资优势效应能够传导给非工会部门，以及这种传导净效应的方向依赖于劳动力市场的"松紧度"的话，那么工会工资最终依赖于经济中的市场总体需求水平，并且会受到货币政策的影响。在一个经济部门中强有力的工会的存在也不会形成以下情形：总体工资水平和劳动成本取决于集体谈判的制度安排，不受需求的影响。当我们考虑了工会部门的需求强度时，我们可以认为总体需求是决定总体货币工资的关键因素。

通常认为货币工资约束可以通过失业来调整总体工资水平。因为失业比温和的通货膨胀更具伤害性，所以很少有人支持通过失业来降低总体工资水平。工会工资压力会导致需求不足而产生失业，这种观点在静态经济中（在这种经济中，工资是僵化向下的，即使在非工会部门也是如此）是正确的。这种观点假设非工会部门工资是不会自动上升的，当这个假设被明确后，这种观点和美国经济增长的实践并不相符。即使没有过多的劳动力需求，非工会化部门的工资也有自动上升趋势，这种趋势是技术进步、价格下降引起的。

因为工会的特殊政策引起的工人向非工会部门的转移，将会降低非工会部门工资自动上升的趋势。在没有因为供给过多，降低非工会部门的地板性工资而产生大量失业之前，这种转移量将是巨大的。在缺少足够的需求的时候，工会对总体就业的影响将会导致长期性潜在失业的存在，但不会产生公开性的失业（除了过渡性的失业）。潜在的失业主要以较多的低劳动力生产率的劳动者的形式存在。

四、工资-价格关系

根据定义，超过单个工人的产出的工会部门工资的上涨，提高了单位劳动力的成本，这些高的单位劳动力成本反映在更高的产品的价格上。这个假设在长期分析中是正确的，因为劳动成本在总的成本中是一个重要的因素，长期的价格必须覆盖掉成本。在短期，成本和价格之间联系可能不是很紧密。在具有稳定需求的竞争性行业中，如果成本上升，过多的生产能力就会产生，所以必须通过减少生产来降低成本，进而降低价格，这些都需时间来完成。

在垄断性的行业中，如果需求较为旺盛或者需求在不断地上升，那么成本的上升会很快通过价格传导出去；如果需求不足或者需求下降，那么在很长的时间内才能够吸收这些成本。第二次世界大战以来，很多行业由主要的一些大公司来主导，通过工资谈判提高工资后，劳动成本上升，不可避免地引起了大量的价格上涨。事实上很多行业（其中较为重要的行业是钢铁行业）已经可以任意控制价格上涨的数量和时间。在产品需求旺盛、非劳动力成本上升时期，他们会毫不犹豫地选择提高价格。在这种情况下，价格的上升经常会对经济有好处，因为这有助于分配稀有的商品到最需要的人手中。工会产品价格的上升而导致的价格改变一般会大于工会部门单位劳动力成本的上升。考虑到这种现象，政府和公众都不会接受把需求上升作为价格上升的正当理由。这种大公司的价格行为是一种自我防护，对此他们几乎不受责备，然而，这种现象却夸大了工会对于通货膨胀的影响。

一般情况下，总体需求上升的时期，劳动力成本也上升，同时会快速反应到产品的价格上；总体需求下降的时期，是成本上升被吸收的时期，至少是暂时的或部分的被吸收。这印证了这样一个观点：目前在美国经济的制度安排下的市场不会将价格水平和需求隔离开来。

五、工会对于货币政策的直接影响

比较复杂的工资价格螺旋上升观点认为，更高水平的工资、价格需要财政的支持。工会工资的上涨应该是通过一些"自筹资金"（self-financing）机制实现的。更高的工资水平通常需要更高的薪金支付，至少在短期是如此的。高工资也会引起雇主对于劳动节约型的机器设备的投资。如果由于这些原因，雇主积极地从银行借钱或者增加现金流的周转速度的话，将会提高货币的数量或者加速货币的流动。产生这种替代性投资影响的前提假设是，高劳动成本的替代性投资所产生的正面影响大于由投资增加而引起总成本增加的负面影响。这并不都是肯定的。另外还有，高水平的工资和价格需要高水平的库存投资。因为如果原有的库存不是按照原有的价格出售的话，那么库存的货币价值（由于价格，而不是由于库存数量的改变）就会增加，这种价值的增加就是一种"自筹资金"，换句话说就是目前的库存使他们能够获得更多的收益。

刚才我们所讨论的方法机制都是以"消极的货币政策"为前提假设的。银行必须被允许扩大贷款数额来应对借款人的需求，而不受到中央银行的制约。此外，假设中央银行不对不好的货币流动速度改变进行补偿。如果工资上升导致货币供应量的本身的上涨，中央银行必须允许他们提高货币的供应。

能够迫使中央银行为了工资价格水平的上涨而提高货币供应量的一种原因是它有义务维持充分就业。美国有义务来维持高水平的就业，1964年的《就业法案》就体现了这一点，并得到两党的贯彻执行，在他们执政期间，高的失业率受到了选民的责备。然而，这种义务下所允许的失业率较高，在1977~1986年国内劳动力的平均失业率是7.4%。当面临高价格和高失业率的时候，中央银行不管是在其言论方面，还是在其行动方面，相比失业率而言，会更加关心价格的上涨。可以肯定的是，中央银行对通货膨胀的阻止还没有取得成功。但是并不是因为中央银行允许过多的需求产生了总体劳动力的短缺，而是因为货币贬值以及石油价格的自动上升直接导致了近些年来的通货膨胀。

一方面，工会一直以来对于"紧"的货币政策都持批判态度，提倡更慷慨的就业保障。工会所支持的政策可能会降低失业，也可能会提高通货膨胀率。但是关键的是这些政策事实上没有得到贯彻。另一方面，有人认为工会是导致高就业承诺社会的重要因素，这种高就业承诺也部分改变了社会经济。如果没有工会，政治领袖所支持的公共政策会优先考虑价格的稳定性，这样战后价格上升会更小且失业的水平会更高。尤其，工会可能有助于产生一种氛围：价格黏性可以被普遍接受，这样价格水平在上涨之后不下降是被允许的，同时，公共政策也不会要求物价回到之前较低的水平上。

六、经济衰退时期的工资价格水平

从1954年开始价格一直持续上升，即使在经济衰退时期也是如此。一些因素被列为可能导致这种价格行为的原因，其中之一是在经济扩张时期集中或垄断行业的价格滞后于竞争性市场的价格，在经济衰退时期，他们会持续提高价格以获得之前的相对价格。由于这种价格行为经济衰退时期的生产成本也持续地上升，而劳动力成本是这些成本的重要组成部分。劳动力成本持续上升，是由于长期工会合约包含弹性条款，或是其他滞后的工资上涨。工会在1974~1975年的经济衰退时期协商签订了大幅度提高第一年工资的新协议。

长期协议使工资免于受到短期劳动力市场条件的影响，然而，集体谈判不是经济衰退时唯一的工资上涨的途径。在1974~1975年的经济衰退时期，多数非工会雇主也提高了工资和薪金。这很大程度上是因为消费者的市场工资持续地提高，而很多雇主不想降低他们雇员的真实的工资水平。因为高水平的失业，所以招募不是让雇主采取这种态度（不想降低雇员的真实工资）的重要原因。然而，非工会雇主是受到同情心、士气、生产率以及工会威胁等多种因素的激励。

在经济衰退期间，需求的减少对于价格下降的压力很小。这反而使得个人可自由支配的实际收入稳定，个人可支配实际收入在1982年严重的经济衰退中并没有降低。这种稳定是通过税收的削减，自动灵活的税收，收入维持项目（如失业保险、公共援助和食品券），等等多种项目的综合来实现的。

七、弹性条款

在一个主要的谈判关系中，产生一项新的集体协议是长期和困难的工作。协议的准备以及协议过程本身都需要很多时间、努力以及成本等。当协议破裂和发生罢工时，双方的协商成本也是巨大的。为了降低谈判成本和频繁协议的风险，双方达成的协议一般持续的有效期会很长。

对于工会可接受的长期协议，必须在协议的有效期内包含对于工资条款的一些调整规定。这些规定基本上可以归纳为两种，第一种是伸缩性条款，这给工会提供了周期性改变货币工资的机会。如果消费者价格指数改变了一定的数量，他们就可以根据协议调整其工资水平，这种条款保证了在协议有效期内，工会会员真实的工资水平不会受到通货膨胀的侵蚀。第二种条款在一些协议中被称为"逐年改善因素"，在其他的协议中可能没有一个特别的名字。它将工资水平提高到伸缩性条款规定的工资水平之上，这是因为协议有效期内的真实工资得到提高。因为工资水平提高的数量是根据较长一段时间内单位劳动者单位时间内平均产出的提高而做出的，这些条款经常被称为"生产率条款"。

被伸缩性条款覆盖的工人人数从 20 世纪 60 年代中期的 20%上升到 1976 年的 61%，在 1976 年之后弹性条款的覆盖面开始减少，20 世纪 80 年代中期减少的速度加剧。到 1987 年早期，私立部门工人被覆盖的百分比下降到 40.4%[①]。这些数据说明当通货膨胀比较严重的时候弹性条款被接受；当通货膨胀缓和时候弹性条款开始消失。

有人认为集体协议中的弹性条款是造成通货膨胀的原因。弹性条款运行之前必须有消费价格指数的改变，这样才不会造成通货膨胀。然而这些弹性条款会加速或者放大由其他原因造成的通货膨胀，或者会把随机的、季节性的价格变动变成通货膨胀。

这种观点是对于弹性条款引起的工人货币性收入或者工人较高的消费倾向观察的结果得出的。然而，必须承认弹性条款造成的工资变动在私立部门之间会不断地转换。这方面他们不同于政府的弹性项目，如社会保险，都是由社会公众所提供的。工人通过这样的转换获得的收入的增加就是雇主的损失。对于这种消费需求产生的通货膨胀，工人必须有一个相对于雇主来说较高的支出倾向。注意这里所提到的支出倾向不是消费倾向。雇主的投资支出和消费支出一样可以看作通货膨胀的诱因，在短期内可能更是如此，因为这可能是最低的生产投资商品的能力。我们认为由于总体支出而非消费提高总体需求下的弹性条款的收入转移倾向难形成通货膨胀。

从成本方面来说，在弹性条款下提高单位劳动力成本引起的工资的上升，使得新的价格水平上升，从而导致新的工资水平上升，这是简单的螺旋上升的过程。高的价格和工资水平，如果要持续下去而不出现断裂，那么必须有足够的资金支持。为了评估弹性条款的运行，我们必须对比在弹性条款下的和在其他条件下的工资运行过程。

当价格水平上涨很快的时候，在一定时期内或较长时期内保持工资水平不变的集体

---

① Hendricks W E，Kahn L M. Wage Indexation in the United States：Cola or Uncola？ Southern Economic Journal，1987，53（4）：1067

协议对于工人来说是不利的。在 1946~1948 年，很多工会发现他们的工资优势经常由于消费价格指数的上升遭到抵消，在很多情况下，真实的工资水平存在下降。这种情况导致弹性条款在 1950 年得到普遍地推行。

看起来工资和劳动力成本在通货膨胀以及弹性条款的条件下比系统化的年固定工资协议要超前，但这并不是一定的，因为不存在弹性条款保护情况下的工会会把对于未来价格上涨的预期包含到每年的工资协议中。这种情况带来的工资上涨幅度高于弹性条款情形带来的工资上涨幅度，尤其是当工会扩大这种未来价格上涨的预期时更是如此。1948~1956 年的钢铁和汽车行业的经验对比是非常有用的，在此期间，汽车工人受到弹性条款的覆盖，而钢铁工人没有受到弹性条款的覆盖。这两个行业在受到类似行业工会的组织的情况下，在基础钢铁业平均小时工资上涨 6.4%，在汽车行业平均小时工资上涨 5.1%。此外汽车行业具有更少的罢工[①]，可能部分原因是基础钢铁业协议后来采用了弹性条款协议。

弹性条款引起的工资上升是否快于没有集体谈判条件下的工资上升还不完全清楚，弹性条款可能仅仅消除了由早期谈判协议形式造成的通货膨胀给工人所带来的不利因素。在 1946~1948 年每年的谈判工资是否滞后于当时的价格上升还不清楚，由固定工资协议导致的劳动力成本的节约通过较低的价格传递给了消费者。但是实际是不是这样还是令人怀疑的，因为这些成本节约很可能成为一些小的制造商和分销商的意外利润（如汽车分销商等）。

非工会雇员的收入在快速通货膨胀中上升的速度比较慢，并且滞后于物价的上升。教师的工资和公务员的工资就是这样的例子，这些职业的工资在较长时间内才会改变，而且这个工资上涨的过程通常是缓慢的，在自由的劳动力市场上体力工人的工资也是如此。多数证据表明在通货膨胀中工资滞后于物价，有些证据表明劳动力供给上升或者真实的经济收入下降都会导致工人的实际收入下降。如果我们认为工资随着非工会体力工人的市场上价格水平变化而变化，那么相对于其他类型的谈判而言，弹性条款会提高成本。

存在弹性条款工资上升速度是否快于不存在弹性条款工资上升速度的一个检验方法是：当包含弹性条款的协议期限结束时会发生什么？雇主是否会认为其给予的工资上升太高。是否会坚持减少工资或者在达成新的协议之前不提高工资。工会是否能够获得高于长期协议有效期间所获得的新的工资和福利。对于第二种情况可以认为弹性条款仅仅规制工会每年谈判所应得的工资水平上涨的时间和形式，并且其在美国自从 1948 年以来已经成为主要的情形。

在这些情形下，弹性条款会造成通货膨胀的观点肯定是基于这样的前提假设的：在这种条款下工资水平的提高会传递给非工会部门和那些具有每年合同的工会，以至于当长期性的协议终止后，在这种条款下的工资还是处于高端工资水平范围内的。我们已经考察了这种预期传导的发生条件，这里不再需要重新检验它们。

应该注意的是很多弹性条款在协议的有效期间没有充分的补偿由于物价上涨带来的

---

① 参见 Garbarino J W. Wage Policy and Long-Term Contracts. Washington：Brookings Institution，1962：第 5 章

损失。在很多情况下，这是因为协商形式的限制或者对于该弹性条款下的工资能够提高的最高上限的限制。即使不存在这些限制，普遍所使用的弹性条款也不能弥补由于物价上涨带来的真实工资的扭曲（除了那些最底层的工人）。这些特征的综合作用使得弹性条款总体来说在协议有效期内可以修复 60%的真实工资的损失[1]。

■ 第三节　工会谈判模型

一、向右下方倾斜的需求曲线

工会的经济目标主要是通过集体谈判等手段给工会成员带来工资的上涨、就业的保障以及晋升、劳动条件的改善等。在经济目标中，其核心是工资水平和就业水平两个要素。

然而工会经济目标的实现往往受到企业对劳动需求曲线的限制和约束。企业对劳动需求曲线是工会经济目标实现的约束线。就业量和工资是相矛盾的，增加就业量，相应的可能就要使工资目标受到损失，如果提高工资，那么就有可能以一定的就业量的减少为代价。同时，这两个目标的实现程度还和劳动需求曲线的弹性有很大的关系。如图 8-1 所示，假设 D_1 曲线是企业对劳动力的需求曲线，此时企业均衡的雇佣数量和工资水平为 N_1 和 w_1。如果企业对劳动力的需求减少，那么企业对劳动力的需求曲线就有可能从 D_1 变为 D_3，如果工会竭力保证工会会员的工资刚性，那么最终的结果是使得原来的雇佣量由 N_1 降低到 N_3。反之，如果企业对于劳动者的需求量变大，工会还保持原来的工资水平，那么就会争取到更多的工会会员就业。从另外一个方面来看，企业对劳动力的需求弹性发生变化。例如，开始企业对劳动者需求的工资弹性为 D_1 曲线，后来由于某些原因的变化，企业对劳动力需求的工资弹性变小，即变成 D_2 曲线，如果工会要求提高工资，使工资水平由 w_1 上升到 w_2，就业人数从 N_1 降低到 N_2，在弹性没有变化之前，如果同样使工资水平提高相同的水平，那么就业人数会从 N_1 降低到 N_3，劳动需求的工资弹性变小的情况下，提高相同的工资水平，就业量的损失较小。所以，在劳动需求工资弹性较小的情况下，更有利于工会达成其经济目标。

通过以上分析，工会的经济目标的达成程度受到劳动需求曲线的约束，不仅在劳动力需求的大小方面受到约束，而且在劳动力需求的工资弹性方面也受到严重的约束。

二、管理权模型

在买方完全竞争条件下，雇主没有权利左右工资，只能够被动地接受工资。但是对于雇主而言，他们完全可以根据自身的生产技术、市场等情况，决定自己的产品生产数

① Hendricks W E, Kahn L M. Wage Indexation in the United States: Cola or Uncola? Southern Economic Journal, 1987, 53（4）: 1067

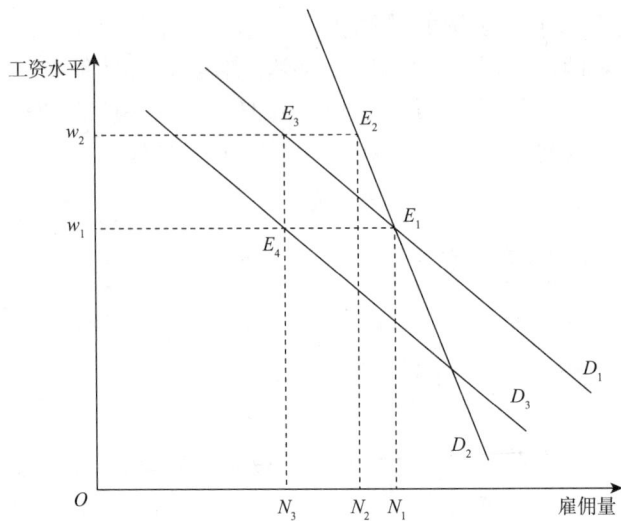

图 8-1　工会目标的约束条件

资料来源：伊兰伯格 R G，史密斯 R S. 现代劳动经济学：理论与公共政策. 第 8 版. 刘昕译.
北京：中国人民大学出版社，2007：449

量，进一步根据市场的工资率来决定自己对劳动力的需求。所以，在管理权模型中，假设雇主对劳动力需求的数量具有决定权。对于劳动力需求的数量往往贯彻一个重要的原则，即利润最大化，往往在雇主的需求曲线上，雇主的利润最大化。所以，雇主往往根据雇主的劳动需求曲线来决定自己的劳动力需求数量。

然而工会作为劳动力市场的一个重要的组织可以将工人组织起来，形成一种卖方垄断，他们可以左右着工资。所以，工会往往在跟雇主进行谈判时决定劳动者的工资。为了提高工资，他们会减少劳动力的供给。而减少劳动力供给之后，雇主为了达到利润最大化，也会相应减少自己的劳动力需求数量。工资和劳动力雇佣量就成为雇主和工会的博弈对象。总之，在管理权模型中，二者的博弈前提假设条件是约束条件既定，即需求曲线已定。假设工会的效用水平可以从工资和就业两个方面获得，工资和就业越高，工会的效用水平就越高。所以，工会的效用函数可以采用科布-道格拉斯生产函数来表示，基本形式为 $U = L^{\alpha} w^{\beta}$。其中，U 为总效用；L 表示就业数量；w 表示工资。可能是我们所做的最大的现实性的假设是工会对于提高工资和有较多的会员两者都感兴趣，但是这两个方面的衡量和权重在不同的工会和不同的时间点是不一样的。特别需要关注的是表达未来战略的起点[1]。当工会在经济繁荣时期，比较关注工资水平的上涨，而在经济衰退时期更加关注失业，所以不同时期不同的变量对于工会的效用是不一样的。α、β 为参数，表示工会在不同的时期对就业和工资的偏好。α、β 体现在工会效用的无差异曲线的形状上。如图 8-2 所示，纵轴代表工会会员的工资；横轴代表工会会员的就业数量。离原点越远，效用水平越高。U_1、U_2、U_3、U_4 为工会效用的无差异曲线，如果没有工会的情况下，均衡点在 E_1，工会会努力使 E_1 向 E_2 移动。在管理权模型中，工会有权利决

---

① Rees A. The Economics of Trade Unions. Chicago：The University of Chicago Prus，1977：49-52

定工资，雇主则在工会做出工资决定后根据工资来决定自己的雇佣量。所以，在工会的无差异曲线与雇主的需求曲线相切时，工会的效用水平最高。此时对应的工资就是工会谈判时要求的最优工资 w_2，在最优工资确定情况下，雇主会确定自己最优的劳动力雇佣量 N_2。

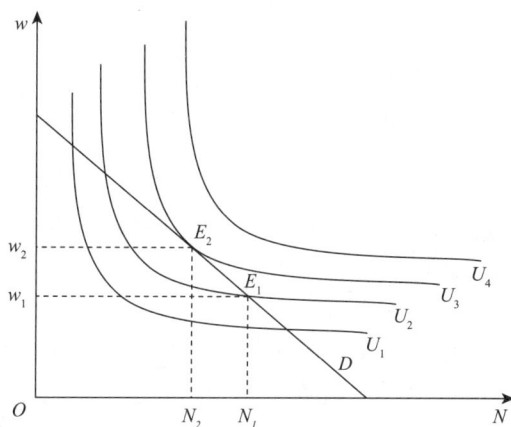

图 8-2 管理权模型下的均衡

三、"效率合约"模型

在劳动力市场上，劳动者和工会都不是完全竞争或者完全垄断的，一般情况下工会和雇主都决定着工资和就业问题。所以，在工会与劳动者围绕着工资和就业进行谈判时，双方对工资和就业都具有发言权。所以，在这种情况下，谈判的工资与就业的组合就不一定在劳动需求曲线上，反而会偏离雇主的劳动需求曲线。那么在这种情况下，双方的谈判是否可以改进双方的效率，也就意味着是否可以在管理权模型的基础上改进效率。

（一）工会的无差异曲线

假设工会的目标是效用最大化，且其效用主要来自于工会会员就业的数量和工会会员的工资，如果二者都比较高，那么工会的效用就比较大。同时假设工会的效用函数仍然符合科布–道格拉斯生产函数 $U = L^{\alpha} w^{\beta}$。那么，工会的无差异曲线仍然符合一般的性质，即越远离原点，代表的效用水平越高，如图 8-3 所示。

（二）雇主的等利润曲线

工资对于雇主来说是一种成本，雇佣量可以促进产量的增加。所以，在保持企业利润不变的情况下，有很多工资与就业量不同的组合。代表企业相同利润的不同工资与就业

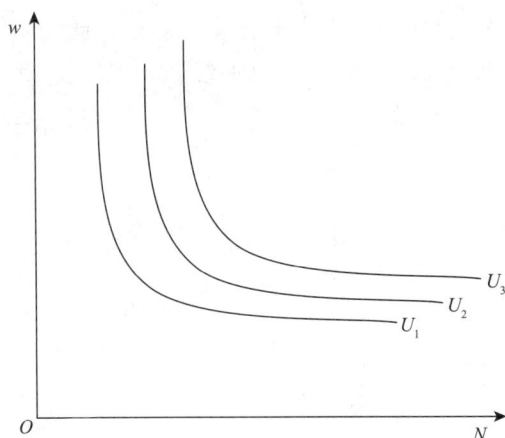

图 8-3 工会无差异曲线

的组合绘制形成一条等利润曲线。在达到利润最大化之前，工资增加，企业的就业必须也增加，才能保证企业的利润不变。在企业达到利润最大化之后，还需要雇主继续增加雇佣量，那么必须降低雇员的工资，才能保持企业的利润不变，否则企业的利润势必下滑。所有关于工资与就业，且能够促使雇主达到利润最大化的点都在雇主的劳动需求曲线上。所以，雇主的等利润曲线是在与雇主需求曲线的交点上达到等利润曲线的顶点。只要偏离劳动需求曲线的其他等利润曲线的组合点，都会导致工资下降，以保持企业的利润不变，即企业等利润曲线如图 8-4 所示。纵轴代表雇主支付的工会会员的工资；横轴代表雇主的雇佣数量；I_1、I_2、I_3 为雇主的等利润曲线；A、B、C 代表经过雇主需求曲线的三条等利润曲线的点。其中，经过 A 点的等利润曲线是三条等利润曲线中利润最低的一条等利润曲线，因为在保持雇佣量一样的情况下，等利润曲线 I_3 支付的工资最高，即雇主的利润最低。另外，需求曲线是企业利润最大化的工资与雇佣水平的轨迹。在工资水平已定、其他条件不变的情况下，利润最大的雇佣量只有一个。

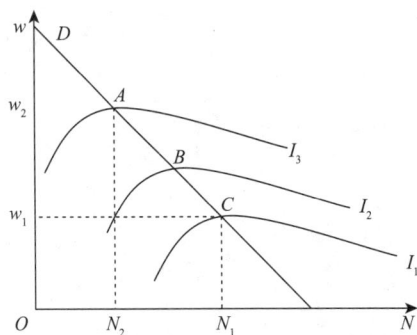

图 8-4 企业等利润曲线

（三）效率合约曲线

一种交换如果使得至少一个人的境况变得更好，同时又没有让任何人的利益受损，那么这种交易就被认为是帕累托改进。如果某种资源配置状态使得任何帕累托改进均不存在，即在该状态下，任何改变都不能使至少有一个市场主体的福利增加而又不使任何主体的福利受损，则此种状态为帕累托最优状态。换言之，如果对于某种状态还存在着帕累托改进，即还存在着某种改变可以使至少一个市场主体福利增加而又不使任何市场主体的福利下降，则这种状态就不是帕累托最优。

所谓效率合约是指那些能够使雇主的等利润曲线与工会无差异曲线相切的那些点，如 E_2 点和 E_3 点。在这些点上，任何一方福利的增加都会使对方的福利受损，即不存在任何帕累托改进的可能。事实上还存在着一条代表这些点完整轨迹的曲线。在图 8-5 中，存在无数条工会的无差异曲线和雇主的等利润曲线，将它们的切点连接起来，可得到曲线 E_2E_3，曲线 E_2E_3 通常被称为效率合约曲线（或效率合约轨迹）。这条曲线上的每一点都代表着工会无差异曲线和雇主等利润曲线的一个切点。然而，在线 E_2E_3 上的所有的决策点，双方并不是无差异的，工会的偏好接近 E_3 点，雇主的偏好接近 E_2 点。实际的集体谈判结果究竟确定在合约曲线的哪一点上，主要取决于双方谈判力量的大小。

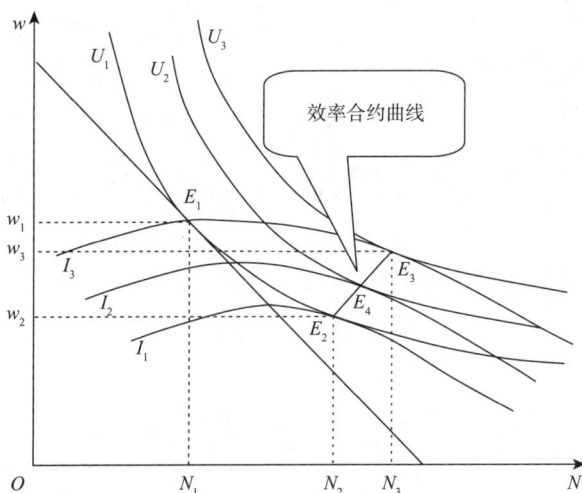

图 8-5 效率合约曲线

通过图 8-5 分析可以知道，效率合约曲线偏离劳动需求曲线并处于其右侧，即与企业单方面控制雇佣量相比，企业在既定工资率下使用更多的劳动，说明集体谈判中存在企业使用过剩劳动力的条款。在现实中表现为，教师和学生的比例；不解雇协议；不能"跨越职位"履行工作职责；等等。

四、集体谈判模型

（一）集体谈判含义

集体谈判是指工会与单个雇主或雇主协会之间就工资、工作条件及其他就业问题进行的谈判。集体谈判通常只有劳资双方参加，但有些情况下，其他的利益团体也会出现在谈判桌上。集体谈判可以在不同层面上进行，既有全国性谈判，也有产业层级的谈判、组织层级的谈判，甚至工厂层级的谈判。由于工会会员范围的不同，集体谈判的覆盖面（集体协议所覆盖的雇员数占雇员总数的比例）可能包括某一产业的所有工人或部分工人；集体谈判的内容包括工资、工作时间、工作条件等实质性问题，也可能包括一些程序性问题。集体谈判可能是一个全国性的多雇主谈判，也可能是一个组织级别的单个雇主谈判。

（二）希克斯谈判罢工模型

假设在罢工之前，工会和雇主对于工资的谈判底价是 w_i 和 w_f，当双方没有达成协议之后，开始罢工。对于工会而言，由于发生罢工，态度会更加强硬，因为罢工会给他们带来成本，所以一般会提出比罢工之前更高的要求。但是随着罢工时间的延长，工会存在工资损失、失业的风险、家庭的供养等问题，所以可能使得工会在罢工一段时间之后工资要求反而逐渐降低，但是，当工资上涨要求降低到一定程度，为了维护工会的强硬态度为下次罢工的威胁性做准备等因素，工会工资上涨要求降低一定幅度后会处于平稳状态。如图 8-6 的工会抵制曲线所示。对于雇主，可能因为在罢工之前已经做好了罢工的准备，所以库存比较多。那么罢工开始对于雇主影响不大，所以雇主的态度也比较强硬，对于工资的提供也没有什么变化。但是，随着罢工时间的延长，雇主的存货等用完、市场逐步被竞争对手抢占等因素，此时，雇主对于罢工结束有更强烈的愿望，所以雇主的抵制就会减弱，工资上升就会较快。但是，雇主工资上升到一定幅度后，如果由于工资上升人工成本大于其他损失的程度、利润空间的限制等因素，那么雇主就不会再增加工资，最终雇主的工资也会处于一个稳态，如图 8-6 所示的雇主让步曲线。

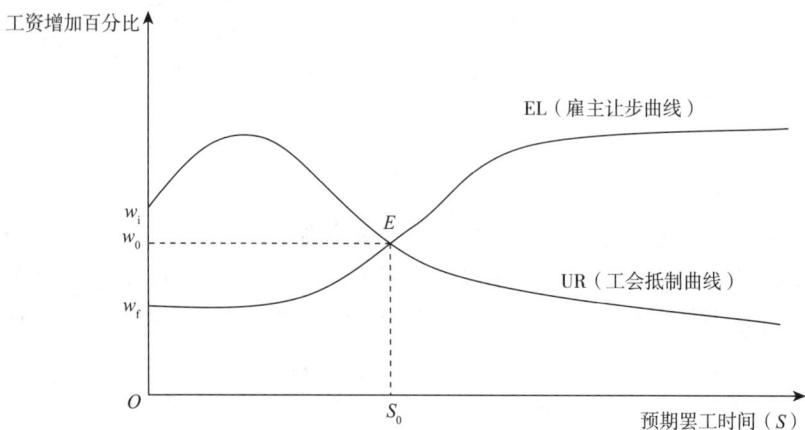

图 8-6　希克斯的集体谈判模型和预期的罢工持续时间

资料来源：伊兰伯格 R G，史密斯 R S. 现代劳动经济学：理论与公共政策. 第 8 版. 刘昕译. 北京：中国人民大学出版社，2007：471

希克斯认为，如果工会和雇主认为在罢工发生 S_0 天后都同意接受工资水平 w_0。为什么双方在没有罢工之前没有同意呢？希克斯的答案是在决定是否罢工之前，双方都会衡量一下各自的预期收益以及相应的成本。然而，在罢工之前，这些收益和成本都是不确定的，它们取决于罢工事件的长短以及双方退让的程度。希克斯假设，在罢工结束时，双方都会评估一下来自罢工的潜在收益和成本。这种估计越是精确，工会和雇主越有可能达成和解协议。

在希克斯看来，罢工的主要原因是不确定性产生的信息不完全，或者无法预知罢工带来的收益和成本。如果拥有了足够多的信息，那么双方就可以预测出停工的产出以及在不发生罢工的情况下达成协议的产出。否则就会发生罢工，罢工时间的长短和雇主的让步以及工会的抵制程度相关，正如图 8-6 所示，雇主让步和工会抵制而形成均衡的预期罢工时间。

■ 第四节　工会对工资的影响及实证方法

一、工会对工资的影响

工会化部门会影响非工会化部门的工资率，使其工资上升或下降，从而在工会工资的测量方面有时会产生偏差。

首先，工会的纯工会工资优势是工会会员超过非工会会员工资的数量，这一差别可以用百分点来表示。用 A 表示纯工会工资优势：

$$A = \frac{w_U - w_N}{w_N}$$

其中，w_U 表示工会的工资水平；w_N 表示非工会会员的工资水平；$(w_U - w_N)/w_N$ 表示工会工资优势的百分比。理想条件是，影响工资的其他因素不变，我们可以在实验条件下比较工会工资和非工会工资的差别，确定工会工资优势。问题在于，我们无法进行这种可以控制的试验，特别是我们无法观测到特定劳动力市场不存在工会时工会工人的收入。因此，我们必须在真实世界中做出复杂的比较。对于这种关系，最好能够比较特定种类的工会化劳动力在工会化市场与非工会化市场上的工资差异。但在比较时就产生了前面提到的概念性问题，即工会既会影响工会会员的工资率，也会影响非工会会员的工资率。进一步说，工会对非工会会员工资的影响可以有不同形式，以至于总影响是不确定的。因此，在理论上我们无法确定工会工资使非工会工资上升还是下降。另外，工会工资优势可能使生产效率较高的工人到工会化行业中工作，接下来，我们简单分析一下工会工资对于非工会工资以及工会化部门劳动力素质等的不同影响。

（一）溢出效应

当被工会覆盖的部门由于工会的存在而使工资水平上升时，资方对劳动者的雇佣量会减少，使得工会部门的劳动者产生更多的失业人员。这些失业人员很有可能流动到非工会部门，使得非工会部门的劳动力的供给增加。在非工会部门劳动供给增加的情况下，非工会部门的劳动供给过多，最终导致非工会部门的工资下降。从工会部门由于工会的存在而使工资提升，以及由此产生的工会部门失业人员向非工会部门流动而引起的工资下降的综合作用来看，工会的存在造成了工会部门和非工会部门之间工资差距的扩大。这种扩大不但是工会刻意对工资水平提高的结果，而且这种结果的溢出效应进一步扩大了工资水平的差距。如图 8-7 所示，在现实生活当中，工资水平 w_{N1} 和 w_{U1} 的差距是我们能够直接观察到的工会部门和非工会部门之间的工资差距，但这个差距并不是工会对工资的直接影响，在考察工会对工资的直接影响时可以采用纯工资优势的概念，也就是工会对于工资水平的实际影响。所以采用实际观察到的数据分析工资优势，就会产生高估情况。

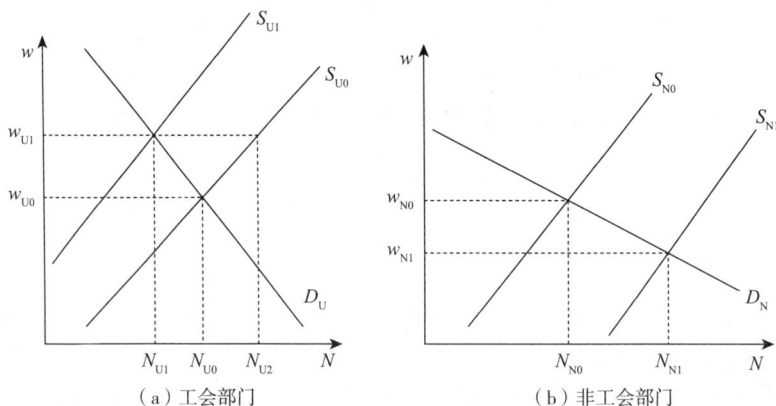

图 8-7　由于溢出效用导致的工资变动

（二）威胁效应

由于工会的存在能够给工会覆盖部门的工资水平提供很大的提高，对于雇主而言，一旦工人组织起来形成自己的工会，就会对自己的工资成本造成威胁，所以为了能够使非工会部门的工人放弃成立工会的意愿，或者降低这种意愿，雇主会主动地给非工会部门的工人加薪，从而提高非工会部门的工资水平，所以这种工资水平的提高是由于工会部门的存在而给雇主造成的威胁实现的，故此我们称之为威胁效应。这种威胁效应使得非工会部门的工资水平得到提高，所以考虑威胁效应在内的话，我们所观察到的工会和非工会的工资差距是工会部门工资的提高以及工会威胁效应对于非工会部门提升后的差距。这种威胁效应在一定程度上抵消了工会的纯工资优势的测量，所以这种情况下工会的纯工资优势被低估了。

（三）等待性失业

在工会部门中失去了工作的工人是不是必然离开工会部门而去非工会部门中寻找工作呢？即使是在工会部门的雇佣水平固定的情况下，由于退休、死亡以及自愿流动等原因也会有一些职位空缺的出现。那些没有能够在工会部门找到工作的工人中，会有一部分人感到在工会部门找工作更有吸引力一些。因为他们现在没有处于被雇佣状态，所以他们的工作搜寻活动可能会更有成效一些。但是由于这些工人拒绝接受在低工资的非工会部门工作，并且努力去寻找工资更高的工会部门的工作，这就形成了一种等待性失业的现象（他们在等待部门中出现职位空缺）。

隐藏在这种等待性失业背后的主要行为之一是，如果某部门中的预期工资率较高，则工人就会从其他部门向此部门流动。某一部门中的预期工资等于该部门的工资率乘以在该部门找到工作的可能性。因此，即使某人总是能够在非工会部门中找到工作，但是对他或她而言如果存在一个合理的、在工资水平更高的工会部门中找到工作的机会（即使这种机会小于百分之百），那么他或她就很有可能会拒绝在非工会部门中就业。我们在这里所讨论的等待性失业的重要性就在于它能够说明并非所有在工会部门中失业的人都会溢出到非工会部门中去。在理论上甚至有这种可能，即有些最初在非工会部门中就业的工人会辞去他们的工作，以便能有机会在工会部门中找工作[①]。所以这种等待性失业减少了"溢出效应"对于工会工资优势的影响。

（四）人力资本效应

虽然工会部门的工资水平比较高，但是由于等待性失业效应的存在，工会部门的雇主可以更容易雇用到那些素质比较高，工作能力比较强的员工。此时，工会部门和非工会部门的工资水平的差异并不单单是工会对于工资的垄断力量所造成的工会的工资优势了，而是由于工会部门的雇员的素质比非工会部门的雇员的素质要高，可能比非工会部门创造出更大的价值等，所以这时候工会部门对于非工会部门的工资水平高出的那一部分全部算在工会的垄断力量所造成的工会的工资优势里面，就高估了工会的工资优势。

（五）劳动需求曲线的移动

在工会部门，由于工会的存在，工资水平比较高，那么工会部门的生产成本就会比较高，在这种情况下，工会部门的产品在市场上反映的价格也会相对较高，通过价格这种传导机制把自己升高的生产成本转嫁给消费者，但是这时候在市场上存在着非工会部门，由于非工会部门的工资水平比较低，进而使他们的生产成本比较低，他们在市场上出售和工会部门相同的产品，价格相对来讲就会比较低。在市场上的消费者就会对价格的这种变化产生反应，也就是说消费者更多地去购买非工会化部门生产的产品，更少地去购买工会化部门生产的产品，在这种情况下，工会化部门的市场有效需求就会下降，而非工会化部门的有效需求就会上升。由于劳动力是一种派生需求，工会化部门的劳动力需求也就会相应减少，而非个工会化部门的劳动力需求就会相应增加，此时，对于工资也会产生影响，使得工会化部门劳动力需求的减少，导致工资水平有一个下降的趋势，同时，在非工会化部门劳动力需求增加，导致工资水平有一个上升的趋势，所以这种劳动需求曲线的移动带来了两个部门工资水平的差异。也就是说，这种劳动需求曲线的移

---

① 伊兰伯格 RG, 史密斯 RS. 现代劳动经济学：理论与公共政策. 第 8 版. 刘昕译. 北京：中国人民大学出版社，2007

动，导致了工会化部门工资水平的降低，非工会化部门工资水平的上升。这种效应导致工会的工资优势被低估，如图 8-8 所示。

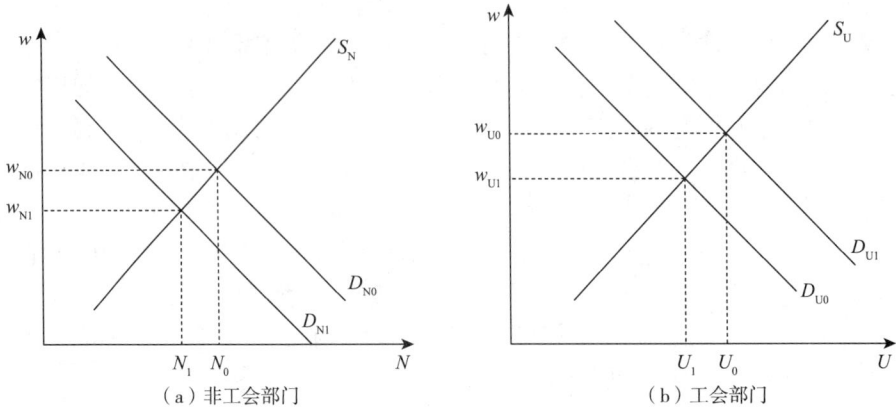

图 8-8　工会和非工会部门由于需求变化导致的工资变动

二、工会工资溢价的实证研究方法

虽然最小二乘法在国外被普遍应用于研究工会的工资效应，但是它明显存在线性回归的两个缺点。首先，最小二乘法必须借助于一定的具体分布函数假设来表达工资等式，研究工会的文献通常的做法是将影响工资各种水平的变量都放入工资等式中，也可能把影响工资的相应变量的平方项放入工资等式中。然而，当实际的模型包含这些变量中更高阶项，或者是这些变量的交叉项时，这种线性模型通常就会因遗漏变量而造成偏差。其次，和一些解释可能超出了共同支持域有关，即工会和非工会这两个群体的条件变量的值域具有交叠域可以进行比较，如果没有交叠域，就无从进行比较。而线性回归模型确实可以对于没有交叠的区域进行解释，这可能导致其他的偏差来源。

通过采用半参数匹配估计的方法可以解决上述两个潜在的缺陷。匹配估计的最简单的形式是试图通过从非工会工人样本中选择一个可以与工会工人群体相似甚至一样的子样本来进行比较，尽量做到被选择出来的非工会工人的子样本与工会工人样本除了工会身份的差别外，其他方面没有差别。这种匹配方法尤其是在克服上述线性最小二乘法的两个缺陷时具有较强的优势。此外，匹配估计是基于共同支持部分具有较厚区域的那一部分，所以它可能会发现一些基于不可观测变量的线性选择。此外，匹配估计由于不存在模型假设等，所以在存在异方差的时候也是一种非常有效的估计量。采用倾向值匹配必须考虑两个问题：①估计方法。因为该方法是一种反事实的分析方法，既可以将工会会员和如果他们不是工会会员的反事实情况下的工资进行比较，即干预组的平均干预效应（average treatment effect on the treated，ATT）估计方法；也可以将非工会会员和如果他们是工会会员的反事实情况下的工资进行比较，即未被干预组的平均干预效应（average treatment effect on the untreated，ATU）估计方法；还可以比较如果所有工人都加入工会的反事实情况下的工资差别，即平均干预效应（average treatment effect，ATE）估计方法。本章主要采用 ATT 的估计方法。②匹配方法。匹配方法主要解决的是采用什么值来进行匹配，以及如何匹配的问题。本章主要利用 probit 模型预测工人加入工会的倾向值来进行匹配，并且按照单一最近匹配的方法对倾向值进行匹配。

1. 估计方法

1）ATT 估计

假设 $U=1$ 表示工人是工会会员；$U=0$ 表示工人不是工会会员。工会会员的工资为 w_1；非工会会员的工资为 w_0。可观测的变量集 X 既会影响到是否加入工会这个干预变量，也会影响到工资这个结果变量。

ATT 估计在这里是将工会会员和如果他们不是工会会员的反事实情况下的工资进行比较，即

$$\text{ATT} = E(w_1 - w_0 | U = 1, X)$$

$E(w_1 | U = 1, X)$ 为可以观察到的变量数据；$E(w_0 | U = 1, X)$ 为观察不到的数据，所以存在着一个反事实性数据问题。如果利用已知样本均值来代替反事实数据会导致偏差：

$$\text{Bias} = [E(w | U = 1, X) - E(w | U = 0, X)] - [E(w_1 - w_0 | U = 1, X)]$$
$$= E(w_0 | U = 1, X) - E(w_0 | U = 0, X)$$

针对上述偏差，Heckman 等[1]将其分解为三部分：

$$E(w_0 | U = 1, X) - E(w_0 | U = 0, X) = B_1 + B_2 + B_3$$

其中，B_1 表示工会和非工会工人两个群体缺乏足够的交叠区间而产生的偏差；B_2 表示在共同交叠区间内 X 分布存在差异而造成的偏差；B_3 表示不可观察的变量导致的偏差。B_1 和 B_2 都是可观察的变量造成的偏差。例如，能力、动机等不可观察变量如果和干预变量存在着相关性，那么就会造成不可观察的变量带来的偏差。

估计不存在的反事实数据，其中一个可能的方法就是匹配。匹配方法是试图通过从非工会工人样本中选择一个可以与工会工人群体相似甚至一样的子样本来进行比较，尽量做到被选择出来的非工会工人的子样本与工会工人样本除了工会身份的差别外，其他方面没有差别，就像是随机试验一样。这种匹配方法要想解决这种反事实数据问题，必须满足两个前提假设。

假设 1：$w_0 \perp U | X$，这个就是条件性独立假设，即选择出来的比较组的结果变量独立于以 X 为条件的干预变量。这表明被挑选出来的控制组成员加入工会和不加入工会是一个随机的过程，与非工会工人的工资没有关系。

假设 2：$P(U = 1 | X) < 1, X \in S_p$，为了保证非干预组的存在，与干预组形成对比，从而必须保证不存在干预组具有完全的预测值，S_p 代表共同交叠区间。

① Heckman J J，Lochner L，Taber C. Explaining rising wage inequality：explorations with a dynamic general equilibrium model of labor earnings with heterogeneous agents. Review of Economic Dynamics，1998，1（1）：1-58

　　倾向值匹配的难点在于随着可观察的协变量数量的增多，将不同特征的协变量进行匹配难度增加。Rosenbaum 和 Rubin[1]通过利用干预变量的概率解决了这个问题，即倾向值作为匹配工具，从而将多维问题变为一维问题。该倾向值通常采用下面的式子表达：

$$P(X) = \Pr(U = 1 | X), \quad X \in S_P$$

　　具有相同倾向值的工会与非工会观测值具有相同的关于 X 的向量分布，并且满足平衡性假设。假设 1 可以采用下面的公式来表达：

$$w_0 \perp U | P(X)$$

在假设 1 和假设 2 下，ATT 就会产生无偏不计量，因为：

$$E\left[w_0 | U = 1, P(X)\right] = E\left[w_0 | U = 0, P(X)\right]$$

2）匹配方法——单一最近匹配

　　假设 w_{1i} 表示第 i 个工会会员的工资变量；w_{0j} 表示第 j 个非工会会员的工资变量；I_1 表示工会会员的集合；I_0 表示非工会会员的集合；S_P 表示共同支持域；N_T 表示在 $I_1 \cap S_P$ 中的人数；$I_1 \cap S_P$ 表示共同支持域中的工会会员的个体集合。

　　当倾向值之差的绝对值在 i 和 j 之间倾向值的所有可能配对中最小时，邻居关系 $C(P_i)$ 包含一个非工会会员 j（$j \in I_0$）作为工会会员 i（$i \in I_1$）的匹配，即

$$C(P_i) = \min_j \left\| P(X_i) - P(X_j) \right\|, \quad j \in I_0$$

$C(P_i)$ 表示每一个工会会员 i 的邻居关系，第 i 个工会会员的邻居是非工会会员 j[$j \in I_0$，$p(X_j) \in C(P_i)$]，和 i 匹配的那些非工会会员 j 在集合 A_i 中，$A_i = \{j \in I_0 | P(X_j) \in C(P_i)\}$，如果 A_i 集合中只有单一的一个元素，那么就是单一最近匹配。单一最近匹配（single neighbor matching）干预组的平均干预效应为 $\text{ATT} = \dfrac{1}{N_T} \sum_{i \in I_1} \{w_{1i} - w_{0j}\}$。

2. 基于分位点回归的 Blinder-Oaxaca 分解法

$$\ln w_i = X_i \beta_{\theta i} + \mu_{\theta i}, \quad i = u, n \tag{8-1}$$

其中，u、n 分别为员工所在企业为工会企业、非工会企业，或者代表工会企业中工会会员、非工会会员；X_i 为解释变量；$\beta_{\theta i}$ 表示第 θ 分位点回归系数。第 θ 分位点工资的条件分位点为 $Q_\theta = (\ln w_i | X_i) = X_i \beta_i$，$i = u, n$。$\beta_{\theta i}$ 可以通过下面的方程式获得

$$\hat{\beta}_{\theta i} = \min \left[\sum_j \rho_\theta (\ln w_{ij} - X_{ij} \beta_{\theta ij}) \right], \quad i = u, n; \quad j = 1, 2, \cdots, n \tag{8-2}$$

其中，ρ_θ 为检查函数，$\rho_\theta = \theta - 1(\ln w_i - X_i \beta_{\theta i} \leqslant 0)$；$1(\cdot)$ 表示指示函数。

　　在分位点回归基础之上，建立反事实的工资分布，并将之与实际的分布函数进行比较，将全部工会企业员工和非工会企业员工的工资差异或者工会企业中工会会员和非工会会员的工资差异分解为特征差异和系数差异。Melly[2]通过在解释变量集中进行条件分

① Rosenbaum P R，Rubin D B. Assessing sensitivity to an unobserved binary covariate in an observational study with binary outcome. Journal of the Royal Statistical Society，1983，45（2）：212-218

② Melly B. Estimation of counterfactual distributions using quantile regression. Review of Labor Economics，2006

布计分的方法来获得非条件分布的估计, 并给出了估计结果的渐近性质。按照他的方法, 第一步选定 M 个分位点, $\theta_k(k=1,2,\cdots,M;0<\theta_k<1)$, 根据选定的这些点进行条件分位数回归, 估计出每个分位点的条件工资分布, 将估计出来的系数标记为 $\hat{\beta}_i(\hat{\beta}_{\theta 1i},\hat{\beta}_{\theta 2i},\cdots,\hat{\beta}_{\theta Mi})$, 它们为 M 个分位点 θ_k 上的估计系数。第二步对条件分布按照所有自变量积分, 获得分位点 θ 的无条件工资分布估计量。该估计公式为

$$\hat{Q}(X_i,\hat{\beta}_i) = \inf\left\{Q:\frac{1}{N}\sum_{j=1}^{N}\sum_{k=1}^{M}(\theta_k-\theta_{k-1})\mathbf{1}(X_{ij}\hat{\beta}_{\theta i}\leqslant Q)\geqslant\theta\right\} \quad (8\text{-}3)$$

根据式 (8-3) 构建反事实性的工资分布公式:

$$\hat{Q}^{*}(X_n,\hat{\beta}_u) = \inf\left\{Q:\frac{1}{N}\sum_{j=1}^{N}\sum_{k=1}^{M}(\theta_k-\theta_{k-1})\mathbf{1}(X_{fj}\hat{\beta}_{\theta u}\leqslant Q)\geqslant\theta\right\} \quad (8\text{-}4)$$

根据式 (8-3) 和式 (8-4), 可以将 θ 分位点的工资差异分解如下:

$$Q_\theta(\ln\hat{w}_u)-Q_\theta(\ln\hat{w}_n) = [Q_\theta(X_u\hat{\beta}_u)-Q_\theta^{*}(X_n\hat{\beta}_u)]+[Q_\theta^{*}(X_n\hat{\beta}_u)-Q_\theta(X_n\hat{\beta}_n)] \quad (8\text{-}5)$$

所以本部分的研究主要采用式 (8-5) 对工会企业和非工会企业、工会会员和非工会会员的小时工资对数差异进行分解[①]。

3. 工会地位的内生性和外生性讨论

1) 收入解释变量和工会地位被解释变量相互作用, 互为因果

Ashenfelter 和 Johnson[②]构建工会模型时, 将工会视为一个内生变量, 认为工会不但会影响到工资, 工资水平也会影响到工会化程度。因为假如说工会是一个正常性商品的话, 工人对于工会服务的需求就是提高收入。他们利用不同制造行业数据估计的结果是工会化程度和工资水平正相关。然而工会和非工会的工资差异并不显著[②]。Schmidt 和 Strauss[③]采用混合 logit 模型对该问题进行了讨论, 结果表明收入对工会的系数是正数且显著, 而工会对于收入的影响系数也是正数, 但并不显著。这进一步支持了 Ashenfelter 和 Johnson[②]的观点: 高收入更容易使劳动者加入工会, 并不是我们通常所说的工会可以带来较高的收入。对此 Schmidt 和 Strauss[③]认为, 工会对于收入的影响系数不显著可能是因为在收入等式中包含进了地区哑变量。如果工会程度和地区存在着较高的相关性, 那么就会产生多重共线性问题。所以, 检查是否存在共线性问题的一个方法是在等式模型中去掉地区哑变量。然而, 虽然这种方法提高了收入等式中其他的一些变量的显著性水平, 但它对于工会变量没有太大的影响。

他们也得出了其他一些有意思的统计结果, 更高教育水平的劳动者更倾向于不加入工会, 但是却会提高劳动者的工资水平; 更多的经验对于加入工会的概率没有显著性的

---

① 以上推导过程可参见谭远发: 中国大学毕业生性别工资差距分布特征研究: "天花板效应" 还是 "粘地板效应"? 人口学刊, 2012, (6): 51-63; 王震. 基于分位数回归分解的农民工性别工资差异研究. 世界经济文汇, 2010, (4): 51-63

② Ashenfelter O C, Johnson G E, Pencavel J H. Trade unions and the rate of change of money wages in United States manufacturing industry. Review of Economic Studies, 1972, 39 (117): 27-54

③ Schmidt P, Strauss R P. The effect of unions on earnings and earnings on unions: a mixed logit approach. International Economic Review, 1976, 17 (1): 204-212

影响；白人更不可能加入工会，但是对于收入的影响却是正向且显著的；男性更容易加入工会，也更容易提高收入[1]。

2）遗漏解释变量造成的内生性

对工会地位内生性问题还有一种与 Ashenfelter 和 Johnson[2]不同的说法，这种说法认为工会是最好的工会公司中和最好的非工会公司中工人工资水平的差异而造成的，从而产生的内生性结果。此说法首先是由 Lee 提出[3]，后来由 Duncan 和 Leigh 提出[4]。这些样本选择性模型假设工人通过对比工会与非工会工资差异与保留工资来决定是否加入工会，以及加入工会的成本。如果工会工资差异超过了保留工资，那么他就会加入工会，否则就会选择非工会工作。Lee[3]、Duncan 和 Leigh[5]的实证检验结果表明工会与非工会工资差异和工会身份存在着正相关关系。另外，Farber[6]没有发现工会工资差异与工会偏好之间存在着正相关关系。

另外一种观点是在估计工会相对工资效应的时候应该被看作外生变量，Freeman 和 Medoff[7]、Bloch 和 Kuskin[8]的结论是工会和工资交叉项特征是一个非常重要的需要解决的问题，计量经济学技术可以为此提供一个有效的解决方法，即联立方程和样本选择性模型。

3）内生性问题的解决

根据最小二乘法参数估计计算出来的工会工资效应忽略了内生性问题，所以采用此方法计算出来的工会工资效应对于公式的设定以及数据库的选取敏感度较低。如果外生性假设不成立，这种估计出来的工会的相对工资效应具有偏差。

4. 工会内生性问题的解决

如果工人加入工会是因为工会具有较高的工资优势，那么在测量工人是否加入工会的等式中必须加入工会的工资优势，即工会和非工会工人之间工资差距这个变量。所以工人加入工会的测量等式必须和工资方程式进行联立。根据 Lee[3]、Duncan 和 Leigh[5]所采用的模型，有以下三个方程：

$$D_i = Z_i'\alpha + \rho(\ln w_i^{\mathrm{U}} - \ln w_i^{\mathrm{N}}) + \mu_i$$

① Schmidt P，Strauss R P. The effect of unions on earnings and earnings on unions：a mixed logit approach. International Economic Review，1976，17（1）：204-212

② Ashenfelter O C，Johnson G E，Pencavel J H. Trade unions and the rate of change of money wages in United States manufacturing industry. Review of Economic Studies，1972，39（117）：27-54

③ Lee L F. Unionism and wage rates：a simultaneous equation model with qualitative and limited depended variables. International Economic Review，1978，19（2）：415-433

④ Duncan G M，Leigh D E. Wage determination in the union and nonunion sectors：a sample selectivity approach. Industrial and Labor Relations Review，1980，34（1）：24-34

⑤ Duncan G M，Leigh D E. Wage determination in the union and nonunion sectors：a sample selectivity approach. Industrial and Labor Relations Review，1980，34（1）：24-34

⑥ Farber H S. The determination of the union status of workers. Econometrica，1983，51（5）：1417-1437

⑦ Freeman R R，Medoff J L. The impact of the percentage organized on union and nonunion wages. Review of Economics and Statistics，1981，18（63）：561-572

⑧ Bloch F E，Kuskin M S. Wage determination in the union and nonunion sectors. Industrial and Labor Relations Review，1978，31（2）：183-192

$$\ln w_i^U = X_i' \gamma^U + \mu_{1i}$$

$$\ln w_i^N = X_i' \gamma^N + \mu_{2i}$$

其中，ρ 代表工资差异的估计系数；Z_i' 代表能够解释工人加入工会的外生解释变量；α 表示估计的系数向量。

另外，Schmidt 和 Strauss 采用混合 logit 模型估计来解决工会地位与工会、非工会工资差距的这种互为因果造成的内生性[①]。其采用的模型如下：

$$\ln \left[\frac{P(\text{union}_i = 1 | \text{earning}_i)}{P(\text{union}_i = 0 | \text{earning}_i)} \right] = Q_i \gamma + \alpha \text{earning}_i$$

$$\text{earning}_i | \text{union}_i = N(Z_i \beta + \delta \text{union}_i, \sigma^2) \qquad (8\text{-}6)$$

其中，Q_i、Z_i 为第 i 个观察值的外生解释变量；γ 和 β 表示参数；第一个等式为标准的 Y_i 的条件 logit 模型；第二个等式表示 Y 服从均值为关于 X 解释变量的线性形式的正态分布。如果能够得到 earning 和 union 的联合分布函数，那么就可以通过极大似然法估计出上述参数：

$$\frac{f(\text{union}_i = 1, \text{earning}_i)}{f(\text{union}_i = 0, \text{earning}_i)} = \frac{P(\text{union}_i = 1 | \text{earning}_i)}{P(\text{union}_i = 0 | \text{earning}_i)} = \exp(Q_i \gamma + \alpha \text{earning}_i) \qquad (8\text{-}7)$$

同时：

$$P(\text{union}_i = i) = \frac{f(\text{union}_i = i, \text{earning}_i)}{f(\text{earning}_i | \text{union}_i = i)}, \quad i = 0,1 \qquad (8\text{-}8)$$

由于 $P(\text{union}_i = 0) + P(\text{union}_i = 1) = 1$，所以：

$$\frac{f(\text{union}_i = 0, \text{earning}_i)}{f(\text{earning}_i | \text{union}_i = 0)} + \frac{f(\text{union}_i = 1, \text{earning}_i)}{f(\text{earning}_i | \text{union}_i = 1)} = 1 \qquad (8\text{-}9)$$

由式（8-7）和式（8-9）得

$$f(\text{union}_i = 0, \text{earning}_i) \left[\frac{1}{f(\text{earning}_i | \text{union}_i = 0)} + \frac{\exp(Q_i \gamma + \alpha \text{earning}_i)}{f(\text{earning}_i | \text{union}_i = 1)} \right] = 1 \quad (8\text{-}10)$$

$$f(\text{union}_i = 0, \text{earning}_i) = \frac{f(\text{earning}_i | \text{union}_i = 0) f(\text{earning}_i | \text{union}_i = 1)}{f(\text{earning}_i | \text{union}_i = 1) + \exp(Q_i \gamma + \alpha \text{earning}_i) f(\text{earning}_i | \text{union}_i = 0)}$$

$$f(\text{union}_i = 1, \text{earning}_i) = \exp(Q_i \gamma + \alpha \text{earning}_i) f(\text{union}_i = 0, \text{earning}_i) \qquad (8\text{-}11)$$

$$f(\text{earning}_i | \text{union}_i = 0) = \frac{1}{\sqrt{2\pi\sigma^2}} \exp\left[-\frac{1}{2\sigma^2} (\text{earning} - Z_i \beta)^2 \right]$$

$$f(\text{earning}_i | \text{union}_i = 1) = \frac{1}{\sqrt{2\pi\sigma^2}} \exp\left[-\frac{1}{2\sigma^2} (\text{earning} - Z_i \beta - \delta)^2 \right] \qquad (8\text{-}12)$$

假设所有的观测变量相互独立，那么极大似然值函数可以表达为

$$L = \prod_i f(\text{union}_i = 0, \text{earning}_i) \prod_i f(\text{union}_i = 1, \text{earning}_i)$$

---

① Schmidt P, Strauss R P. The effect of unions on earnings and earnings on unions: a mixed logit approach. International Economic Review, 1976, 17（1）: 204-212

5. 克服选择性变差的实证

1）工具变量法

根据 Lee、Duncan 和 Leigh 所采用的模型[1]，有以下三个方程：

$$q_i = X_i\pi + \varepsilon_i \tag{8-13}$$

$$\ln w_{ui} = X_{ui}\beta_i + \eta_{ui} \tag{8-14}$$

$$\ln w_{ni} = X_{ni}\beta_i + \eta_{ni} \tag{8-15}$$

式（8-14）和式（8-15）表示工会会员和非工会会员工资等式，式（8-13）代表是否加入工会的选择性方程。在式（8-13）中包括个人特征、工作行业以及工会和非工会工资差距。如果 $q_i > 0$，那么 $UN_i = 1$，意味着第 i 个劳动者是工会会员，他的工资 w_i 是 w_{ui}，如果 $q_i \leq 0$，那么 $UN_i = 0$，意味着第 i 个劳动者是非工会会员，他的工资 w_i 是 w_{ni}。那么工资对数可以表达为

$$\ln w_i = UN_i \ln w_{ui} + (1 - UN_i)\ln w_{ni} \tag{8-16}$$

把式（8-14）、式（8-15）代入（8-16）中得

$$\ln w_i = (UN_i X_{ui})\beta_u + [(1 - UN_i)X_{ni}]\beta_n + [UN_i\eta_{ui} + (1 - UN_i)\eta_{ni}]$$

即可以缩写为

$$\ln w_i = Z_{ui}\beta_u + Z_{ni}\beta_n + \nu_i \tag{8-17}$$

其中，$Z_{ui} = UN_i X_{ui}$；$Z_{ni} = (1 - UN_i)X_{ni}$；$\nu_i = UN_i\eta_{ui} + (1 - UN_i)\eta_{ni}$。如果联合密度函数 $g(\varepsilon_i, \eta_{ui}) = g(\varepsilon_i, \eta_{ni})$，那么扰动项 ν_i 的期望值为零，方差 $var(\nu_i) = \delta^2$。

假设 $P_i = Pr(UN_i = 1)$，估计式（8-17）的解释变量 $EZ_{ui} = P_i X_{ui}$，$EZ_{ni} = (1 - P_i)X_{ni}$，因为 P_i 是未知的，所以必须要通过一定的技术估计出来，利用 logit 技术来估计出工会地位等式。logit 的估计结果用来构建估计量 $\hat{P}_i$，第二步是利用 $\hat{P}_i X_{ui}$ 和 $(1 - \hat{P}_i)X_{ui}$ 作为工具来估计式（8-17）。

2）Heckman[2] 的样本选择模型

Bloch 和 Kuskin 直接采用工会工资等式和非工会工资等式，利用 OLS 直接进行估计。这种估计程序忽略了工资率和工会身份之间的相关性。实际上，对于一个特定的个体，观测到的要么是工会工资，要么是非工会工资。工会工资等式的误差项和工资均值之间存在着相关性，即在可观察的工会与非工会工资等式中的误差项期望值是非零的[3]，即

$$E(\eta_{ui}|union = 1) \neq 0$$

$$E(\eta_{ui}|union = 0) \neq 0$$

① Lee L F. Unionism and wage rates: a simultaneous equation model with qualitative and limited depended variables. International Economic Review, 1978, 19（2）: 415-433; Duncan G M, Leigh D E. Wage determination in the union and nonunion sectors: a sample selectivity approach. Industrial and Labor Relations Review, 1980, 34（1）: 24-34

② Heckman J J. The common structure of statistical models of truncation, sample selection, and limited dependent variables and a simple estimator of such models. NBER Chapters, 1976, 5（4）: 475-492; Heckman J J. Sample selection bias as a specification error. Econometrica, 1979, 47（1）: 153-161

③ Bloch F E, Kuskin M S. Wage determination in the union and nonunion sectors. Industrial and Labor Relations Review, 1978, 31（2）: 183-192

Lee 和 Heckman 首先纠正了工资等式的误差项的非零期望值问题和消除了异方差问题。纠正工资等式的误差项需要计算 $E(\eta_{ui}|union=1)$ 与 $E(\eta_{ui}|union=0)$。为了使得工资等式中误差项的期望值为零，引入了"逆米尔斯比率"。通过第一阶段的估计，计算出"逆米尔斯比率"。Heckman[1]在阶段估计中的第二步将"逆米尔斯比率"代入，得到下面的方程式[2]：

$$\ln w_{ui} = X_{ui}\beta_u + \sigma_{\varepsilon u}\frac{-f(X_i\hat{\pi})}{F(X_i\hat{\pi})} + \delta_{ui} \tag{8-18}$$

$$\ln w_{ni} = X_{ni}\beta_n + \sigma_{\varepsilon n}\frac{f(X_i\hat{\pi})}{1-F(X_i\hat{\pi})} + \delta_{ni} \tag{8-19}$$

其中，$f(\cdot)$ 和 $F(\cdot)$ 分别代表标准正态密度函数和分布函数；选择性偏差项涉及 $f(\cdot)$ 和 $F(\cdot)$ 的比值，这个比值被称为"逆米尔斯比率"；估计值 $\hat{\pi}$ 为第一阶段采用主要包含个人特征变量、行业变量的 probit 估计得到；引入"逆米尔斯比率"后的工资等式中误差项 δ_{ui}、δ_{ni} 期望值为零。通过第一阶段估计出的"逆米尔斯比率"继续对工会和非工会的工资等式采用 OLS 估计，就是 Heckman 的样本选择模型的估计。然而，这仍然没有解决异方差问题，为了解决异方差问题，则采用广义的最小二乘法。在第二阶段估计后，采用工会和非工会工资等式的预测值得到 $\ln\hat{w}_{ui} - \ln\hat{w}_{ni}$，将该数据代入工会身份预测的等式中，即可以估计出关于是否愿意加入工会的各项变量的系数。

Olsen[3]认为式（8-18）和式（8-19）的参数一致估计量需要满足 ε_i 是正态分布，工资等式（8-18）式（8-19）的解释变量的误差项 η 关于 ε_i 的条件期望值是线性的。

对于式（8-18）和式（8-19）系数 $\sigma_{\varepsilon n}$、$\sigma_{\varepsilon u}$ 将表示从随机人口工资分布中挑选出来的样本中的工会和非工会会员的工资。如果 $\sigma_{\varepsilon n}$ 的估计值显著性不为零，那么非工会会员工资等式的零假设将被拒绝。同样，$\sigma_{\varepsilon u}$ 的非零估计量将拒绝工会会员的零假设。

第五节　工会生产率函数实证模型

目前关于工会与生产率关系的实证研究主要采用两种实证方法来进行分析，这两种实证方法均是由 Brown 和 Medoff[4]提出的。首先，他们采用单部门科布-道格拉斯生产函数来研究工会与生产率的关系，该模型假设了工会会员和非工会会员均处在同一个行业或领域。然而，工会存在于各个行业中，由于行业的不同，劳动者的生产率也存在着很大的差别，所以，他们进一步修正了单部门科布-道格拉斯函数模型，采用两部门的科布-

[1] Heckman J J. The common structure of statistical models of truncation, sample selection, and limited dependent variables and a simple estimator of such models. NBER Chapters, 1976, 5(4): 475-492; Heckman J J. Sample selection bias as a specification error. Econometrica, 1979, 47 (1): 153-161

[2] Duncan G M, Leigh D E. Wage determination in the union and nonunion sectors: a sample selectivity approach. Industrial and Labor Relations Review, 1980, 34 (1): 24-34

[3] Olsen R J. A least squares correction for selectivity bias. Econometrica, 1980, 48 (7): 1815-1820

[4] Brown C, Medoff J. Trade unions in the production process. Journal of Political Economy. 1978, 86 (3): 355-379

道格拉斯函数模型，即围绕工会部门和非工会部门的劳动者分别建立科布-道格拉斯生产函数，进而推导出工会与生产率的实证模型。下面分别对这两种模型进行详细的阐述。

一、单一部门的科布-道格拉斯生产函数

（一）基本模型

Brown 和 Medoff 首先设定了单部门的科布-道格拉斯生产函数[1]。他们假设工会和非工会工人在同一个行业或部门中，这两类工人只有在劳动生产率方面存在差异，其他方面均相同。以科布-道格拉斯生产函数为基础，并对其进行修正，可以将生产函数表达为

$$Q = AK^{\alpha}(L^{N} + \gamma L^{U})^{1-\alpha} \qquad (8\text{-}20)$$

其中，Q 表示产出；L 表示工会会员的数量；K 表示资本。假设劳动力有两种类型：工会工人（L^{U}）、非工会工人（L^{N}），假设产品市场是完全竞争的，产品的生产技术是科布-道格拉斯函数；A 为技术效率参数，用来解释不同公司或行业之间产出差异的变量；$0 < \alpha < 1$；上标 U 和 N 代表工会和非工会劳动力。该生产函数假设规模报酬不变，故指数之和是 1。如果 $\gamma > 1$，非工会工人比工会工人的生产率要高；如果 $\gamma = 1$，表示工会工人和非工会工人的生产率没有差别；$\gamma < 1$，表示工会工人的生产率要低于非工会工人。

所以，运用科布-道格拉斯函数有两个重要的假设：第一个是考虑了工会会改变技术节约或劳动密集的生产技术；第二个是替代弹性约束是 1。通过对式（8-20）进行变换，可以得到下面的表达式：

$$Q = AK^{\alpha}L^{(1-\alpha)}[1 + (\gamma - 1)D]^{1-\alpha} \qquad (8\text{-}21)$$

其中，$L = L^{U} + L^{N}$，表示所有的劳动力；$D = L^{U}/L$，表示所有劳动力中工会会员的人数比例，即工会密度。所以，对该表达式两边分别除以 L 后取对数形式，可以得到

$$\ln(Q/L) = \ln A + \alpha \ln(K/L) + (1-\alpha)\ln[1 + (\gamma - 1)D] \qquad (8\text{-}22)$$

该表达式可以用 Q/L、K/L、D 三个变量的数据进行估计。根据泰勒的一阶展开式，当 x 的数值非常小时，$\ln(1+x) \cong x$。所以根据泰勒一阶展开式定理，可以写为

$$\ln(Q/L) \cong \ln A + \alpha \ln(K/L) + (1-\alpha)(\gamma - 1)D \qquad (8\text{-}23)$$

（二）考虑其他属性的模型

有些行业中，工会对生产率有着积极性的影响，而在另外一些行业中，工会对生产力的影响是负面的。为了较为准确地估计出式（8-23）中的 $(1-\alpha)(\gamma - 1)$，假设 $\ln(Q/L)$ 是一个可以观测的公司或行业的向量，该公司或行业的属性是 $X'\delta$，其中，δ 为 X' 的系数向量。如果管理方反对工会化，同时代替高技能的工人具有较高的劳动力成本，那么人力资本变量就可能成为测量工人技能的一个标准。进一步可以将上面的表达式写为

$$\ln(Q_t/L_t) \cong \ln A_t + \alpha \ln(K_t/L_t) + (1-\alpha)(\gamma - 1)D_t + X_t'\delta + \mu_t \qquad (8\text{-}24)$$

---

[1] Brown C，Medoff J. Trade unions in the production process. Journal of Political Economy. 1978，86（3）：335-378

t 表示时间阶段，该式可以测量出工会和非工会之间产量的差别。式（8-24）中单位工人的资本和劳动力质量都已经得到了有效地控制，因此，估计出来的 $(1-\alpha)(\gamma-1)$ 代表工会和非工会生产率差异的对数。工会和非工会生产率的差异的百分比可以表达为

$$\exp\{[(1-\alpha)(\gamma-1)]\cdot100\} \tag{8-25}$$

另外不同地区的生产率也存在差异，所以，地域因素也成为该函数一个重要的控制变量。在加入地区和行业变量时，也同时考虑到了不同行业和地区的工会密度以及相应行业或地区的单位劳动资本之间的交互影响，所以 Brown 和 Medoff 利用下面的表达式来估计工会的生产率[①]：

$$\ln(Q/L)_{ij} \cong Z_i' + X_j'b_2 + b_3\ln(K/L)_{ij} + b_4D_{ij} + b_5\ln(K/L)_{ij}D_{ij} + \mu_{ij} \tag{8-26}$$

其中，Z_i，X_j 分别表示行业和地区变量；b 表示待估计系数；Q 表示用价值表示的产出；下标 i 表示行业；j 表示地区。

（三）考虑变量的遗漏偏差模型

即使考虑了行业、地区等变量，但是我们仍然排除不了其他影响生产率的变量的存在。不考虑这些潜在的影响生产率的变量，如果这些遗漏变量和工会这个变量存在着相关关系，就会使得这些不可观察的变量对于生产率的影响统统被归结为工会对于生产率的影响，即估计系数不但包括工会对于生产率的影响，同时也包括这些不可观察的变量对于生产率的影响。具体来说，如果这些不可观察的变量与工会之间存在正相关关系，那么 D 的系数会被高估；如果存在负相关关系，那么该系数会被低估。然而，这些遗漏变量很多在不同时期对工会生产力的影响是相同的，所以通过差分的方式可以部分消除掉这些遗漏变量造成的偏差。所以，如果估计生产率的增长而非生产率的水平，那么这些遗漏偏差就会降低。通过对式（8-26）进行差分计算，可以得到

$$\Delta\ln(Q_{it}/L_{it}) \cong \Delta\ln A_t + \alpha\Delta\ln(K_t/L_t) + (1-\alpha)(\gamma-1)\Delta D_t + \upsilon_{it} \tag{8-27}$$

二、两部门的科布-道格拉斯生产函数

根据式（8-20）的生产函数表达式可以看出，工会和非工会写在同一个生产函数之中，代表只是局限在某一个特定行业中的工会和非工会的生产率的比较。所以参数 γ 存在着设定偏差。Brown 和 Medoff 进一步采用两部门的科布-道格拉斯生产函数进行估算[①]。假设工会和非工会的生产函数表达为

$$Q_N = AK_N^\alpha L_N^{1-\alpha} \tag{8-28}$$

$$Q_U = AK_U^\alpha(BL_U)^{1-\alpha} \tag{8-29}$$

对工会和非工会部门的生产函数分别进行设定，同时，假设工会部门劳动者的生产率参数是 B。这里关键的问题是大规模数据一般不能把工会部门的产出和非工会部门的产出进行分离，即 Q_N、Q_U 的数据无法得到。所以将二者的产出进行加总：

---

① Brown C，Medoff J. Trade unions in the production process. Journal of Political Economy. 1978，86（3）：335-378

$$Q = Q_N + Q_U = AK_N^\alpha L_N^{1-\alpha} + AK_U^\alpha (BL_U)^{1-\alpha} = A[K_N^\alpha L_N^{1-\alpha} + K_U^\alpha (BL_U)^{1-\alpha}] \quad （8-30）$$

对于工会部门所采用的资本和非工会部门所采用的资本数据一般也是较难得到的，所以，需要消除工会部门资本和非工会部门的资本两个变量，即 K_U 和 K_N。

假设 $\dfrac{K_U}{L_U} = (1+d)\dfrac{K_N}{L_N}$，并令 $k = \dfrac{K}{L}$，$k_U = \dfrac{K_U}{L_U}$，$k_N = \dfrac{K_N}{L_N}$ 则

$$k = \frac{K}{L} = \frac{K_U + K_N}{L} = \frac{K_U L_U}{L L_U} + \frac{K_N L_N}{L L_N} = k_N(1-D) + k_N(1+d)D = k_N(1+Dd) \quad （8-31）$$

可得

$$k_N = k/(1+Dd)，\quad k_U = k(1+d)/(1+dD)$$

此外：

$$Q = A[K_N^\alpha L_N^{1-\alpha} + K_U^\alpha (BL_U)^{1-\alpha}] = A(k_N^\alpha L_N + B^{(1-\alpha)} k_U^\alpha L_U) \quad （8-32）$$

因此：

$$\begin{aligned} Q &= Ak^\alpha (1+dD)^{-\alpha}[L_N + B^{(1-\alpha)}(1+d)^\alpha L_U] \\ &= Ak^\alpha (1+dD)^{-\alpha} L\{1 + [B^{(1-\alpha)}(1+d)^\alpha - 1]D\} \end{aligned} \quad （8-33）$$

对等式两边同时除以 L，取对数后得到

$$\ln(Q/L) = \ln A + \alpha \ln k - \alpha \ln(1+dD) + \ln\{1 + [B^{(1-\alpha)}(1+d)^\alpha - 1]D\} \quad （8-34）$$

采用一阶泰勒导数，当 $d \approx 0, B \approx 1$ 时：

$$\ln(Q/L) \approx \ln A + \alpha \ln k + (1-\alpha)(B-1)D \quad （8-35）$$

从两部门和单部门的生产函数设定来看，存在着明显的差别，其中在单部门的生产函数设定中强调的是劳动者的效率单位，即劳动者的质量，同时，它相对于两部门的生产函数，有一个重要的约束条件，即工会部门和非工会部门的单位劳动效率占有的资本量是相同的，即 $\dfrac{K_U}{BL_U} = \dfrac{K_N}{L_N}$，而在两部门的生产函数设定中没有这个假设。如果在两部门中这个条件得到满足，可以得到 $B = (1+d)$，将其代入式（8-31），就可以得到单部门的生产函数模型式（8-21）。

第九章

制度经济学观点下的劳动力市场

本部分主要通过 Kaufman 文章的观点来介绍制度经济学观点下的劳动力市场[①]。新古典经济学的核心是竞争市场供求模型。例如，Kniesner 和 Goldsmith 评论说"价格和数量的市场分析是新古典经济学的核心"[②]。新古典经济学中的真实写照应用在子领域，如劳动经济学中也是如此。因此，曼宁注意到，"目前，劳动经济学由竞争模型组成，必要时可以解释异常情况。反过来，竞争模型又说明了现代劳动经济学中最重要的需求和供给决定工资关系"[③]。制度经济学、后凯恩斯主义等多年来一直对劳动力市场竞争理论和经验有效性表示怀疑[④]。

竞争性劳动力市场模型的假设是内部矛盾的，纯粹理论上的完全竞争的劳动力市场在逻辑上是不可能的。另外，熟悉的供求工资决定在逻辑上也是不可能的，新古典主义的劳动需求曲线不是一个很好的假设。原因一方面是完全竞争的市场模型假设零交易成本，在零交易成本条件下，只存在单个劳动者公司，雇佣关系和劳动力市场都消失了。另一方面是交易成本较高劳动力市场存在但就业合同不完整，劳动供给曲线呈上升趋势。在这种情况下（如 Monopsony），劳动需求曲线不再是价格和数量之间有序、连续和单调的关系。因此，供需不能确定特定的市场工资，公司将工资设定为某种形式的管理或议价。这种结论不仅削弱了新古典主义范式的核心理论结构，而且还引入了理论概念，即交易和交易成本，这是新制度经济学的核心，也是原始的（或"老"）

---

① Kaufman B E. The impossibility of a perfectly competitive labour market. Cambridge Journal of Economics, 2007, 31 (5): 775-787

② Kniesner T J, Goldsmith A H. A survey of alternative models of the aggregate U.S. labor market. Journal of Economic Literature, 1987, 25 (3): 1241-1280

③ Manning A. Monopsony in Motion. Princeton: Princeton University Press, 2003

④ Kerr C. Labour markets: their character and consequences. American Economic Review, 1950, 40 (2): 27-91; Hodgson G. Economics and Institutions: A Manifesto for a Modern Institutional Economics. Philadelphia: University of Pennsylvania Press, 1988; Streeck W. The sociology of labour markets and trade unions//Smelser N, Swedberg R. The Handbook of Economic Sociology. 2. New York: Russell Sage, 2005: 254-283; Fleetwood S. Rethinking labour markets: a critical-realist-socioeconomic perspective. Capital & Class, 2006, 30 (2): 59-89

制度经济学。

■ 第一节　制度经济学与古典经济学的争论

　　通常认为，"劳动"是涉及将人力应用于生产货物和服务的投入因素。然而，当经济学家谈论劳动力市场及其各种组成部分和结果（如劳动力需求和供给曲线以及工资率和就业水平）时，就从普通劳动转向特定的制度化劳动形式。例如，人力工作可以由奴隶、农奴、单个承包商、独资经营者和无偿的家庭成员提供。然而，这些劳动形式都不是在经济学家认为的在劳动（因素）市场的情况下进行交易的，也不被支付"工资"。此外，虽然买方对奴隶或单个承包商的劳动需求必须在一定程度上与成本成反比[1]，但这种关系也不是经济学家在谈到劳动力需求时通常所想到的曲线。相反，劳动市场假设存在雇佣关系；也就是说，企业是劳动力市场的雇主雇用雇员，并让雇员按照雇主的指示提供一定数量的劳务，每个时间段回报一定的薪酬。哈梅尔斯（Hamermesh）在他的权威书《劳动需求》[2]中指出，"对劳动者的需求是雇主对公司工人做出的各方面决定，包括就业、补偿和培训等方面的决定"。同样，Milgrom 和 Roberts[3]指出，"对劳动力市场、就业和工资的研究是标准新古典经济学的一个主要因素"。因此，新古典主义劳动需求曲线是一种专门的制度结构，它假设存在多人机构，雇用工人作为雇员履行职责。

　　在新古典主义理论中，劳动力市场和就业关系简单地被认为是根据给定因素分析得出的结论。然而，在制度经济学中，劳动力市场和雇佣关系是内生的治理模式，正如 Commons 的旧制度经济学中"议价"和"配给"交易之间的区别所表明的那样，以及在奥利弗·威廉姆森（Oliver Williamson）的新制度经济学中的"制造与购买"[4]。因此，制度理论的任务是确定在何时和在何种条件下从劳动力市场与某种其他形式的制度中（奴隶制、单个承包商等）获得生产劳动的。这种观点打开了理论上的可能性，即在某些情况下，没有劳动力市场（如仅由 N 个家庭农场组成的经济体），生产也会进行，即当经济的特征是交易成本为零时，劳动力市场不存在的情形就会存在，然而新古典主义完全竞争的劳动力市场模型的假设却是经济交易成本为零。因此，完全竞争的劳动力市场模型在逻辑上是不可能的。

　　为了证明这一点，依次考虑两个案例：一是一个零交易成本的经济体；二是具有正的交易成本的经济体。

①　Becker G. Irrational behavior and economic theory. Journal of Political Economy，1962，70（1）：1-13

②　Hamermesh D. Labour Demand. Princeton：Princeton University Press，1993：55

③　Milgrom P，Roberts J. Economics，Organization & Management，Englewood-Cliffs：Prentice Hall，1992：28

④　Commons J. Institutional Economics：Its Place in Political Economy. New York：MacMillan，1934；Kaufman B. Employment relations and the employment relations system：a guide to theorizing//Kaufman B E. Theoretical Perspectives on Work and the Employment Relationship. Champaign：Industrial Relations Research Association，2004：41-75；Williamson O. The Economic Institutions of Capitalism. New York：The Free Press，1985

■ 第二节　交易成本

一、零交易成本

Commons[1]在制度经济学中提出了"交易"的概念，他将其定义为"所有权的合法转让"。虽然 Commons 没有给出交易成本的概念，但从他的交易论述中可以推理出交易成本是合同过程（特别是正式和非正式合同的谈判、执行和管理）过程转让所有权（产权）中发生的实际资源成本[2]。这种概念与其他学者相似，如 Reder[3]将交易成本定义为"用于获得和执行两个（或多个）法律上不同实体之间的合同条款协议的资源价值"。Commons 设定了两个基本机制，通过这种机制可以在一个经济体内协调所有权的转让。市场自愿交换（议价交易）和由上级组织发出的单方命令［在政府里由总统、在公司里由 CEO（chief executive officer，首席执行官）、家庭里由户主指示］的配给交易以及管理交易，即老板指挥工人消费劳动力，从而将工作从卖方转移给买方。在新制度经济学的文献中，这种区别被表达为"制造 VS 购买"[4]，即一个货物或服务是内部制造还是市场购买的选择机制是由最小化交易和生产成本的目标决定的。

科斯[5]和威廉姆森[6]分别发展了交易成本概念，并将其以更加透明和集中的方式应用于分析经济组织问题。他们指出，新古典主义完全竞争的模型取决于零交易成本的假设（也见 Reder[3]；Jacobsen and Skillman[7]）。原因是这种模式隐含了承包过程和所有权交换是无摩擦的假设，即以零成本进行。反过来，零交易成本来自几个完全竞争模型的关键假设的互动效应，即理性人，完全信息和完善的合同执法。通过这些假设，经济主体能够免费交换和保护产权，通过新古典经济学的基本福利定理和技术经济学的科斯定理，得出结论：自愿交换将实现所有可行的贸易收益。制度经济学家质疑这些结论的理论有效性和经验相关性。他们得到 Stigler[8]观察结果的支持，即像"零交易成本的世界变得与物理世界毫无摩擦"一样奇怪。

---

① Commons J. Institutional Economics：Its Place in Political Economy. New York：MacMillan，1934：55

② Kaufman B. The organization of economic activity：insights from the institutional theory of John R. Commons，Journal of Economic Behavior and Organization，2003，52（1）：71-76

③ Reder M. Economics：The Culture of a Controversial Science. Chicago：University of Chicago Press，1999：223

④ Furubotn E，Richter R. Institutions and Economic Theory：The Contributions of the New Institutional Economics. Ann Arbor：University of Michigan Press，1997

⑤ Coase R H. The nature of the firm. Economica，1937，4（16）：386-405

⑥ Williamson O. Market and Hierarchies，Analysis and Antitrust Implications. New York：The Free Press，1975；Williamson O. The Economic Institutions of Capitalism. New York：The Free Press，1985

⑦ Jacobsen J，Skillman G. Labour Markets and Employment Relationships：A Comprehensive Approach. Walden：Blackwell，2004

⑧ Stigler G. The law and economics of public policy：a plea to scholars. Journal of Legal Studies，1972，1（1）：1-12

　　西蒙[1]提出的"有限理性"的概念是一种这样的摩擦和交易成本来源，这个概念早先被 Commons[2]（Kaufman[3]）提出，即人类行为在很大程度上是有目的性和自我有兴趣的，受到"愚蠢、无知和激情"的影响。另一个重要的摩擦是不完全信息性和根本的不确定性。Commons 认为，制度经济学[2]"调查我们自己的思想和我们周围的世界在人类社会中的实际表现，他们的未来被坦白地认为是不可预测的"。最后，第三个摩擦是政府保护财产权利能力的不完善能力[4]。这些根本缺陷带来的结果是执行合同的过程是不完美的（无摩擦），因此经济代理人必须花费实际资源来谈判，执行产权和所有权的转让。

　　科斯[5]在他的《公司的本质》中提到，经济活动可以通过市场和价格或组织和指挥的双重机制来协调。他提出的问题是"什么决定了两者之间的界限"，他给出的答案是"公司将趋向于扩大，直到在公司内组织额外交易的成本等于通过在公开市场上执行相同交易的交易成本"。这个决策规则的一个明显的含义是，如果交易成本为零，那么市场总是随处可见的。科斯[6]后来观察到，在没有交易成本的情况下，公司（指具有雇佣关系的多人公司，而不是一个单人公司）存在没有经济依据。Demsetz[7]指出，这个结论导致了一个新古典主义完全竞争的一般均衡经济（或他喜欢的标注"完美的权力下放"），其中人们之间的所有交易都是通过价格协调市场进行的，企业可能变为最低层次的组织——无数的一人生产单位。Commons 称之为"极端个人主义"的经济[8]。

　　完全竞争的劳动力市场模式的逻辑矛盾现在已经显示出来了。如果多人企业在零交易成本的世界中消失，雇佣关系也一定消失。科斯的文章暗示了这一结论，但并没有直接说明。Simon、Cheung 和 Dow 对此做了更明确的阐述[9]。

　　Simon 指出，企业可以通过两种不同的方式获得劳动力：雇佣合同或销售合同。雇佣合同给予雇主法定权利，指导和控制雇员的劳务，支付给员工一笔款项。公司也可以通过雇用一个达成一致金额的独立承包商，通过销售合同来完成劳动服务。销售合同规定了要完成的任务和绩效标准，但是给予承包商控制生产过程的权利。根据 Simon 的说法，雇佣合同是有吸引力的，因为在有限理性和不完美的预知的世界中企业家无法预测

　　① Simon H A. Models of Bounded Rationality. 2. Cambridge：MIT Press，1982

　　② Commons J. Institutional Economics：Its Place in Political Economy. New York：MacMillan，1934：874

　　③ Kaufman B. Emotional arousal as a source of bounded rationality. Journal of Economic Behavior and Organization，1999，38（1）：135-144

　　④ Commons J. Institutional Economics：Its Place in Political Economy. New York：MacMillan，1934：692-697

　　⑤ Coase R H. The nature of the firm. Economica，1937，4（16）：386-405

　　⑥ Coase R H. The Firm，the Market，and the Law. Chicago：University of Chicago Press，1988

　　⑦ Demsetz H. The theory of the firm revisited//Williamson O E，Winter S G. The Nature of the Firm：Origins，Evolution，and Development. Oxford：Oxford University Press，1991：159-178；Kaufman B. The organization of economic activity：insights from the institutional theory of John R. Commons，Journal of Economic Behavior and Organization，2003，52（1）：71-96

　　⑧ Kaufman B. The organization of economic activity：insights from the institutional theory of John R. Commons. Journal of Economic Behavior and Organization，2003，52（1）：71-96

　　⑨ Simon H. A formal theory of the employment relationship. Econometrica，1951，19（3）：293-303；Cheung S. The contractual nature of the firm. Journal of Law and Economics，1983，26（1）：1-21；Dow G. The new institutional economics and employment regulation//Kaufman B E. Government Regulation of the Employment Relationship. Madison：Industrial Relations Research Association，1997：57-90

生产开始时工人必须履行的所有任务和意外情况，而雇佣合同使企业家在生产进行中能够不断调整和重新部署劳动力。然而，雇佣合同的缺点是，在很大程度上的合同开放使工人在工作量和工作条件方面面临更大程度的不确定性和风险，导致员工要求更高的薪酬水平作为补偿差异。

虽然 Simon 并没有将交易成本的概念引入他的分析中，但在确定公司是否选择销售或雇佣合同方面发挥了策略性作用。在有限理性和信息不完全的世界，交易成本高，雇佣合同受到青睐；在零交易成本的世界中，控制工人时间的法定权利没有经济价值（因为所有条款、条件和业绩预期都可以无成本地写入完整的合同），公司将始终选择使用销售合同。

Cheung[1]的理论建立在科斯和西蒙之上，并提出了一个额外的关键见解。他指出，劳动合同涉及从使用产品市场（单个承包商）转向使用劳动力市场（员工）去获得劳务的模式。因此，他注意到，"企业的成长可能被视为以要素市场替代产品市场，从而节省交易成本"。一个明显的暗示是，在零交易成本的世界中要素市场完全消失，被通过产品市场的购买和销售取代。他在这方面指出，"如果所有的交易成本都是零，那么购买一个别针的客户就可以为其生产中的每一个单位分别付款……在这种情况下，大量的产品价格将指导单个别针的生产"。在这样一个世界，谈论产品市场和要素市场将是多余的，因为两者是不可分割的。

基于这些见解，Dow 阐述了完全竞争的劳动力市场模型内部矛盾的中心观点。他首先指出，交易成本为零的条件允许公司所有者为劳动服务编写完整的无成本合同。鉴于此 Dow 表示，"如果劳动力是通过使用完整的合同进行购买和销售的，那么劳务将成为另一种商品，与苹果或牙膏没有任何区别"。公司将购买目前所需的任何服务，并为这些服务支付即将上市的价格。在这样一个世界里，员工与承包商无法区分因为每个人实际上都是自我雇用。可以指出，即使企业是大型资本密集型企业，这个结果也是正确的。

完全竞争的劳动力市场模型在逻辑上是不可能的，因为它假定交易成本为零，但零交易成本的条件将导致劳动力（员工）市场消失。在竞争性劳动力市场中工资确定标准图的含义同样重要。该图还假定交易成本为零，但如果劳动力市场和雇佣关系消失，那么劳动力的市场需求曲线也会消失。"工资率"的概念作为劳动要素的独特价格，也失去了意义。然而，同质劳工的需求和供给曲线仍然存在，对同质劳工的需求依然是产品需求的衍生需求，正如贝克尔[2]所表明的那样，需求函数必须在一个有限的预算限制里有负斜率。然而，这些类型（通用）劳动力需求和供给曲线不是根据传统劳动力市场中的工资率，而是根据竞争产品市场中的价格调整而协调的。能够生产出国家最终产品（GDP）的 J 的个人公司（如航线从伦敦到纽约的航空公司）以中间商品的形式从独立的单人商业机构（如汤姆·史密斯飞行员服务公司、苏伊士航空营销有限公司）那里以每单位商定的价格购买其劳务服务，并结合自己专业生产或服务过程，形成最终产品，通过销售

---

① Cheung S N S. The contractual nature of the firm. Journal of Law and Economics, 1983, 26（1）: 1-21

② Becker G S. Irrational behavior and economic theory. Journal of Political Economy, 1962, 70（1）: 1-13

合同在市场上销售其专业化的服务。

二维（价格/数量）劳动力市场也适用于三（或 N）维案例①。也就是说，如果交易成本为零，则产品市场的价格仍然可以适用于所有差异，不仅适用于劳动者为企业家提供的劳动力的数量，而且适用于其他主观的"质量"因素中（如工作条件、危险程度），从而允许经济代理执行无偿的完整合同，使雇佣关系变得没有必要。

重要的是，虽然劳动力市场在二维或 N 维情况下都消失，但竞争经济的效率特性（基本福利定理总结）仍然持续。改变的是制度结构，通过这种架构，经济产生帕累托最优产出水平。也就是说，市场力量像看不见的手仍然影响产出的有效水平，但这种产出的生产不是来自劳动力市场获得的员工，而是来自产品市场的单个承包商和自雇佣者。

劳动力市场本质上总是处于不完美状态的，因为多人公司的存在说明正的交易成本的存在，也说明了市场信息不完全和市场存在诸多摩擦障碍。现代劳动经济学中的许多有趣的问题，如效率工资和内部劳动力市场，也出现了（部分）正的交易成本。只有存在劳动力市场和雇佣关系，产业（雇佣）关系才有作为一个独立的研究领域的现实基础②。没有劳动力市场，凯恩斯对古典市场自我平衡属性的批判也就失去内在逻辑的统一性。最后，雇佣关系的存在也意味着企业与雇员之间存在着等级权力关系以及雇主与雇员之间权利的不对称性，根据法律规定，雇员的法律义务是在有限的范围内完成对雇主的投标，并在劳动市场不完善的情况下实践。这个结论与许多新古典主义经济学家的观点相反，他们否认雇主在内部公司治理方面比雇员具有权利优势③。

二、正交易成本

理论上劳动力市场存在的唯一原因是存在正的交易成本。那么一些企业家通过雇佣合同来获得劳动力比通过与单个承包商的销售合同更具成本效益。可能会出现这样的问题，即在有正的交易成本情况下仍然能产生完全竞争的劳动力市场模型的重要属性和预测，这种情况可能存在吗？为了解决争论，也必须考虑这种情况。

正的交易成本来源于有限理性人，信息不完全以及产权不清晰。有两个原因可以解释存在这三个摩擦中的一个或一个组合会使模型无效的问题，首先是这些摩擦导致劳动合同不完整，其次是这些文献引起了工作搜寻的存在和劳动供给曲线的向上倾斜。两者的影响是不可能得出一个定义良好、连续和单调的新古典主义劳动需求曲线的。

---

① Rosen S. Hedonic prices and implicit markets: product differentiation in pure competition. Journal of Political Economy, 1974, 82（1）: 34-55

② Budd J. Employment with a Human Face: Balancing Efficiency, Equity, and Voice. Ithaca: Cornell University Press, 2004; Kaufman B. The Global Evolution of Industrial Relations: Events, Ideas, and the Industrial Relations Research. Association, 2004

③ Alchian A, Demsetz H. Production, information costs, and economic organization. American Economic Review, 1972, 72（5）: 777-795

　　当在签署劳动合同时，可以预见在合同生效时可能出现的所有情况，以及合同条款所规定的情形将来都有可能发生时，则劳动合同是完全的（Cahuc 和 Zylberberg[1]）。合同不完整主要是不完全和不对称的信息造成的，这种状况在现代研究文献中，如委托代理问题和道德风险很常见（如 Miller；Gibbons）[2]。这些问题得到了前几代制度经济学家（和他们之前的卡尔·马克思）的认可，虽然他们没有（或不能）将它们正式化。例如，Commons[3]指出，"劳动合同不是自动的，而且根据规定不可强制执行，且劳动者在工作时可以讨价还价"。

　　竞争性劳动力市场中工资确定的过程需要一个明确的、稳定的向下倾斜的需求曲线。新制度劳动经济学家，如理查德·莱斯特[4]很久以前就对新古典主义理论的这个性质表示了严重的怀疑，部分原因是标准理论把劳动视为一种惰性商品，为生产提供了一定预定数量的劳务功能，如来自煤的热量或来自钢的拉伸强度。但实际上劳动是体现在人身上的，雇主在劳动合同中购买的劳动时间与劳动者提供的实际劳动力（努力或劳动能力）之间存在很大的差距。甚至是乔治·斯蒂格勒[5]，也承认了这一事实，他指出"观察表明个人在工作和效率上的差异很大"。

　　可变工作努力的明显含义是，新古典主义劳动需求曲线定义为劳动价格（w）与被公司所雇用的工人/小时（L）之间的关系是不稳定和不明确的，因为在任何 w 上，边际产品都可以根据员工的努力而出现大范围的变动。反过来，这些努力取决于制度经济学家长期引用的许多劳资关系，如公平和管理风格。

　　当然，新古典主义经济学家的一个合理的辩驳是，只有通过违反其中的一个假设——劳动力是均匀的数量/质量，才能对理论进行破坏。虽然工作努力有相当大的变化，如果劳动力需求函数中的因变量 L 通过引用工作人数/小时的努力水平来修正——类似于一般均衡理论中"箭头——德布鲁商品"的概念——常规理论可能得到维护，尽管对现实主义和预测能力有一定的损失[6]。另一种选择是内生工作努力，并解决工资/努力议价的均衡价值，如效率工资模型[7]。反过来，工作努力可以视为生产函数中的劳动投入。虽然劳动力需求理论这个领域在很大程度上是未知的，可以想象这个过程可能会产生一个定义良好的边际产量计划和劳动需求曲线——尽管当工作努力对工资而言具有高度的弹性时，曲线可能是向上倾斜的[8]。

　　然而，只要雇佣合同不完整，这些策略就会失败或将理论转变为观察到的 w/L 组合

① Cahuc P，Zylberberg A. Labour Economics，Cambridge：MIT Press，2004：308

② Miller，G. Managerial Dilemmas，Cambridge：Cambridge University Press，1991；Gibbons R. Incentives and careers in organizations//Kreps D，Wallis K. Advances in Economics and Econometrics：Theory and Applications. 2. New York：Cambridge University Press，1997：1-37

③ Commons J. Industrial Goodwill. New York：McGraw-Hill，1919：22-30

④ Lester R. Economics of Labour. 2. New York：MacMillan，1964

⑤ Stigler G. The Theory of Price. New York：MacMillan，1952：200

⑥ Hamermesh D. Labour Demand. Princeton：Princeton University Press，1993：55

⑦ Akerlof G，Yellen J. The fair wage-effort hypothesis and unemployment. Quarterly Journal of Economics，1990，105（2）：255-284；Solow R. The Labour Market as a Social Institution. New York：Basil Blackwell，1990

⑧ Perlman R. Labour Theory，New York：Wiley Reder，1969

的事后合理化。为了形成劳动需求曲线，雇主必须在生产过程开始之前和在知道工资/努力成本的结果之前估计边际产品。通过完整的合同，雇主和工作人员将达成一个特定的努力水平（工资/努力交易模式所确定的特定努力水平），并将锁定的这种努力水平在将来交付。但是，关于道德风险和代理问题的大量文献表明，由于隐藏（不对称）的信息和不完整的合同，工作人员的实际工作水平（由雇主要求）将有系统地偏离签订的合同。因此，Malcomson[①]从对这些文献的研究得出结论："在这里回顾的模型中平衡的工资—雇佣组合通常不符合需求和供给曲线的交叉点。实际上，他们可能不符合这些曲线中的任何一个点。"

在这种劳动需求曲线上的一个非典型情况的模式下，雇主在一个不完全的信息和有限理性的世界中以决定性的方式计算的能力是非常可疑的。由于合同不完整，边际产品计划和劳动需求曲线作为一个可能的价值线而不是一个明确的价值线。因此，与竞争理论中设想的独特均衡工资/就业水平相比，确定平均工资率和就业水平的范围更具现实性。因此，以克尔[②]的话来说："就业市场的运作并不能决定工资，而是确定其固定的范围。"同样，这个结论不仅有助于解释工资刚性[③]，而且也解释了 Lester[④]工资决定的非竞争性"范围理论"，以及长期以来的争论：就业可能不会随着最低工资的缓和而下降（见Lester[④]；Card and Krueger[⑤]）。

正的交易成本排除了竞争性的劳动力市场结果和竞争性的劳动力需求/供给图。Robinson 发展了买方垄断模型，并且指出，"购买者（企业）之间的完全竞争要求……卖方（工人）对他们提供的货物（劳动）无动于衷"[⑥]。但是，由于信息不完善（积极交易成本的一个因素），工人在劳动力市场上目前的雇主和其他潜在雇主之间并非漠不关心。正如 Stigler[⑦]第一次正式证明，在劳动力市场信息不完善的情况下，工人必须从事一个搜寻过程，以发现其他企业的就业条件。通过职位搜寻，在一般合理的假设下（例如员工随着工资水平的上升和招募人数的增多离职率呈下降趋势），企业的劳动供给曲线不再是水平的，而是向上倾斜的（Car and Krueger[⑤]；Manning[⑧]；Mitchell and Erickson[⑨]）。只要搜寻成本是正的，如果新工作支付更高的工资，就业人员（ceteris paribus）就会为另一个工作离开这一份工作。同样，如果公司削减工资，那么就像竞争模型所推测的那

　　① Malcomson J. Individual employment contracts//Ashenfelter O，Card D. The Handbook of Labour Economics. 3. New York：North-Holland，1999：2291-2372

　　② Kerr C. Labor markets：their character and consequences. American Economic Review，1950，40（2）：278-291

　　③ Bewley T. Why Wages Don't Fall During a Recession. Cambridge：Harvard University Press，1999；Fehr E，Falk A. Wage rigidity in a competitive incomplete contract market. Journal of Political Economy，1999，107（1）：106-134

　　④ Lester R. A range theory of wage differentials. Industrial and Labour Relations Review，1952，5（4）：483-500

　　⑤ Card D，Krueger A. Myth and Measurement：The New Economics of the Minimum Wage. Princeton：Princeton University Press，1995

　　⑥ Robinson J. The Economics of Imperfect Competition. 2. New York：MacMillan，1969

　　⑦ Stigler G. Information in the labour market. Journal of Political Economy，1962，70（5）：94-105

　　⑧ Manning A. Monopsony in Motion. Princeton：Princeton University Press，2003

　　⑨ Mitchell D J B，Erickson C L. De-unionization and macro performance：what Freeman and Medoff didn't do. Journal of Labour Research，2005，26（2）：183-208

样[1]，并不是所有的工人都会立即退出。

只要公司的劳动供给曲线有正斜率，公司就可以获得一定程度的市场力量，在行政上设定工资。这个事实对于现在讨论的重要性并不在于它允许对工人进行剥削的可能，而是意味着市场劳动需求曲线不再是一个明确的向下倾斜的关系。众所周知，在标准理论下，产品市场中不完全竞争的企业（如垄断者）具有明确的边际成本曲线，而不是定义良好的供给曲线，这是价格和数量是由边际收益和边际成本曲线确定的。在劳动力市场（任何具有向上倾斜的劳动供给曲线的企业，如单垄断者）中，不完全竞争的企业具有明确的边际产品收入计划，但不具有定义良好的新古典主义劳动需求曲线（Robinson[2]；Fleisher and Kniesner[3]）。

在广义上这个结论并不否认工资与劳动雇佣量之间存在消极关系的一般主张。相反，它还有另外三个重要的含义。首先，工资（w）和劳动力需求（L）之间的关系不是单调的，因为如曼宁[4]研究显示，这种关系取决于劳动供给曲线的弹性值——在不同层次的 w，价值可能会发生很大变化。劳动需求曲线在其存在的程度上可能会有差距，向上倾斜的部分或采取一种带状的形式，所有这些都破坏了（或降解）完美竞争模式的良好行为和确定性行为预测。其次，工资率在某种程度上必须是管理（雇主设定）价格，以消除市场的不确定性[5]。最后，劳动力市场在这种情况下会产生无效的结果。

第三节　制度经济学的观点

基于简单的推理，新古典主义完全竞争的劳动力市场的存在在逻辑上是不可能的。这个假设的基础是由 Commons，Coase，Williamson 和 Robinson 早些时候发展的想法。如果被接受，这个论点也意味着标准劳动力需求和供给图不能作为一个定义良好的结构存在，而且"供求定律"最多只是一个有些松散的理论近似。同样值得注意的一个相关结论是，在零交易成本的世界中，新古典主义劳动需求曲线也不存在，并且在一个正的交易成本的世界中更不可能存在这组结论不是基于假设或异常观察的现实主义。

虽然，新古典主义经济学家迄今已经取得了相当大的成功，但是是建立在理论本身的内部矛盾上的。矛盾是双向的，如果模型假设交易成本为零，公司就以单个承包商的形式通过产品市场雇用所有劳动力，则劳动力市场、就业关系和劳动力（员工）需求曲线消失。假设劳动力市场存在，交易成本为正，就业合同不完备，劳动供给曲线向上倾

① Slichter S. Modern Economic Society. 2. New York：Henry Holt，1931；Reynolds L. The supply of labour to the firm. Quarterly Journal of Economics，1946，60（3）：390-411
② Robinson J. The Economics of Imperfect Competition. 2. New York：MacMillan，1969：216
③ Fleisher B，Kniesner T. Labour Economics：Theory，Evidence and Policy. 2. Englewood-Cliffs：Prentice-Hall，1980：198
④ Manning A. Monopsony in Motion. Princeton：Princeton University Press，2003：269
⑤ Dunlop J. Industrial relations and economics：the common frontier of wage determination. Industrial Relations Research Association Proceedings of the Thirty Seventh Annual Meeting，1984：9-23

斜，则劳动需求曲线再次不明确。无论哪种方式，基于逻辑一致性标准，既不是完全竞争的劳动力市场模型的劳动力需求和供给曲线确定的市场工资的熟悉图表，也不是新古典劳动需求曲线的一个很好的理论构建。

也可以引用两个推论性的理论预测，区别新古典主义和制度主义关于完全竞争模型的观点。当然这些预测应作为中心倾向的表述被评估，而不是作为对现实的文字描述。首先，前者将工资率描述为完全市场决定；后者预测，工资率在市场力量限制下，以管理或议价手段而形成，但最终由有意识的管理决策决定。其次，完全竞争模型预测工资率是高度灵活的，随时调整以维持劳动力市场充分就业；制度模型预测工资水平受到一定程度的不确定性和僵化的影响，劳动力市场的特点是长期的不平衡和非自愿失业（Bewley[1]；Mitchell and Erickson[2]）。

毫无疑问，竞争模式中在劳动需求曲线、供给曲线、劳动力供求平衡作为说明和预测市场工资和就业确定的某些特征（如熟练技术与非熟练工人工资差额的长期变化）的说明机制时，还存在显著的价值。而且，它们也可能作为结构化和信息的经验工作的工具，至少具有特定的作用。因为完全竞争劳动力市场的理论在逻辑上是存在瑕疵的，所以这种理论的实证预测也可能相应地偏离目标——这种推测得到制度经济学家以及许多其他学者研究支持（Thurow[3]；Bewley[1]；Machin and Manning[4]）。

上述理论问题严重损害了现代劳动经济学研究的核心范式的知识完整性。然而，这并不是意味着要放弃劳动经济学的理论，而是更多地关注不完全竞争模型，以及组织和市场力量在价格和工资决定中的联系，这种联系长期由制度经济学家、后凯恩斯主义以及其他经济学家提倡[5]。

现代劳动经济学早已超越了简单的竞争模式[6]。但是，如果这个观点被接受，那么这将导致进一步令人不安的含义。例如，Lazear[7]指出了新古典经济学的另外两个核心假设：第一，市场作为无形的手形成一系列结果；第二，这些结果是有效的。在没有竞争的劳动力市场的背景下，如何通过最大化的、理性的经济主体（新古典主义范式的另一个理论支柱）产生有利结果的问题似乎缺乏明显的答案。同样，劳动经济学家

---

　①　Bewley T. Why Wages Don't Fall During a Recession. Cambridge：Harvard University Press，1999

　②　Mitchell D J B，Erickson C L. De-unionization and macro performance：what Freeman and Medoff didn't do. Journal of Labour Research，2005，26（2）：183-208

　③　Thurow L. Dangerous Currents：The State of Economics. New York：Random House，1983

　④　Machin S，Manning A. A test of competitive labour market theory：the wage structure among care assistants in the south of England. Industrial and Labour Relations Review，2004，57（3）：371-385

　⑤　Dunlop J. Industrial relations and economics：the common frontier of wage determination. Industrial Relations Research Association Proceedings of the Thirty Seventh Annual Meeting，1984：9-23；Solow R. The Labour Market as a Social Institution. New York：Basil Blackwell，1990；Arestis P. Post-Keynesian economics：towards coherence. Cambridge Journal of Economics，1996，20（1）：111-135；Manning A. Monopsony in Motion. Princeton：Princeton University Press，2003；Kaufman B. Employment relations and the employment relations system：a guide to theorizing//Kaufman B E. Theoretical Perspectives on Work and the Employment Relationship. Champaign：Industrial Relations Research Association，2004：41-75

　⑥　Boyer G R，Smith R S. The Development of the Neoclassical Tradition in Labor Economics. Industrial & Labor Relations Review，2001，54（2）：199-223

　⑦　Lazear E P. Economic imperialism. Quarterly Journal of Economics，2000，115（1）：99-146

也常常以竞争性工资为出发点，检验工会和最低工资对劳动力市场的影响。然而，这样做可以预见，这些制度只会对资源的有效分配有害。如果竞争性的工资不存在，这个假设将使得新古典主义经济必须涵盖和解释长期以来存在的不确定性、制度干预和政策行为①。

---

① Craypo C. Alternative perspectives on the purpose and effects of labour standards legislation//Kaufman B. Government Regulation of the Employment Relationship. Madison：Industrial Relations Research Association, 1997：221-252；Kaufman B. What unions do：insights from economic theory, Journal of Labour Research, 2004, 25（3）：351-382